山东省图书馆馆史图录

上册

Shangce

山东省图书馆 编著

国家图书馆出版社

图书在版编目（CIP）数据

山东省图书馆馆史图录 : 全二册 / 山东省图书馆编著. —北京 : 国家图书馆出版社, 2021.4

ISBN 978-7-5013-6963-8

Ⅰ. ①山… Ⅱ. ①山… Ⅲ. ①省级图书馆—图书馆史—史料—山东—图录 Ⅳ. ①G259.275.2-64

中国版本图书馆CIP数据核字（2020）第017950号

书　　名　山东省图书馆馆史图录（全二册）
著　　者　山东省图书馆　编著
责任编辑　许海燕
封面设计　爱图工作室
内文设计　爱图工作室

出版发行　国家图书馆出版社（北京市西城区文津街7号　100034）
（原书目文献出版社　北京图书馆出版社）
010-66114536　63802249　nlcpress@nlc.cn（邮购）
网　　址　http://www.nlcpress.com
印　　装　北京中华儿女印刷厂
版次印次　2021年5月第1版　2021年5月第1次印刷

开　　本　889 × 1194　1/16
印　　张　25.5
书　　号　ISBN 978-7-5013-6963-8
定　　价　400.00元

《山东省图书馆馆史图录》编纂委员会

東圖書

序言

Xuyan

弘文载道，雅韵书香。齐鲁大地，人文渊薮，自古即为文物之邦、中华文明之摇篮。齐国稷下学宫士人云集、典籍荟萃闻达天下；鲁国藏书居周王朝诸封国之冠。随着古代官私各类藏书的散佚，人们逐渐认识到“藏之一地，不能藏于天下；藏之一时，不能藏于万世”，“盖天下之物，未有私之而可以常据，公之而不能久存者”。同时，受西方社会思潮影响，图书馆逐渐在国内兴起。

自清末山东巡抚袁树勋上《奏东省创建图书馆并附设金石保存所》奏折，以求“开民智而保国粹”，创设山东图书馆始，图书馆同仁即致力于完善机构、制订章程与搜集文献。前辈先贤呕心沥血，苦心经营，征文考献，厥功甚伟。而海右文化亦日益光大。至抗战伊始，山东罹受战火，济南陷落，图书惨遭掳掠，建筑多被付之一炬。时任馆长王献唐先生，载书播迁，辗转流离，终将所遴选图书文物之精品转至四川乐山大佛寺，保珍贵文献之不失、千年文脉之不断。中华人民共和国成立后，寄寓川中的图书文物终于完璧归里。之后，虽经“文革”之浩劫，山东省图书馆事业仍在不断发展。自20世纪80年代以来，事业进入高速发展期，馆藏建设走上正轨，业务工作逐步规范，读者服务和学术研究工作全面开展。2002年10月，山东省图书馆新馆开馆，又开事业发展之新气象，数字化建设、文献保护、学术研究、辅导培训等工作不断开创新局面，事业发展蒸蒸日上。现另设有国学分馆，以弘扬优秀传统文化，承继国学；省少年儿童图书馆，以引领少儿读书之风气，鼓励后学。近年来，更是制订并深入实施服务效能及学术提升计划，以技术创新为助力，拓展用户服务能力。

图书馆是人类文明的结晶，也是精神文明建设的重要标志之一。随着时代的发展和进步，图书馆已从藏书楼发展到近代图书馆，再发展到现代智慧图书馆，勾画出一条从特权到平等、从封闭到开放、从传统向现代转化的鲜明的历史轨迹。

山东省图书馆自1909年创设以来，走过了百余年的风雨路程。它见证了齐鲁大地乃至整个中国从近代到现代的历史沧桑和文脉庚续。可以说，它几乎是中国近现代图书馆发展的一个缩影。日居月诸岁如歌，搦笔和墨述华章。数代鲁图人以“开民智、保国粹”为使命，不懈耕耘，传播知识，传承文明。这本《图录》即为纪念山东省图书馆建馆110周年而作。百余年间，山东省图书馆发生了翻天覆地的变化，同时积累了大量珍贵资料，文字的如奏报、文件、信札、章程、总结、大事记等；表格的如统计、登记、分类、人员登录等；图片的如建筑、人物、事件、会议、交流往来等。这些资料，是历史的记录，更是事业发展的见证。为搜集这些资料，山东省图书馆专门组织人力，查阅档案，采访退休老干部，付出了艰辛的努力，终于集成了这部图录，以贻后世。该书是继《山东省图书馆志》《山东省图书馆馆史资料选编》之后又一图片资料之集成，内容翔实丰富、细致全面。同时，《图录》以史为纲，以图片为主，直观鲜明地表现了山东省图书馆发展历程，留下了图书馆工作者们艰苦创业、开拓进取的辉煌足迹。每张照片都有历史的痕迹，作为图书馆事业的工作者，深为前辈们敬业爱岗和执着的事业追求所感动。

回眸往昔，山东省图书馆走出了一条自强自立、奋斗不息、迎难而上、开拓进取之路；展望未来，在习近平新时代中国特色社会主义思想指引下，图书馆同仁为实现新的宏伟理想，正以饱满的热情阔步前进。相信山东省图书馆必将继承百年优良传统，弘扬开拓创新精神，不断向世人展示其辉煌成就，创建成为国内一流、国际有影响力的现代化图书馆，为弘扬中华优秀传统文化、促进社会主义精神文明建设做出更大的贡献。

刘显世

2020年8月5日

目录

Mulu

上册

序　言 001

第一章　文化重镇

一、辟荒初创　遐园奠基（1909—1928） 003

遐园风物 008

山东金石保存所 023

名流执掌 027

早期服务 035

二、人文荟萃　首创辉煌（1929—1937） 040

馆务革新 041

肆力学术 053

营建奎虚书藏 059

三、战乱离散　载书播迁（1937—1948） 064

载书播迁 064

抱残守缺 077

我武维扬 079

整旧待新 083

第二章　涅槃重生

一、开放更名 建筑变迁 …… 089
二、重整资源 扩展服务 …… 094
分类整理 …… 094
采购著录 …… 097
征集文献 …… 099
服务大众 …… 100
馆内阅览 …… 100
读书报告会 …… 102
图书宣传 …… 103
读者座谈会 …… 105
干部培训 …… 106
工作成效 …… 109
三、基层工作 图书下乡 …… 111
调研推进 …… 118
四、学术硕果 馆员风采 …… 120
馆员风采 …… 123

第三章　改革开放

一、馆舍建设 稳步提升 …… 129
二、读者服务 全面开放 …… 137
三、图书宣传 阅读推广 …… 146
书刊展览 …… 147
图书馆服务宣传周 …… 148
四、自动化建设 …… 153
五、参考咨询 信息服务 …… 160
六、易庐易藏 入贮奎虚 …… 161
七、学会工作 业务辅导 …… 163

公共图书馆业务竞赛…… 176
八、职称聘任 人才培养 …… 184
九、馆庆剪影…… 190

下册

第四章 时代华章

一、春风化雨 亲切关怀 …… 201
二、世纪新馆 焕发新姿 …… 208
新馆建设…… 208
新馆开馆…… 210
三、拓展领域 多元服务 …… 215
“两会”服务…… 220
文化下乡…… 222
图书流通站、分馆建设…… 225
四、读者活动 亮点纷呈 …… 230
文化广场…… 230
公益讲座…… 232
读书朗诵大赛…… 236
喜乐灯谜会 浓情元宵节 …… 239
读书夏令营…… 240
换书大集…… 241
馆长拜大年…… 244
特殊儿童服务…… 245
真人图书馆…… 247
展览…… 249
五、以评促建 助推发展 …… 253

六、捐赠义举 福泽千秋 …… 256
七、对外交流 共谋发展 …… 264

第五章 再铸辉煌

一、科技创新 共建共享 …… 271
“光明之家”盲人服务…… 271
海疆数字文化长廊…… 273
全省覆盖 服务基层 …… 275
二、古籍保护 守望文明 …… 279
三、尼山书院 以文化人 …… 286
传承经典 普及国学 …… 289
强化体验 化育人才 …… 291
四、少儿分馆 启迪成长 …… 296
阅读活动 丰富多彩 …… 298
五、党群工作 凝心聚力 …… 303
党建工作…… 303
工会工作…… 312
共青团工作…… 316
妇女工作…… 320
六、不忘初心 砥砺前行 …… 324

附录一 山东省图书馆大事记…… 333
附录二 离休干部名录…… 376
附录三 退休职工信息表…… 380
附录四 在职职工信息表…… 383
后 记…… 391

第一章 文化重镇

Wenhua Zhongzhen

文化重镇

Wenhua
Zhongzhen

一、辟荒初创 遐园奠基（1909—1928）

1909年（宣统元年）至1928年，是本馆初创时期，奠定了基本规模。

1905年（光绪三十一年），曾参与维新变法、时任山东省学务处议员的宋恕[1]上书，提出了创办“粹化学堂”附设“海岱大图书馆”及设立“阅报室”的想法。

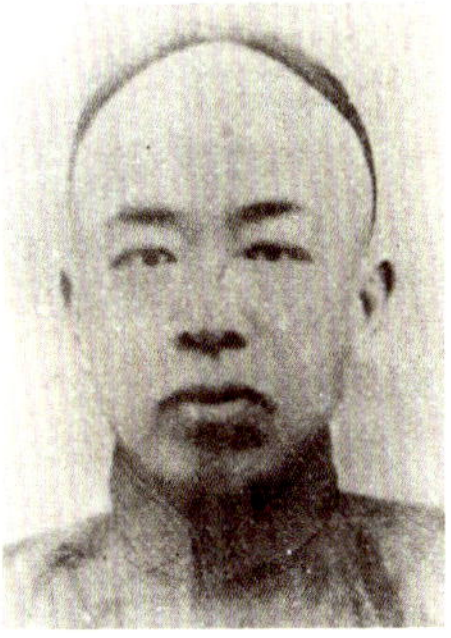

宋恕
（1862—1910）

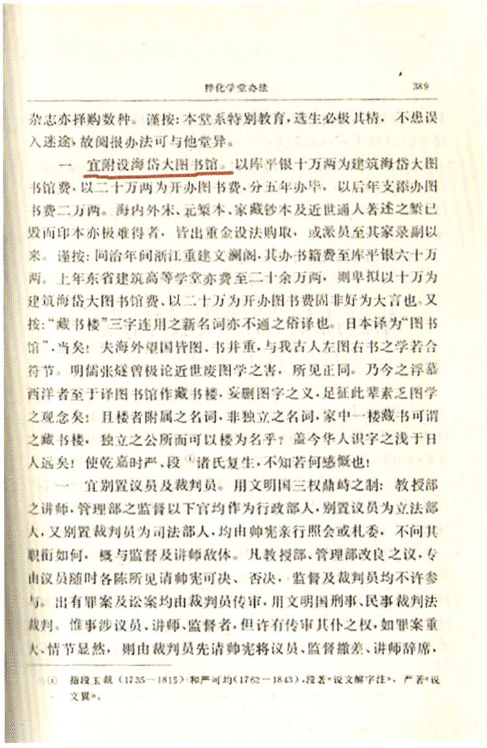

粹化学堂办法　389

杂志亦择购数种。谨按：本堂系特别教育，选生必极其精，不患误入迷途，故阅报办法可与他堂异。

一　宜附设海岱大图书馆。以库平银十万两为建筑海岱大图书馆费，以二十万两为开办图书费，分五年办毕，以后年支添办图书费二万两。海内外宋、元椠本、家藏钞本及近世通人著述之繁已毁而印本亦极难得者，皆出重金设法购取，或派员至其家录副以来。谨按：同治年间浙江重建文澜阁，其办书籍费至库平银六十万两。上年东省建筑高等学堂亦费至二十余万两，则卑拟以十万为建筑海岱大图书馆费、以二十万为开办图书费固非好为大言也。又按：“藏书楼”三字连用之新名词亦不通之俗译也。日本译为“图书馆”，当矣！夫海外望国皆图、书并重，与我古人左图右书之学若合符节。明儒张燧曾极论近世废图学之害，所见正同。乃今之浮慕西洋者至于译图书馆作藏书楼，妄删图字之义，足征此辈素乏图学之观念矣！且楼者附属之名词，非独立之名词，家中一楼藏书可谓之藏书楼，独立之公所而可以楼为名乎？盖今华人识字之浅于日人远矣！使乾嘉时严、段①诸氏复生，不知若何感慨也！

一　宜别置议员及裁判员。用文明国三权鼎峙之制：教授部之讲师，管理部之监督以下官均作为行政部人，别置议员为立法部人，又别置裁判员为司法部人，均由帅宪亲行照会或札委，不问其职衔如何，概与监督及讲师敌体。凡教授部、管理部改良之议，专由议员随时各陈所见请帅宪可决、否决，监督及裁判员均不许参与。出有罪案及讼案均由裁判员传审，用文明国刑事、民事裁判法裁判。惟事涉议员、讲师、监督者，但许有传审其仆之权，如罪案重大、情节显然，则由裁判员先请帅宪将议员、监督撤差、讲师辞席，

① 指段玉裁（1735—1815）和严可均（1762—1843），段著《说文解字注》，严著《说文翼》。

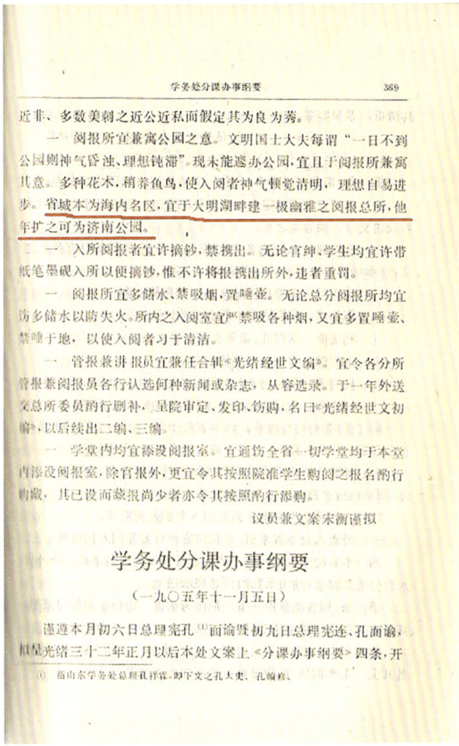

学务处分课办事纲要　369

近非、多数美刺之近公近私而假定其为良为莠。

一　阅报所宜兼寓公园之意。文明国士大夫每谓“一日不到公园则神气昏浊、理想钝滞”。现未能遽办公园，宜且于阅报所兼寓其意。多种花木，稍养鱼鸟，使入阅者神气顿觉清明，理想自易进步。省城本为海内名区，宜于大明湖畔建一极幽雅之阅报总所，他年扩之可为济南公园。

一　入所阅报者宜许摘钞，禁携出。无论官绅、学生均宜许带纸笔墨砚入所以便摘钞，惟不许将报携出所外，违者重罚。

一　阅报所宜多储水、禁吸烟，置唾壶。无论总分阅报所均宜饬多储水以防失火。所内之入阅室宜严禁吸各种烟，又宜多置唾壶、禁唾于地，以使入阅者习于清洁。

一　管报兼讲报员宜兼任合辑《光绪经世文编》。宜令各分所管报兼阅报员各行认选何种新闻或杂志，从容选录。于一年外送交总所委员酌行删补，呈院审定、发印、饬购，名曰《光绪经世文初编》，以后续出二编、三编。

一　学堂内均宜添设阅报室。宜通饬全省一切学堂均于本堂内添设阅报室，除官报外，更宜令其按照院准学生购阅之报名酌行购藏，其已设而藏报尚少者亦令其按照酌行添购。

议员兼文案宋衡谨拟

学务处分课办事纲要

（一九〇五年十一月五日）

谨遵本月初六日总理宪孔①面谕暨初九日总理宪连、孔面谕，粗呈光绪三十二年正月以后本处文案上《分课办事纲要》四条，开

① 指山东学务处总理孔祥霖，即下文之孔太史、孔编修。

1905年，宋恕在《粹化学堂办法》及《拟阅报总分所章程》中的论述

【1】宋恕（1862—1910），原名存礼，字燕生，号谨斋；改名恕，字平子，号六斋；后又改名衡。浙江平阳人。自幼聪颖，学贯中西，精通佛学。近代启蒙思想家，是早期维新派的代表人物。1903年东游日本，1905年应山东巡抚杨士骧礼聘，担任山东学务处议员兼文案，后曾代理山东编译局坐办。在济南四年，致力于推进山东学校教育和社会教育，提出了许多有价值的创议。著有《六斋卑议》《宋平子文钞》等，后人辑有《宋恕集》。

1908年（光绪三十四年）末，山东提学使罗正钧[1]向山东巡抚袁树勋呈详文，力陈创办图书馆的必要性和紧迫性，并就选址、经费等问题作了说明。

1909年（宣统元年）正月二十五日，山东巡抚袁树勋上《奏东省创建图书馆并附设金石保存所以开民智而保国粹折》，二月二十日获批准。

三月二十日，罗正钧亲自主持开工兴建，其幕客太仓姚鹏图[2]日夜协助处理建筑布置、图书金石搜集等事务。九月，工程竣工，荣成孙葆田撰《山东创建图书馆记》，由姚鹏图手书，立碑纪念。

袁树勋

（1847—1915）

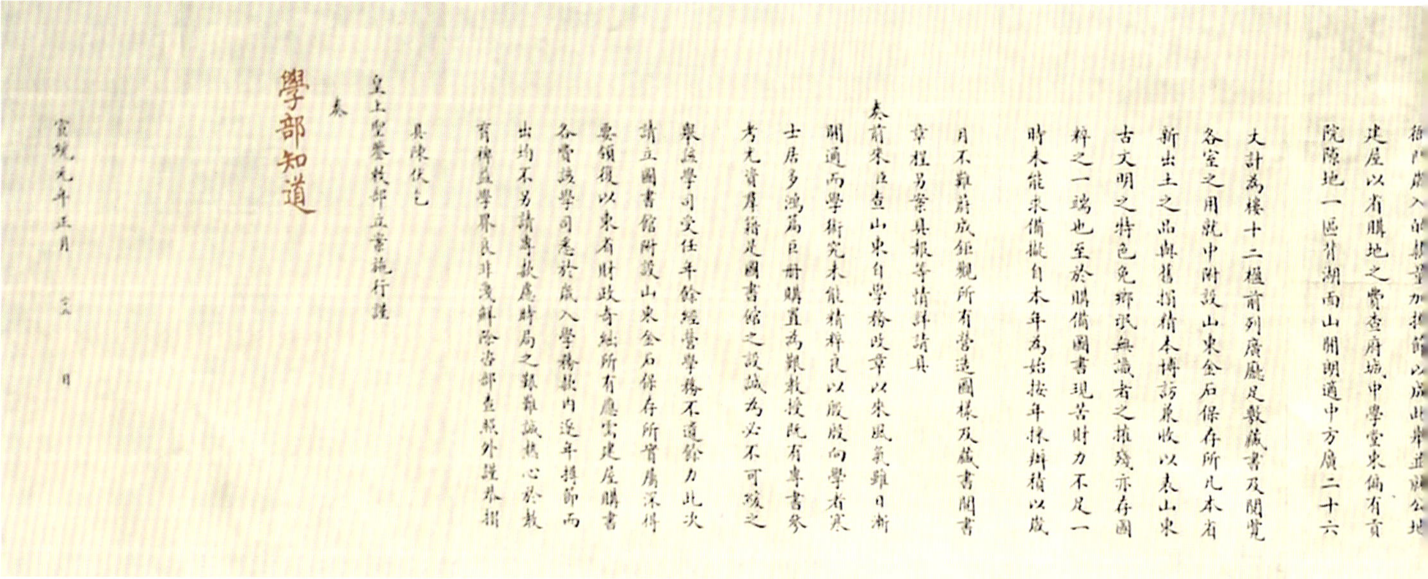

建屋以有購地之費查府城中學堂東偏有貢
院隙地一區背湖面山開朗適中方廣二十六
大計為樓十二楹前列廣廳足敷藏書及閱覽
各室之用就中附設山東金石保存所凡本省
新出土之品與舊搨精本博訪兼收以表山東
古文明之特色免鄉邦無識者之摧殘亦存國
粹之一端也至於購備圖書現苦財力不足一
時未能求備擬自本年為始按年撥銀積以歲
月不難蔚成鉅觀所有營造圖樣及藏書閱書
章程另案具報等情詳請具
奏前來臣查山東自學務改章以來風氣雖日漸
開通而學術究未能精粹良以廢敝向學者寡
士居多鴻篇巨冊購置爲艱教授既有專書參
考尤資羣籍是圖書館之設誠為必不可緩之
舉該學司受任年餘經營學務不遺餘力此次
請立圖書館附設山東金石保存所實屬深得
要領復以東省財政奇絀所有應需建屋購書
各費該學司悉於歲入學務款內逐年撙節而
出均不另請專款處時局之艱難誠熱心於教
育裨益學界良非淺鮮除咨部查照外謹恭摺
具陳伏乞
皇上聖鑒敕部立案施行謹
奏
學部知道
宣統元年正月　廿五　日

袁树勋《奏东省创建图书馆并附设金石保存所以开民智而保国粹折》

【1】罗正钧（1855—1919），字顺循，湖南湘潭人。清光绪十年（1884）举人。历官抚宁知县、湖南学务处提调、天津知府等，创办直隶师范学堂及蒙学数十所。光绪三十四年（1908）六月，任山东提学使。上书山东巡抚袁树勋奏请创建图书馆并附设金石保存所，获准后，兼充本馆提调，全面主持馆内建筑房屋、购藏图书、搜集金石诸事。宣统二年（1910）九月引疾归里。有《船山师友记》《左文襄公年谱》《辛亥殉节录》等传世。

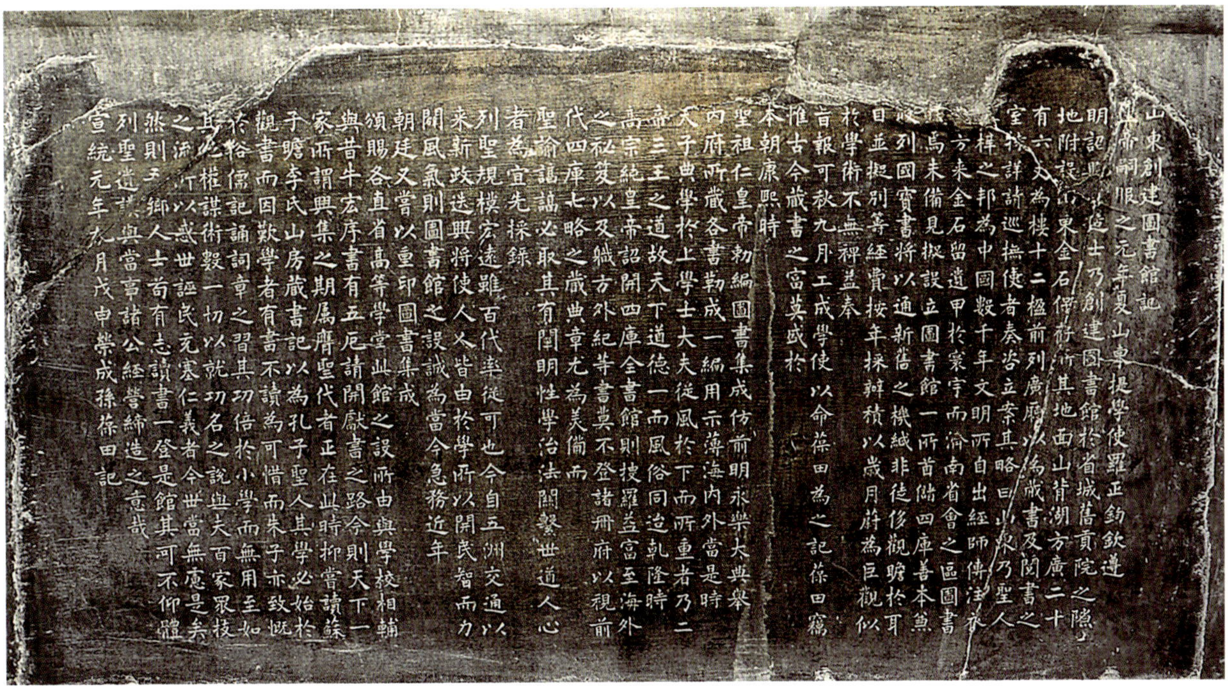

山東創建圖書館記

皇帝嗣服之元年夏山東提學使羅正鈞欽遵
明詔[illegible]造士乃創建圖書館於省城舊貢院之隙
地附設金石保存所其地西山背湖方廣二十
有六丈為樓十二楹前列廣廡以為藏書及閱書之
室其詳請巡撫使者奏咨立案其略曰山東乃聖人
桑梓之邦為中國數千年文明所自出經師傳注衣
方來金石留遺甲於寰宇而濟南省會之區圖書
焉未備見擬設立圖書館一所首儲四庫善本兼
儲列國寶書將以通新舊之機緘非徒侈觀聽於耳
目並擬別籌經費按年採辦積以歲月蔚為巨觀似
於學術不無裨益奏
旨報可秋九月工成學使以命葆田為之記葆田竊
惟古今藏書之富莫盛於
本朝康熙時
聖祖仁皇帝敕編圖書集成仿前明永樂大典舉
內府所藏各書勒成一編用示薄海內外當是時
天子興學於上學士大夫從風於下而所重者乃二
帝三王之道故天下道德一而風俗同迨乾隆時
高宗純皇帝詔開四庫全書館則搜羅益富至海外
之秘笈以及職方外紀等書莫不登諸冊府以視前
代四庫七略之藏典章尤為美備而
聖諭諄諄必取其有關明性學治法闡繫世道人心
者為宜先採錄
列聖規模宏遠雖百代率從可也今自五洲交通以
來新政迭興將使人人皆由於學所以開民智而力
關風氣則圖書館之設誠為當今急務近年
朝廷又嘗以重印圖書集成
頒賜各直省高等學堂此館之設所由與學校相輔
與昔牛宏序書有五厄請開獻書之路今則天下一
家所謂興集之期屬聖代者正在此時抑嘗讀蘇
子瞻李氏山房藏書記以為孔子聖人其學必始於
觀書而自歎學者有書不讀為可惜而朱子亦致慨
於俗儒記誦詞章之習其功倍於小學而無用至如
異端權謀術數一切以就功名之說與夫百家衆技
之流所以惑世誣民充塞仁義者今世當無慮是矣
然則吾鄉人士苟有志讀書一登是館其可不仰體
列聖遺訓與當事諸公經營締造之意哉
宣統元年九月戊申樂成孫葆田記

《山东创建图书馆记》碑。宣统元年（1909）九月孙葆田撰，姚鹏图手书

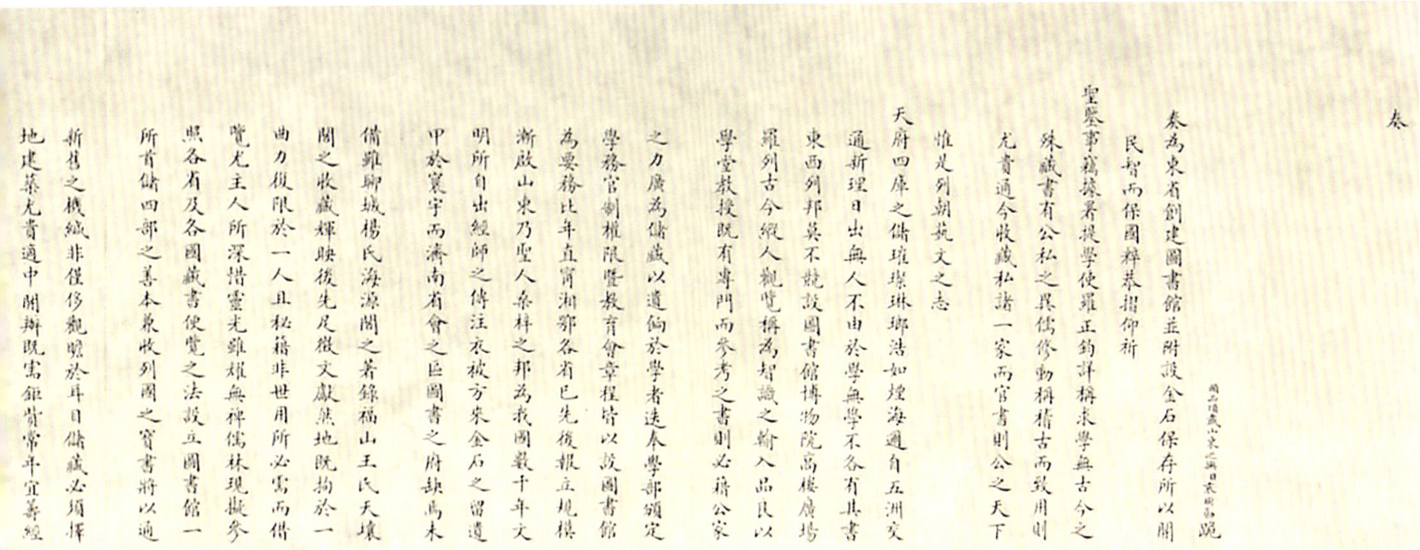

奏為東省創建圖書館並附設金石保存所以開
民智而保國粹恭摺仰祈
聖鑒事竊據署提學使羅正鈞詳稱求學無古今之
殊藏書有公私之異儒修動稱稽古而致用則
尤貴通今收藏私諸一家而官書則公之天下
惟是列朝藝文之志
天府四庫之儲琅嬛琳瑯浩如煙海適自五洲交
通新理日出無人不由於學無學不各有其書
東西列邦莫不競設圖書館博物院高樓廣場
羅列古今縱人觀覽稱為智識之輸入品民以
學堂教授既有專門而參考之書則必藉公家
之力廣為儲藏以遺偏於學者迭奉學部頒定
學務官制權限暨教育會章程皆以設圖書館
為要務比年直隸湘鄂各省已先後報立規模
漸啟山東乃聖人桑梓之邦為我國數千年文
明所自出經師之傳注衣被方來金石之留遺
甲於寰宇而濟南省會之區圖書之府缺焉未
備雖聊城楊氏海源閣之著錄福山王氏天壤
閣之收藏輝映後先足徵文獻然地既拘於一
曲力復限於一人且秘籍非世用所必需而借
覽尤主人所深惜靈光雖耀無裨儒林現擬參
照各省及各國藏書便覽之法設立圖書館一
所首儲四部之善本兼收列國之寶書將以通
新舊之機緘非徒侈觀瞻於耳目儲藏必須擇
地建築尤貴適中開辦既需鉅貲常年宜籌經

【2】姚鹏图（1874—1919），亦作朋图，字柳屏，号古凤，江苏镇洋（今太仓）人，清光绪十七年（1891）举人，历官邹县、兰山、沾化知县。清宣统初为罗正钧幕客，协助筹建山东图书馆及金石保存所。1913 年 7 月，时任山东行政公署内务司科长，主持将旧藩库所藏铜器、磁器、玉器、书画，全部移交金石保存所。1919 年初任民国政府内务部礼俗司司长。雅好鉴藏金石，工诗，善楷书。著有《扶桑百八吟》《柳坪词》《古凤遗草》等。

十二月十三日，《山东图书馆章程》颁行于《山东官报》第32期。十二月十六日，图书馆落成，山东巡抚孙宝琦题写馆名“山东图书馆”。

孙宝琦
（1867—1931）

1909年，山东巡抚孙宝琦题写馆名“山东图书馆”（摄于1922年）

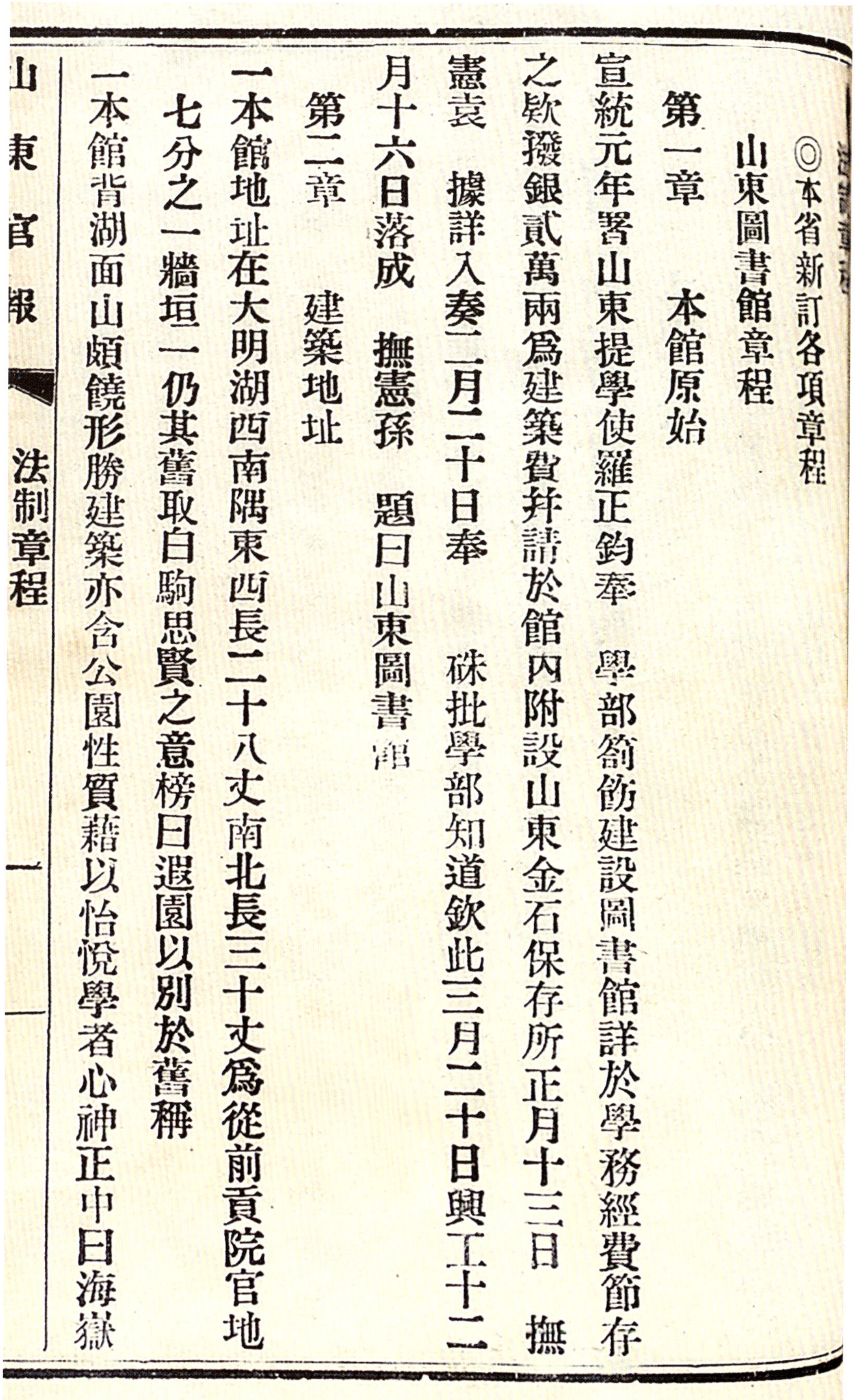

◎本省新訂各項章程

山東圖書館章程

第一章　本館原始

宣統元年署山東提學使羅正鈞奉　學部劄飭建設圖書館詳於學務經費節存之欵撥銀貳萬兩爲建築費并請於館内附設山東金石保存所正月十三日　撫憲袁　據詳入奏二月二十日奉　硃批學部知道欽此三月二十日興工十二月十六日落成　撫憲孫　題曰山東圖書館

第二章　建築地址

一本館地址在大明湖西南隅東西長二十八丈南北長三十丈爲從前貢院官地七分之一牆垣一仍其舊取白駒思賢之意榜曰遐園以別於舊稱

一本館背湖面山傾饒形勝建築亦含公園性質藉以怡悅學者心神正中曰海嶽

山東官報　法制章程　一

1909年，《山东官报》第32期刊登《山东图书馆章程》

遐园风物

早期馆舍设计模型

清末德国明信片上的山东图书馆照片，中间圆形建筑为读书堂，与其相接的为宏雅阁

其时，馆址位于大明湖西南隅，面山（千佛山）背湖，东西长二十八丈，南北长三十丈，因地处贡院（古代科举考场）旧址，取《诗经·小雅·白驹》“皎皎白驹，在彼空谷。……毋金玉尔音，而有遐心”（后人常以“白驹空谷”喻贤人出仕而谷空）之“遐”字，罗正钧题为“遐园”。

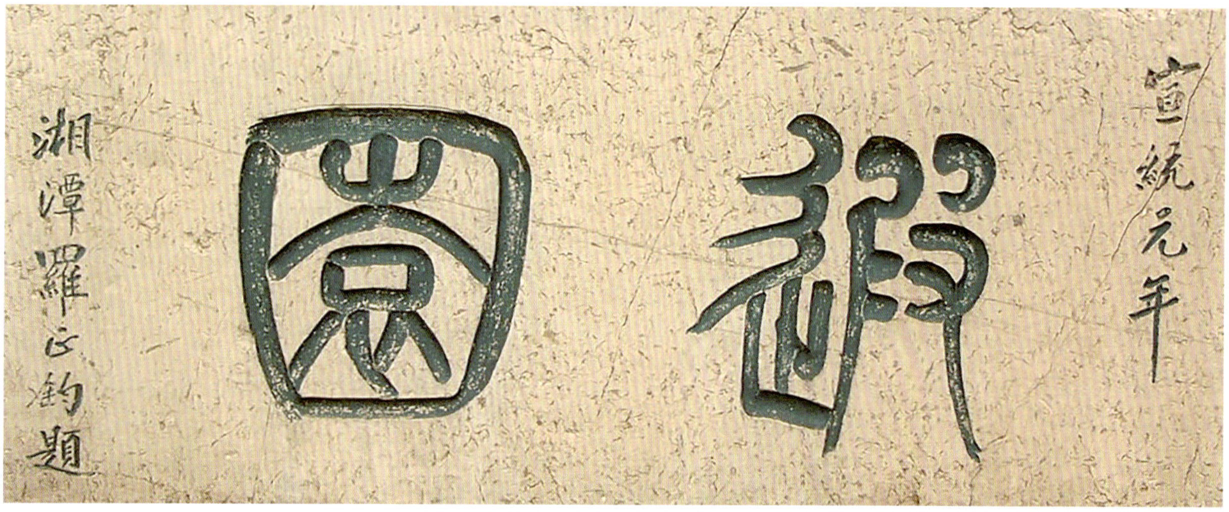

罗正钧题“遐园”匾。取“白驹思贤”之意，希望能在这里大兴学风，培养人才，富国强民

大门朝东，在今大明湖公园“遐园”二字碑处。海岳楼、宏雅阁、碧琳琅馆、明漪舫、虹月轩等楼舍，错落有致，古朴典雅，楼阁前后仿宁波范氏天一阁旧制，各凿池沼，曲水回绕，景色宜人，更兼馆藏宏富，有“南阁（天一阁）北园（遐园）”之美誉。国民党元老于右任观后感慨万千，曾挥毫写下“和风飞清响，时鸟多好音”一联，悬挂于院内竹篱门上。

1910 年（宣统二年），在馆西空地建博物馆，有博艺堂、湖天一角楼等建筑，购集博物标本、理化器械及各种动物，分别布置，以供参观。

早期大门

读书堂、宏雅阁、虹月轩

月池与苍碧亭

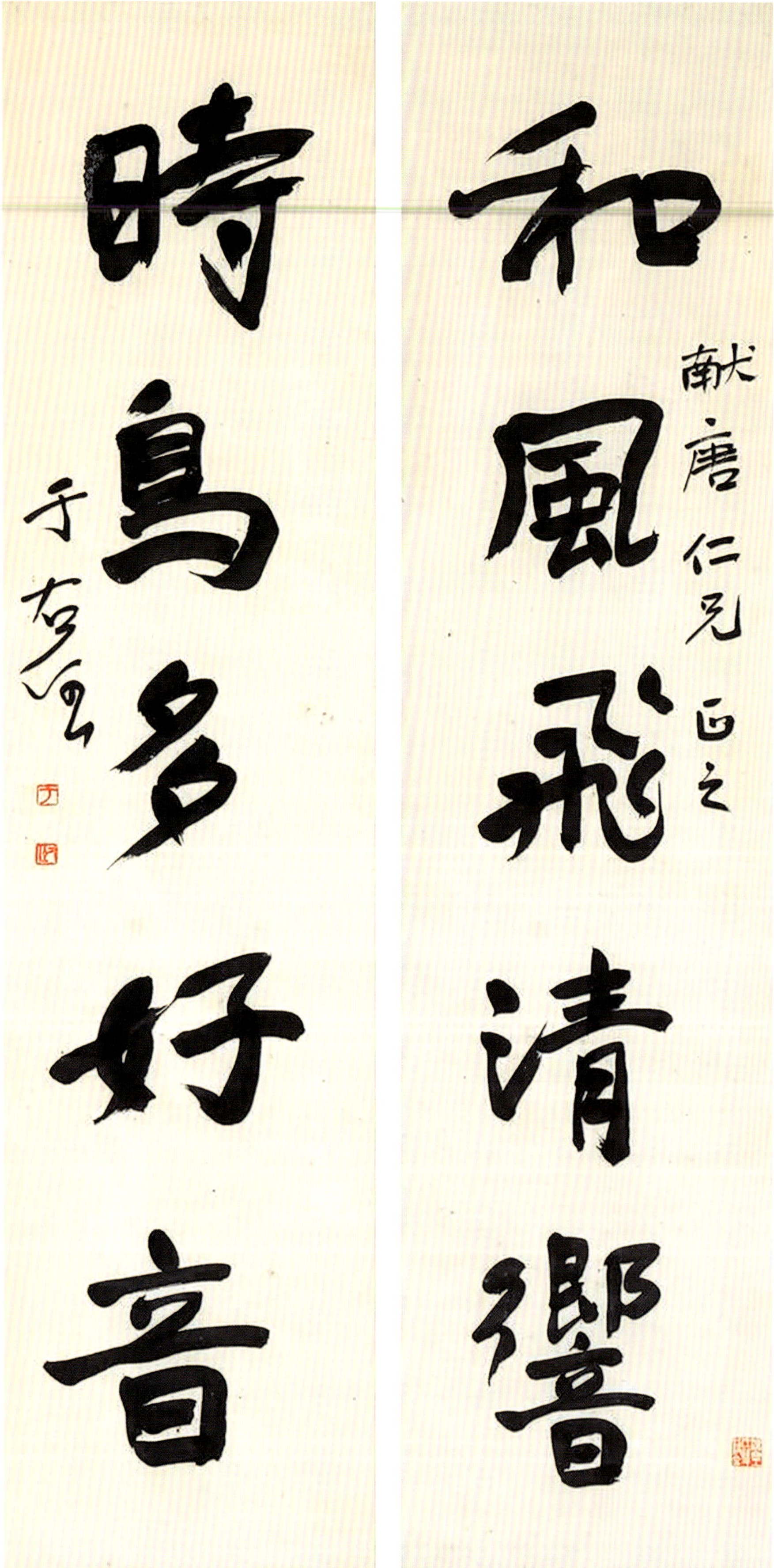

于右任书对联

刊载于《进步》1916 年第 10 卷第 6 期的本馆照片

民国时期成套明信片《津浦铁路全路风景古迹》中的本馆照片（约摄于 1928 年）

刊载于1931年《铁路月刊：津浦线》的本馆照片

刊载于《中华（上海）》1933年第21期的本馆照片

刊载于《正风半月刊》1935年第一卷第23期的本馆照片

刊载于《北晨画刊》1935年5月4日的本馆照片

本馆早期典藏包括四部分：一是书籍，购置各省官书局出版之书、家刻坊版之善本，或以馆中自印书籍与各省官书局交换，或接收官方与民间的移交捐赠，1916 年馆藏 13 万卷，此后受经费所限，加之 1928 年“五三惨案”，藏书遭炮击，损失大半，仅余 62770 册；二是金石古物，设山东金石保存所储之；三是书画碑帖，罗正钧以提学使名义，通饬各县，就当地石刻，每石拓送一份；四是书板，包括山东官书局板片，仍照旧印售，凡书 106 种，16983 片。编有《山东图书馆辛亥年藏书目录》《山东图书馆重编书目》等。

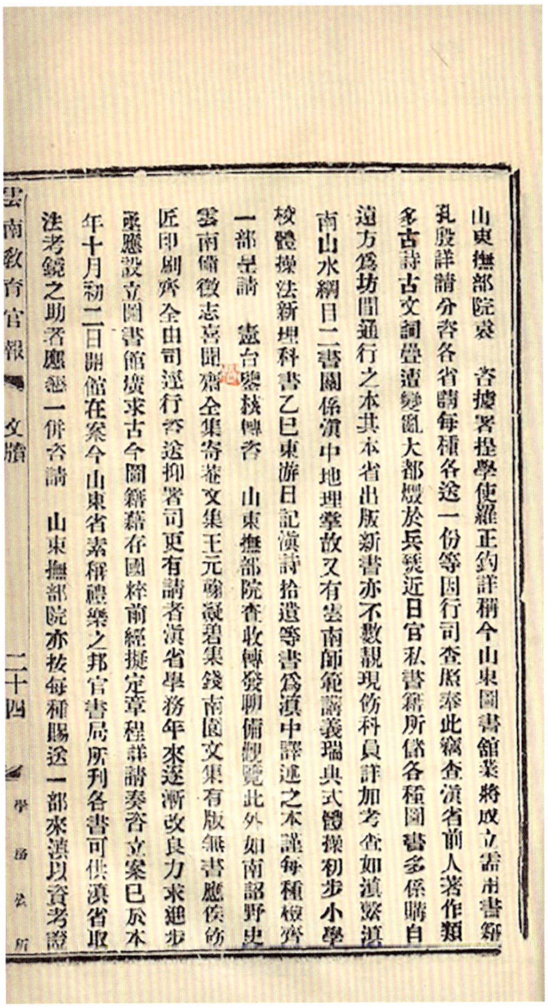

山東撫部院袁 咨據署提學使羅正鈞詳稱今山東圖書館業將成立需用書籍孔殷詳請分咨各省購每種各送一份等因行司查照奉此竊查滇省前人著作類多古詩古文詞疊遭變亂大都燬於兵燹近日官私書籍所儲各種圖書多係購自遠方爲坊間通行之本其本省出版新書亦不數覯現飭科員詳加考查如滇繫滇南山水綱目二書圖係滇中地理學故又有雲南師範講義瑞典式體操初步小學校體操法新理科書乙巳東游日記滇詩拾遺等書爲滇中譯述之本謹每種複齊一部呈請 憲台鑒核轉咨 山東撫部院查收轉發聊備觀覽此外如南詔野史雲南備徵志喜聞齋全集寄菴文集王元翰凝碧集錢南園文集有版無書應俟飭匠印刷齊全由司逕行咨送抑署司更有請者滇省學務年來逐漸改良力求進步承應設立圖書館廣求古今圖籍藉存國粹前經擬定章程詳請奏咨立案已於本年十月初二日開館在案今山東省素稱禮樂之邦官書局所刊各書可供滇省取法考鏡之助者應懇一併咨請 山東撫部院亦按每種賜送一部來滇以資考證

雲南教育官報 文牘 二十四 學務公所

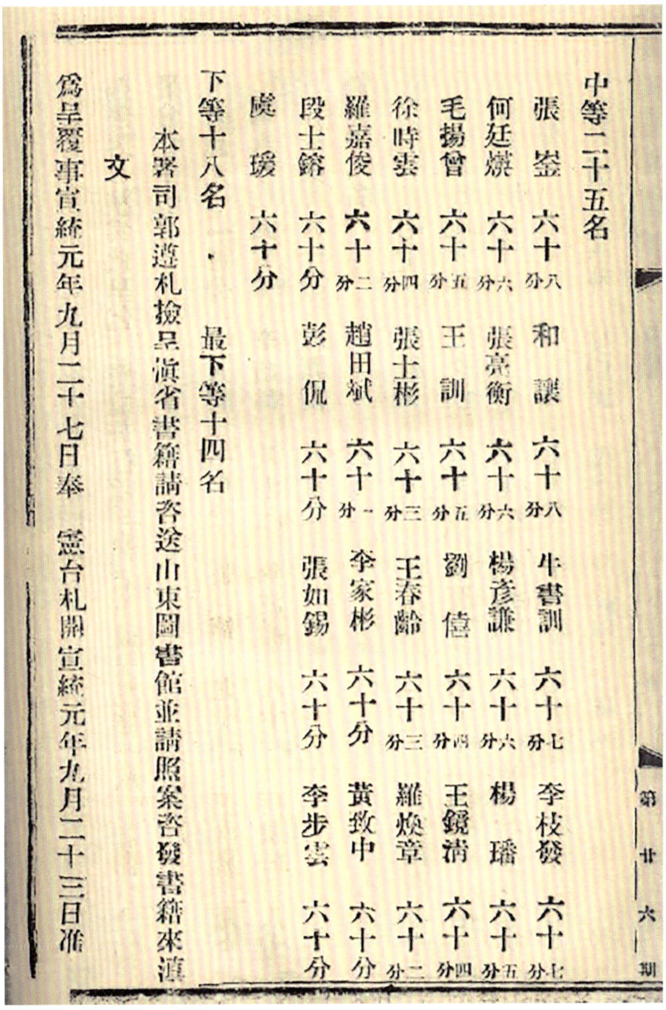

中等二十五名

張崟	六十分八	和讓	六十分八	牛書訓	六十分七	李枝發	六十分七
何廷燦	六十分六	張亮衡	六十分六	楊彥謙	六十分六	楊璠	六十分五
毛揚曾	六十分五	王訓	六十分五	劉億	六十分四	王鏡清	六十分四
徐時雲	六十分四	張士彬	六十分三	王春齡	六十分三	羅煥章	六十分二
羅嘉俊	六十分二	趙田斌	六十分一	李家彬	六十分	黃致中	六十分
段士鎔	六十分	彭侃	六十分	張如錫	六十分	李步雲	六十分
虞瑗	六十分						

下等十八名 最下等十四名

文

本署司郭遵札撿呈滇省書籍請咨送山東圖書館並請照案咨發書籍來滇

爲呈覆事宣統元年九月二十七日奉 憲台札開宣統元年九月二十三日准

第廿六期

《云南教育官报》1909 年第 26 期载云南提学使郭灿复函山东巡抚袁树勋，为助山东图书馆开馆提供数种云南刻书籍，并请山东提供本省所刻书籍，以助云南图书馆开馆之用

《辛亥年山东图书馆藏书分类表》

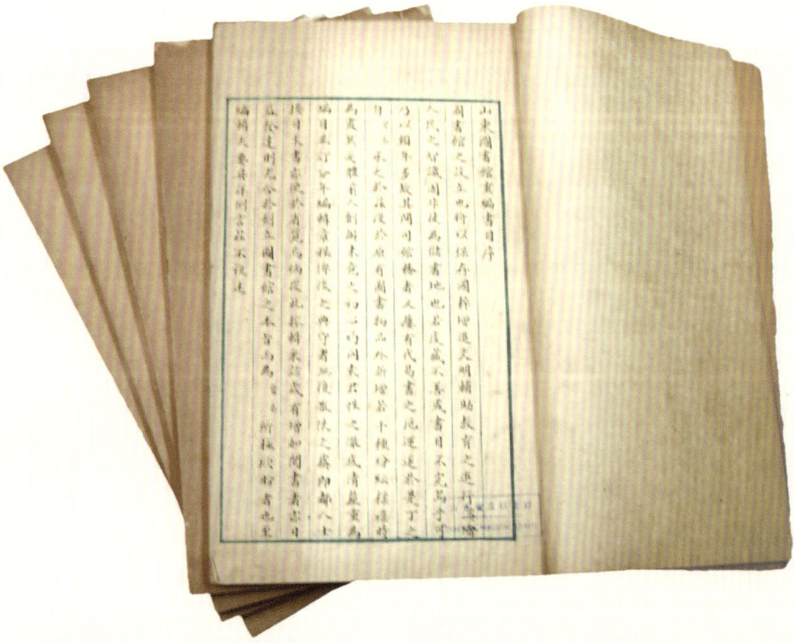

1916年4月，袁绍昂编成《山东图书馆重编书目》，1917年1月由本馆印行，分经、史、子、集、丛书、科学、别录、山东艺文八类九卷。共收书13万卷

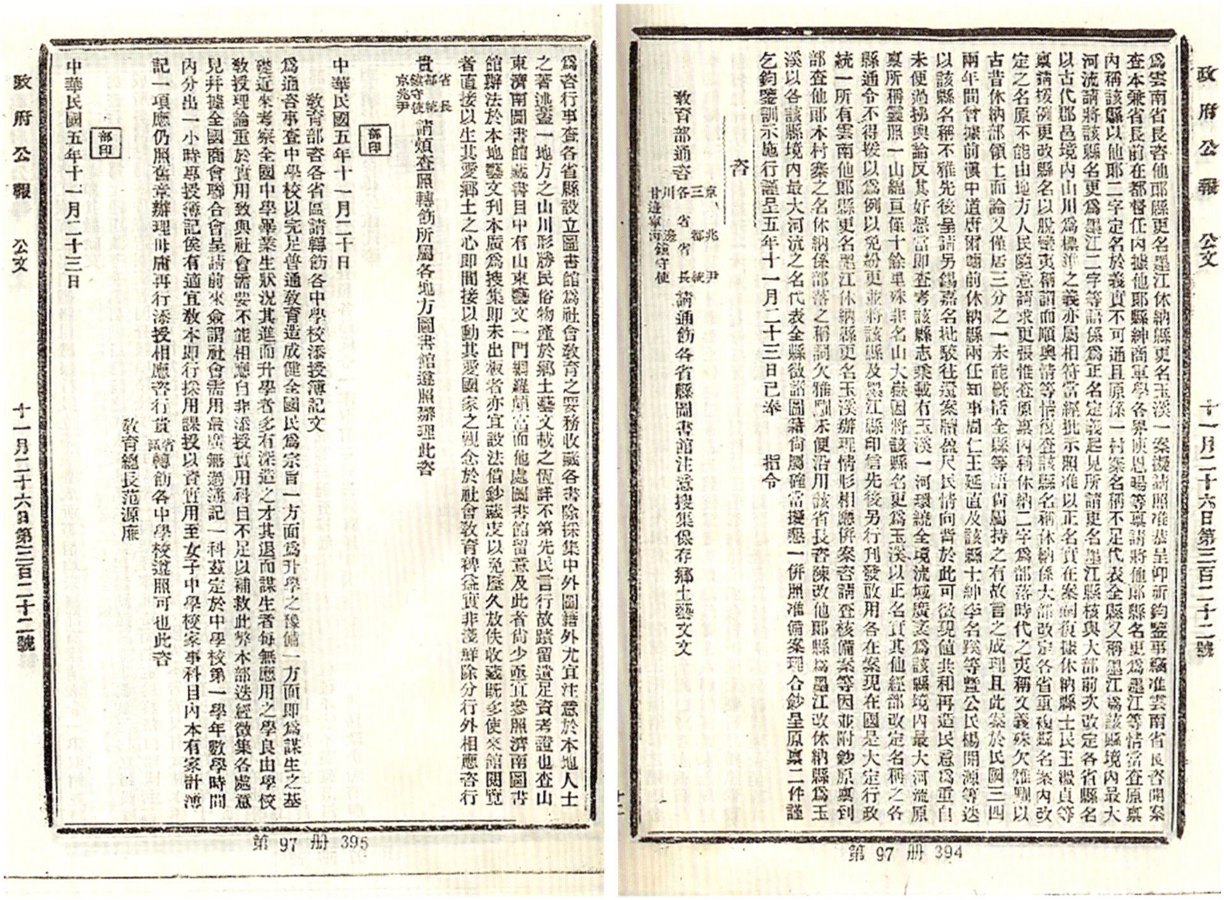
政府公報　公文　十一月二十六日第三百二十二號

為雲南省長咨他郎縣更名墨江休納縣更名玉溪一案擬請照准恭呈仰祈鈞鑒事竊准雲南省長咨開案查本兼省長前在都督任內據他郎縣紳商軍學各界族恩賜等稟請將他郎縣名更為墨江等情當查原稟內稱該縣以他郎二字定名於義實不可通且原係一村寨名稱不足代表全縣又稱墨江為該縣境內最大河流請將該縣名更為墨江二字等語係為正名定義起見所請更名墨江縣核與大部前次改定各省縣名以古代郡邑境內山川為標準之義亦屬相符當經批示照准以正名實在案嗣復據休納縣士民王徵貞等稟請援例更改縣名以脫蠻夷稱謂而順輿情等情復查該縣名稱休納係大部改定各省重複縣名案內改定之名原不能由地方人民隨意請求更張惟查原稟內稱休納二字為部落時代之夷稱文義殊欠雅馴以古昔休納部領土而論又僅居三分之一未能概括全縣等語尚屬持之有故言之成理且此案於民國三四兩年間曾據前滇中道府附郭前休納縣兩任知事周仁王延直及該縣士紳李名揚等暨公民楊開源等迭以該縣名稱不雅先後呈請另錫嘉名批駁往返案牘盈尺民情向背於此可徵現值共和再造民意為重自未便過拂輿論反其好惡當即查考該縣志乘載有玉溪一河環繞全境流域廣袤為該縣境內最大河流原稟所稱雲照一山綿亘僅十餘里殊非名山大嶽因將該縣名更為玉溪以正名實其他經部改定名稱之各縣通令不得援以為例以免紛更並將該縣及墨江縣印信先後另行刊發啟用各在案現在國是大定行政統一所有雲南他郎縣更名墨江休納縣更名玉溪辦理情形相應併案咨請查核備案等因並附鈔原稟到部查他郎本村寨之名休納係部落之稱詞欠雅馴未便沿用該省長咨陳改他郎縣為墨江改休納縣為玉溪以各該縣境內最大河流之名代表全縣徵諸圖籍尚屬確當擬懇一併照准備案理合鈔呈原稟二件謹乞鈞鑒訓示施行謹呈五年十一月二十三日已奉　指令

咨

教育部通咨京兆尹、三都統、各省省長、川邊鎮守使、甘邊寧海鎮守使請通飭各省縣圖書館注意搜集保存鄉土藝文文

第97冊394

為咨行事查各省縣設立圖書館為社會教育之要務收藏各書除採集中外圖籍外尤宜注意於本地人士之著述暨一地方之山川形勝民俗物產於鄉土藝文載之便詳不第先民言行故蹟留遺足資考證也查山東濟南圖書館藏書目中有山東藝文一門網羅頗富而他處圖書館留意及此者尚少亟宜參照濟南圖書館辦法於本地藝文刊本廣為搜集即未出版者亦宜設法借鈔藏庋以免歷久散佚收藏既多使來館閱覽者直接以生其愛鄉土之心即間接以動其愛國家之觀念於社會教育裨益實非淺鮮除分行外相應咨行貴省長、都統、鎮守使、京兆尹請煩查照轉飭所屬各地方圖書館遵照辦理此咨

部印

中華民國五年十一月二十日

教育部咨各省區請轉飭各中學校添授簿記文

為通咨事查中學校以完足普通教育造成健全國民為宗旨一方面為升學之豫備一方面即為謀生之基礎近來考察全國中學畢業生狀況其進而升學者多有深造之才其退而謀生者每無應用之學良由學校教授理論重於實用致與社會需要不能相應自非添授實用科目不足以補救此弊本部迭經徵集各處意見并據全國商會聯合會呈請前來僉謂社會需用最廣無過簿記一科茲定於中學校第一學年數學時間內分出一小時專授簿記俟有適宜教本即行採用課授以資實用至女子中學校家事科目內本有家計簿記一項應仍照舊章辦理毋庸再行添授相應咨行貴省長、都統轉飭各中學校遵照可也此咨

教育總長范源廉

部印

中華民國五年十一月二十三日

政府公報　公文　十一月二十六日第三百二十二號

第97冊395

1916年11月20日，教育部咨各省区“请通饬各省县图书馆……亟宜参照济南图书馆办法，于本地艺文刊本广为搜集，即未出版者，亦宜设法借抄藏庋”（刊载于《政府公报》第322期）

清同治十一年（1872），山东书局刻《十三经读本》中的《周礼》雕版

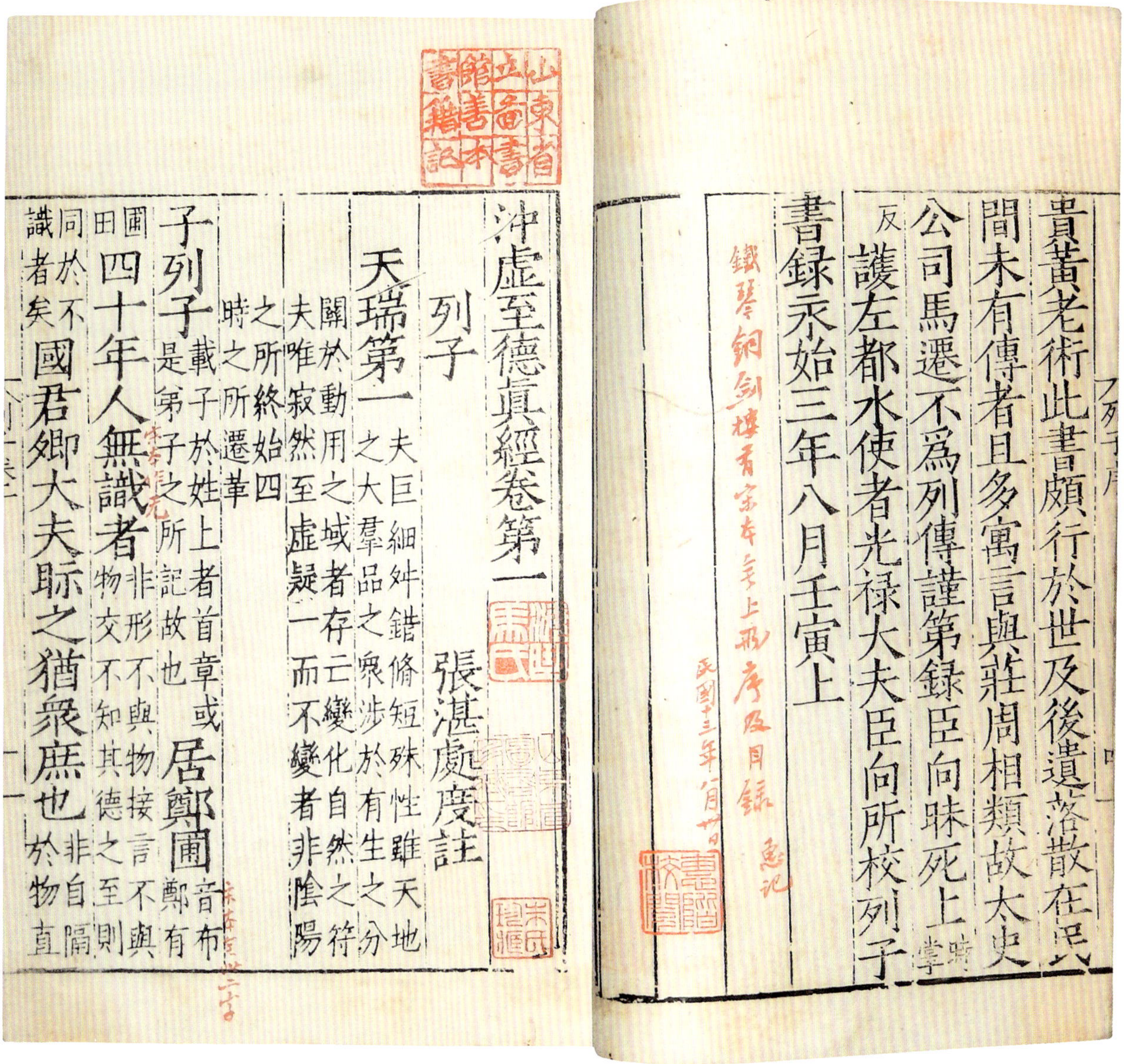
貴黃老術此書頗行於世及後遺落散在民
間未有傳者且多寓言與莊周相類故太史
公司馬遷不爲列傳謹第錄臣向昧死上
護左都水使者光祿大夫臣向所校列子
書錄永始三年八月壬寅上

沖虛至德眞經卷第一
列子 張湛處度註
天瑞第一 夫巨細舛錯脩短殊性雖天地之大羣品之衆涉於有生之分闔於動用之域者存亡變化自然之符夫唯寂然至虛凝一而不變者非陰陽之所終始四時之所遷革
子列子 載子於姓上者首章或是弟子之所記故也 居鄭圃 音布鄭有圃田
四十年人無識者 非形不與物接言不與物交不知其德之至則同於不識者矣
國君卿大夫眡之猶衆庶也 非自隔於物直

1928年3月，接收政府移交马惠阶家藏书籍286种6875册，内有宋元旧椠以及抄校善本三四十种

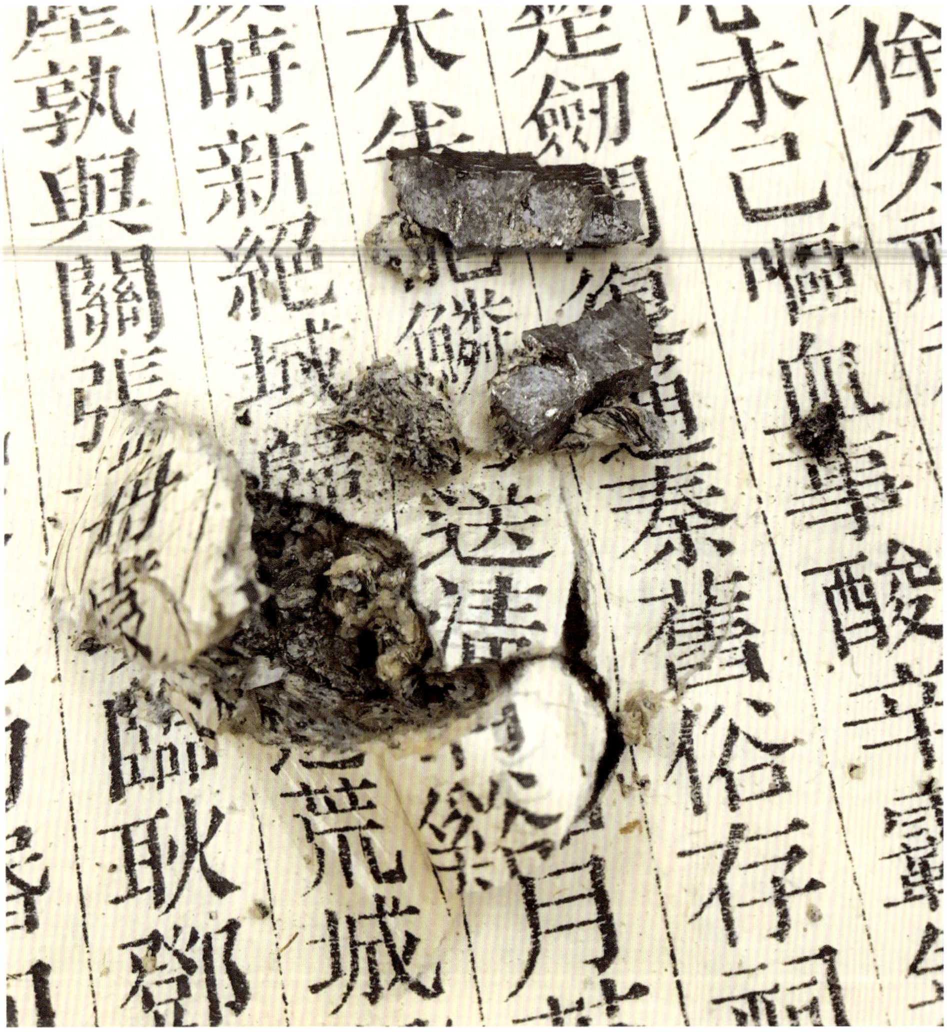

1928年5月，济南发生“五三”惨案。日军炮火横飞，弹穿楼顶，本馆损失惨重，馆藏中西文书籍仅剩62770册。图为弹片洞穿古书后的样子

山东金石保存所

本馆创办之初，即附设金石保存所，该所是国内省级地方政府创办的第一所博物馆性质的机构。“凡本省新出土之品与旧拓精本，博访兼收”。清宣统元年（1909）十二月二十日，《山东官报》第33期公布《山东图书馆附设金石保存所暂行章程》。石刻嵌置碑龛；铜器、磁器、玉器，别贮海岳楼。经历年陆续收藏，截至1933年7月底，已收藏铜器、石刻、钱币、砖瓦、陶器、泉范、陶文、玉器、磁器、祭器、乐器、金石拓本、帖等共计16256件。1937年日军侵入济南以后，除一部分珍贵文物南迁保存外，金石保存所藏品损失惨重。1949年中华人民共和国成立后，陆续接收了一些各政府机关移交的文物。1954年山东省博物馆成立，将金石保存所历年所藏尽数调拨给博物馆。

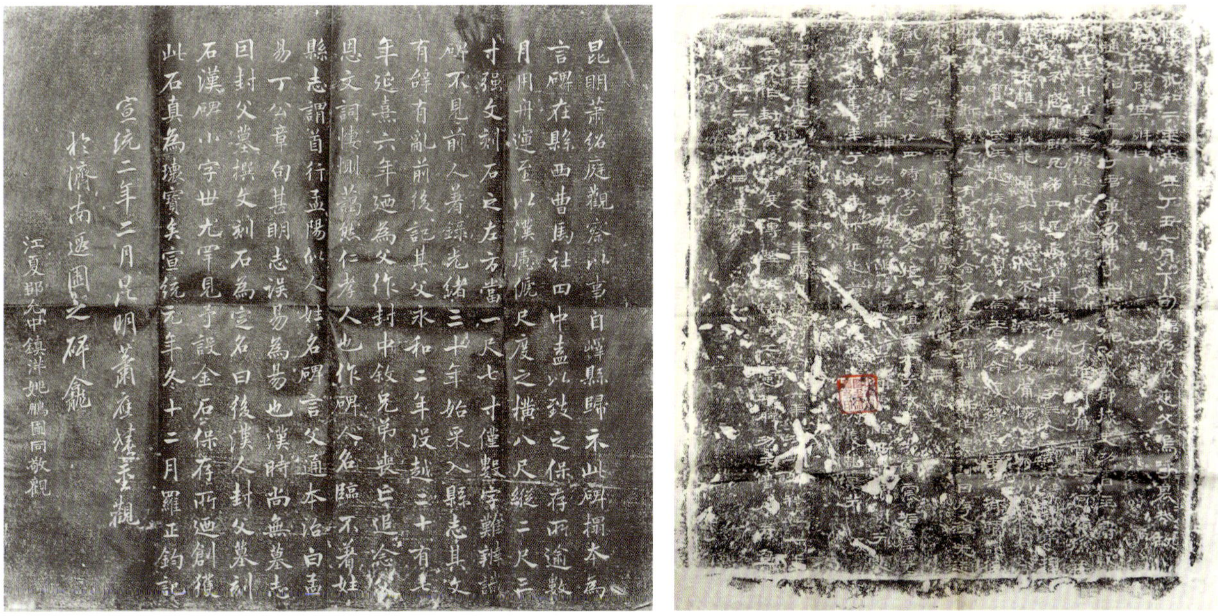

山东金石保存所建立之初藏有《汉临碑》，为中国墓志之较早者，后附刻罗正钧清宣统元年（1909）十二月跋。图为该碑拓片

《李璧墓志》，为魏碑中的佼佼者，后附刻罗正钧跋。图为墓志拓片

海岳楼西面有碑龛五间，储汉魏六朝唐宋石刻。图为碑龛一角（摄于 1930 年 1 月）

山东金石保存所藏北魏孙宝憘造像

刊载于《北洋画报》1933年第20卷第957期的由湖天一角楼改造的汉画堂（二楼为罗泉楼）照片

名流执掌

本馆创办之初实行坐办制，1913年9月改为馆长制。1915年冬，本馆改名“山东公立图书馆”。1909—1928年先后由张百城[1]、保厘东[2]、王寿彭[3]、刘宝泰[4]、庄陔兰[5]、陈名豫[6]、赵文运[7]、丁麟年[8]等执掌。

【1】张百城（生卒年不详），字紫筠，亦字子云，安徽歙县人。清光绪年间任山东即墨令。宣统元年任本馆第一任坐办。著有《冈田须知》。

【2】保厘东（？—1913），字少浦，江苏通州人。清宣统二年（1910）经山东巡抚孙宝琦举荐任本馆坐办，赓续罗正钧前议，当年六月动工在馆西偏北兴建博物馆，十月，博物馆落成，“购集博物标本、理化器械及各种动物，分别布置”。次年开馆，保氏兼任博物馆坐办。编订了本馆第一部书本式目录——《山东图书馆辛亥年藏书目录》。1911年辛亥革命爆发后去职，1912年9月任北洋政府工商部主事。

【3】王寿彭（1874—1929），字次籛，号眉轩，山东潍县人。清光绪二十九年（1903）考中状元，授翰林院修撰。民国初年，任山东都督府和巡按使署秘书。1913年9月—1914年3月任本馆馆长。1916年后任北京总统府秘书多年。1925年任山东省教育厅厅长。次年改组山东省立农、工、矿、医、法、商六个专门学校为省立山东大学，兼任校长。工书法，著有《靖盦诗文稿》、赴日《考察录》等。

【4】刘宝泰（1875—1932），字念劬，安徽歙县人。历任滦州知州、安州知州及鸡泽县知事。1913—1917年任山东省行政公署主任，兼山东省图书馆馆长。1916年聘南通袁绍昂主编《山东图书馆重编书目》。

【5】庄陔兰（1870—1946），字心如，号春亭，晚号春苔，山东莒县人。清光绪三十年（1904）进士。同盟会早期会员，清末任山东法政学堂监督，辛亥革命时为山东省各界联合会副会长。1917年担任本馆馆长。工书法，编纂《重修莒志》。

【6】陈名豫（1883—1966），字雪南，山东滕县人。清末秀才，曾入同盟会，民国时期任山东临时议会议员，山东省民政厅、工商厅厅长，国会参议员。1918年后任本馆馆长。1924年与丁惟汾等创办胶澳中学并担任校长。1928年任国立山东大学筹备委员会委员、山东省政府委员。1929年任本馆图书设计委员会委员。

【7】赵文运（生卒年不详），字子开，号容斋，山东胶州人。清孝廉，工文善书，肆力于古文，于小学尤多心得。肄业济南泺源、尚志两书院。后历主诸城、莒州两邑书院讲席，充《续修山东通志》局分纂。约于1919年任本馆馆长。编纂《续修历城县志》。民国十年（1921），任《增修胶志》总纂。

【8】丁麟年（1870—1930），字绂臣，号幼石，山东日照人。清光绪十八年（1892）进士，官至陕西兴安府知府。1920—1928年，就任本馆馆长。在任期间整顿、清理、编排馆内所藏图书文物，搜集出土文物，并分类考定。一生治学严谨，是当时有名的收藏家、考古学家和书法家。著述主要有《三代名器文字拓片集录》《出土文物分类集录》《山左乡贤书画甄录》等。

保厓东像

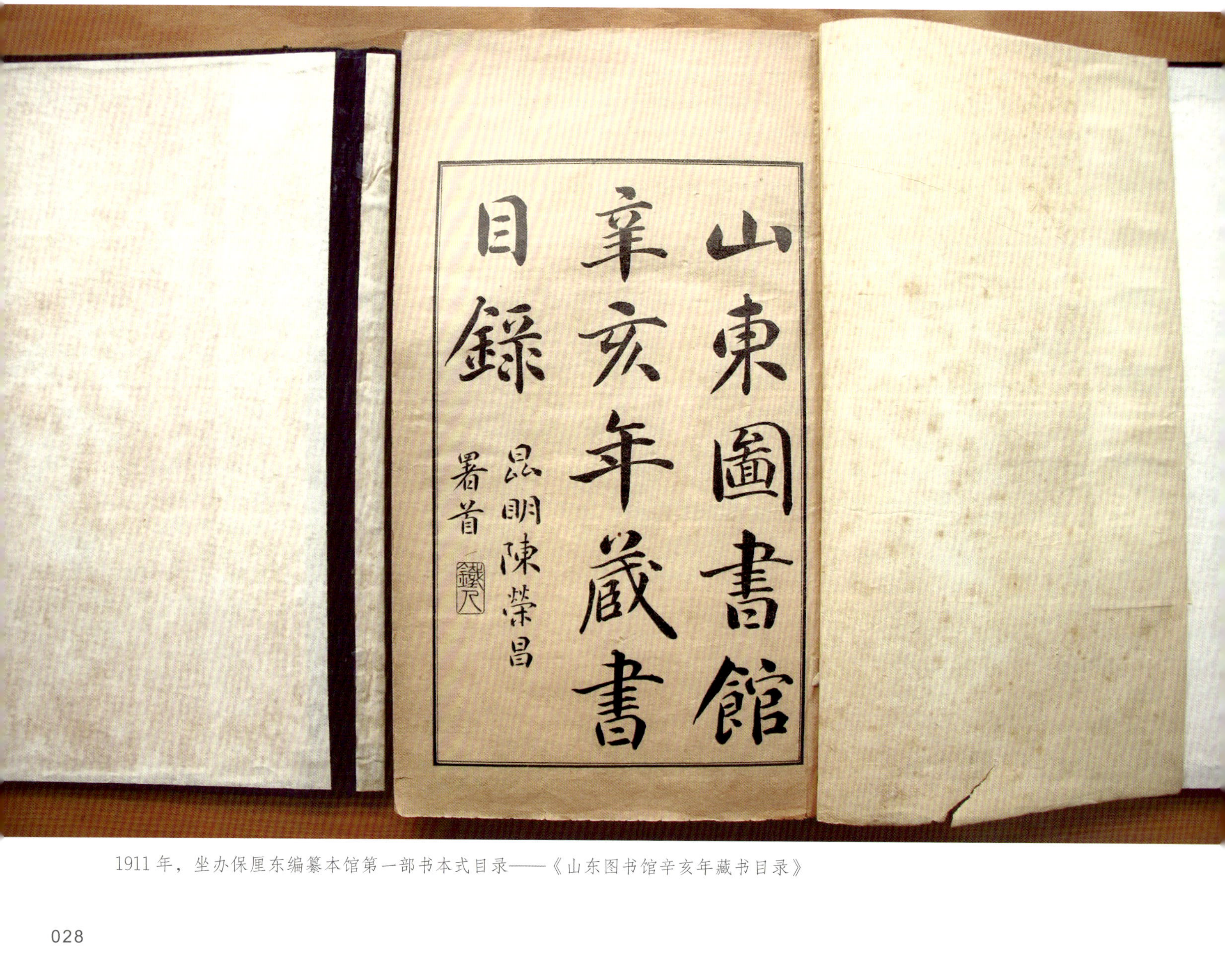

山東圖書館辛亥年藏書目錄

昆明陳榮昌署首

1911年，坐办保厓东编纂本馆第一部书本式目录——《山东图书馆辛亥年藏书目录》

王寿彭像

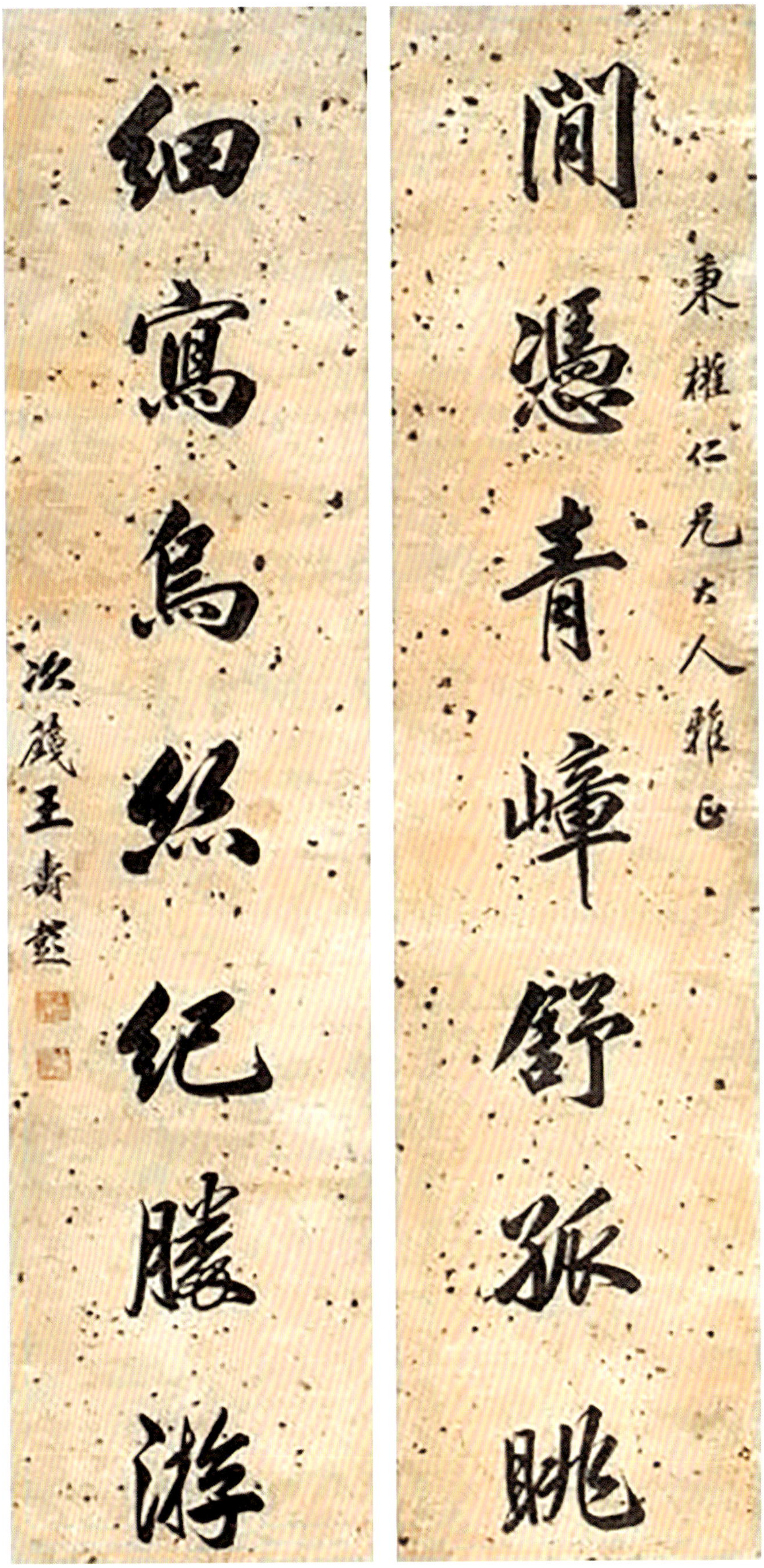

王寿彭书法作品

刘宝泰像

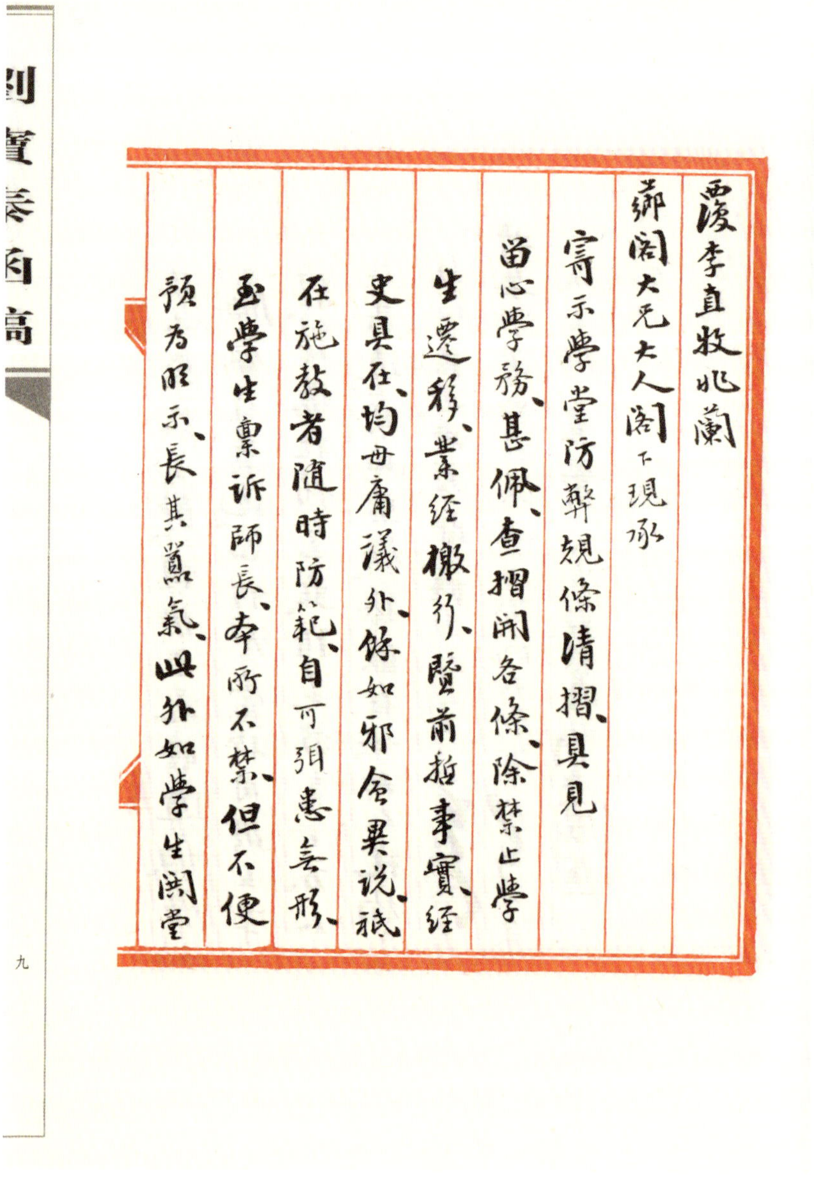

覆李直牧兆蘭
薌閣大兄大人閣下：現承
寄示學堂防弊規條清摺，具見
留心學務，甚佩。查摺開各條，除禁止學
生遷移、業經撤行、暨前指事實，經
史具在，均毋庸議外，餘如邪令異說，祇
在施教者隨時防範，自可弭患無形。
至學生稟訴師長，本所不禁，但不便
預為明示，長其嚣氣。此外如學生閣堂

刘宝泰信札

庄陔兰像

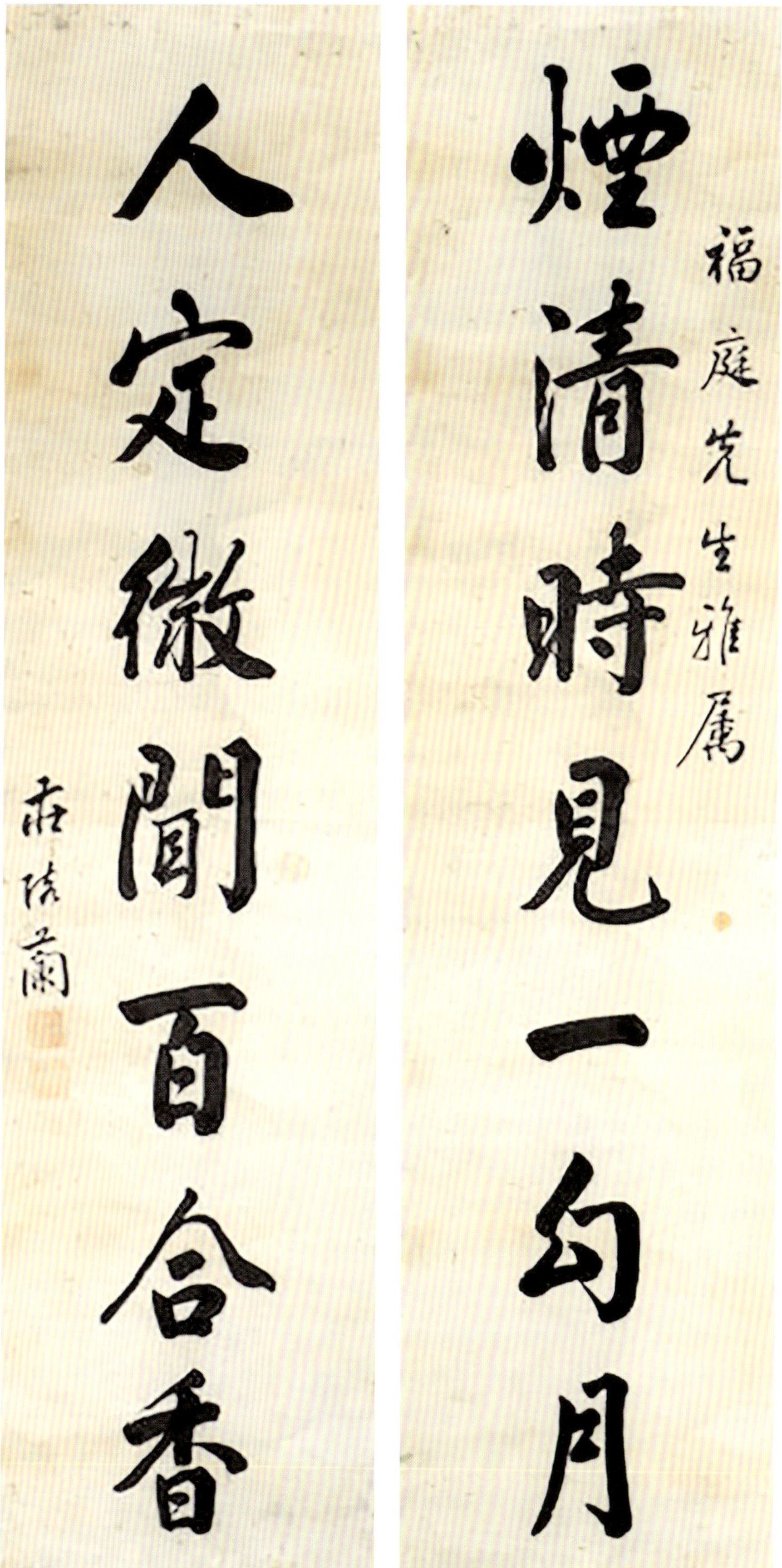

庄陔兰书法作品

陈名豫像

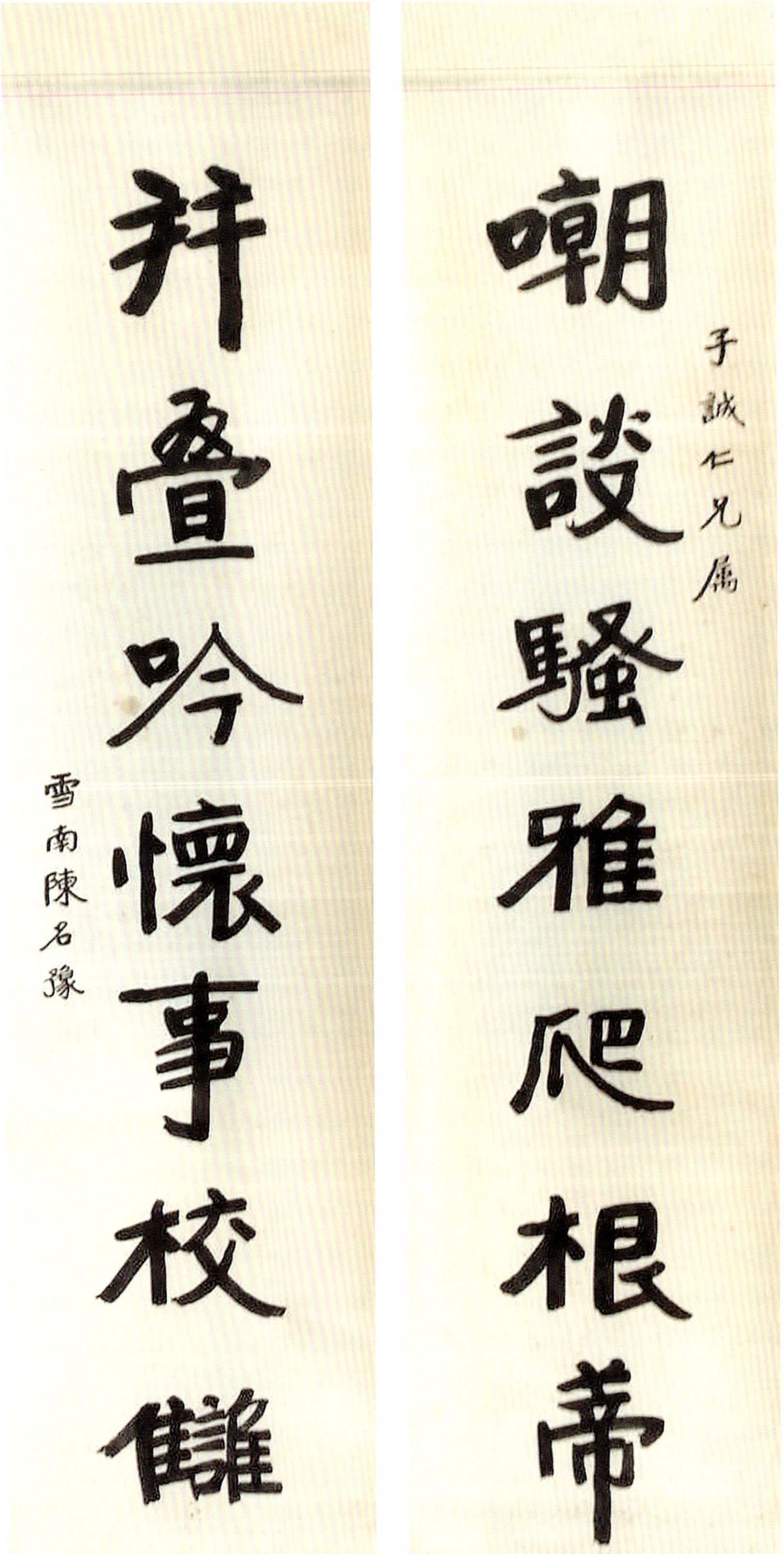

陈名豫书法作品

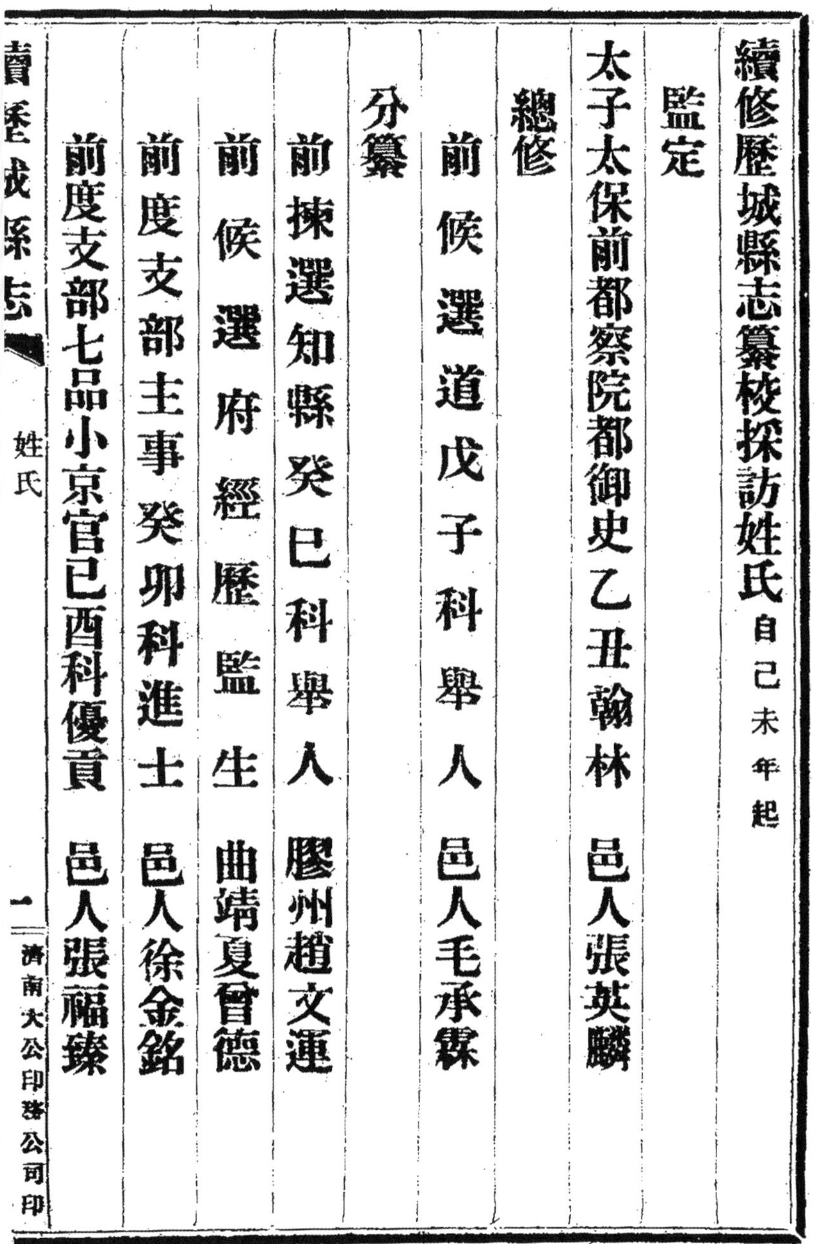

續修歷城縣志纂校採訪姓氏 自己未年起

監定

太子太保前都察院都御史乙丑翰林 邑人張英麟

總修

前候選道戊子科舉人 邑人毛承霖

分纂

前揀選知縣癸巳科舉人 膠州趙文運

前候選府經歷監生 曲靖夏曾德

前度支部主事癸卯科進士 邑人徐金銘

前度支部七品小京官己酉科優貢 邑人張福臻

續歷城縣志 姓氏 一

濟南大公印務公司印

47

赵文运参与编纂的《续修历城县志》书影

丁麟年像

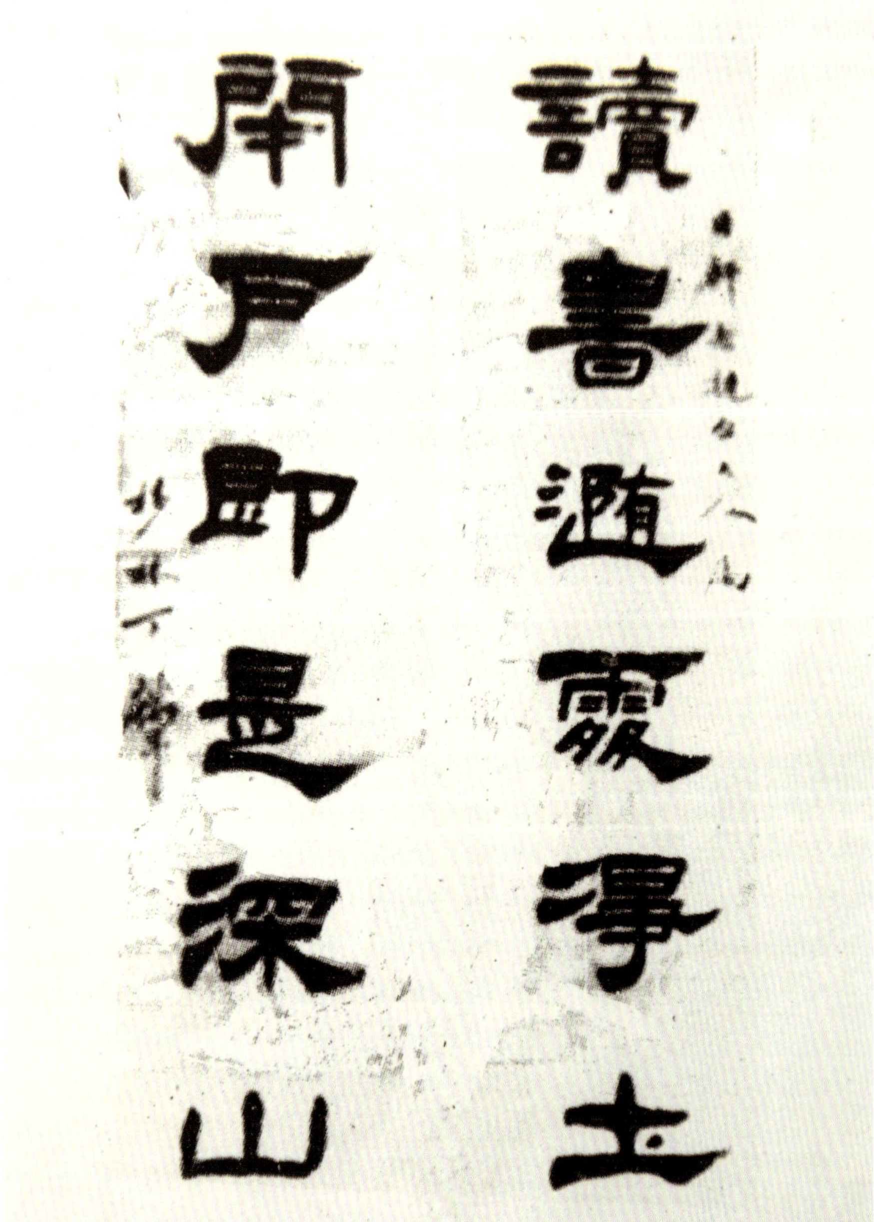

丁麟年书法作品

早期服务

本馆初创时期，读者服务主要是提供馆内阅览，设阅览室、展览室两种。因馆园合一，来馆游人每人需收铜元两枚购买游览券，阅书者每人收取铜元两枚购买阅书符。以星期二至星期五为男子游览日期，星期六为女子游览日期。

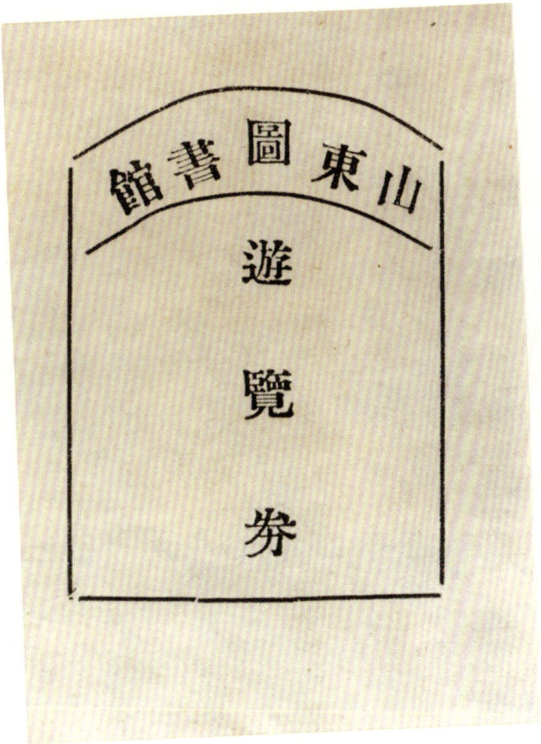

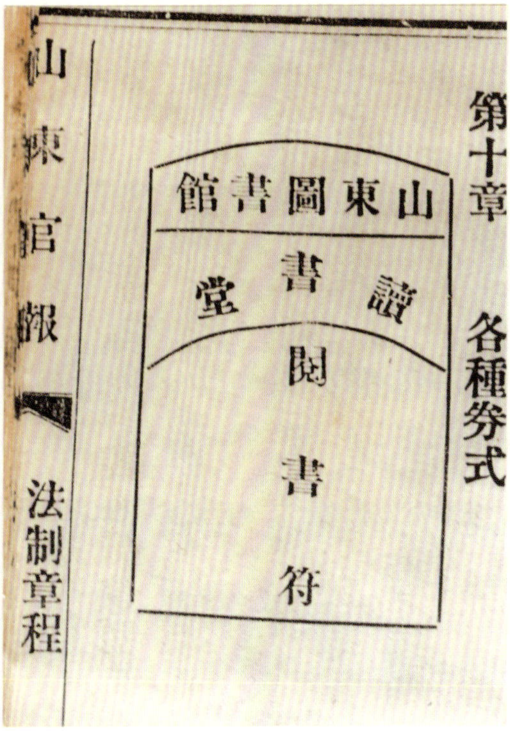

清宣统元年（1909）十二月十三日《山东官报》第32期刊载的山东图书馆阅书符和游览券

1922年7月，山东历史博物展览会在本馆举办，蔡元培、梁启超、胡适、陶行知、黄炎培、张伯苓等名人到会参观。展览分历史、地理、古物、教育、社会风俗、工商、农业七个门类。

1922年7月5日，山东历史博物展览会开幕纪念摄影

历史及社会风俗门陈列室

古物展览室

教育品展览室

工商品陈列室

地理及农业门陈列室

1925年6月7日，山东教育界同仁组织成立图书馆协会，丁麟年任理事。6月8日，美国图书馆学专家鲍士伟在济南考察。下午在馆内与本地教育界人士举行公宴并进行交流。

1929年5月25日，丁麟年免职，本馆暂由省督学齐鸿照[1]负责。

鲍士伟
（1860—1942）

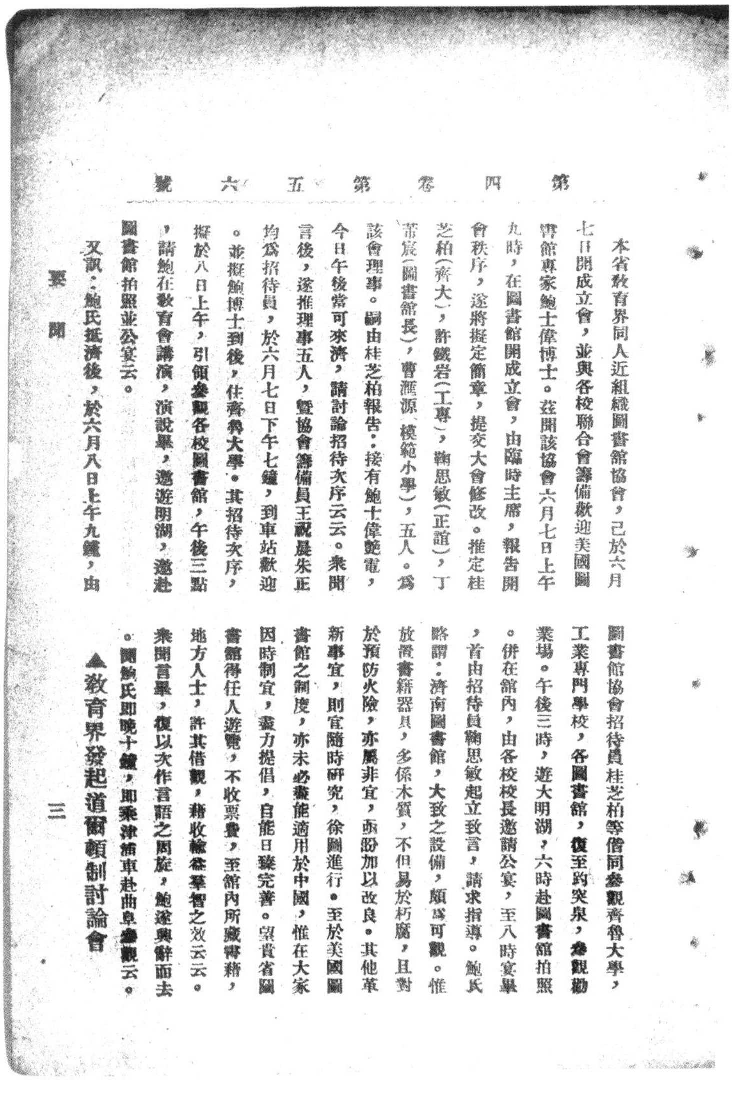

第四卷第五六號

要聞

本省教育界同人近組織圖書館協會，已於六月七日開成立會，並與各校聯合會籌備歡迎美國圖書館專家鮑士偉博士。茲聞該協會六月七日上午九時，在圖書館開成立會，由臨時主席，報告開會秩序，遂將擬定簡章，提交大會修改。推定桂芝柏（齊大），許鐵岩（工專），鞠思敏（正誼），丁芾宸（圖書館長），曹澐源（模範小學），五人。為該會理事。嗣由桂芝柏報告：接有鮑士偉艷電，今日午後當可來濟，請討論招待次序云云。衆聞言後，遂推理事五人，暨協會籌備員王祝晨朱正均為招待員，於六月七日下午七鐘，到車站歡迎。並擬鮑博士到後，住齊魯大學。其招待次序，擬於八日上午，引領參觀各校圖書館，午後三點，請鮑在教育會講演，演說畢，邀遊明湖，邀赴圖書館拍照並公宴云。

又訊：鮑氏抵濟後，於六月八日上午九鐘，由圖書館協會招待員桂芝柏等偕同參觀齊魯大學，工業專門學校，各圖書館，復至趵突泉，參觀勸業場。午後三時，遊大明湖，六時赴圖書館拍照。併在館內，由各校校長邀請公宴，至八時宴畢，首由招待員鞠思敏起立致言，請求指導。鮑氏略謂：濟南圖書館，大致之設備，頗為可觀。惟放置書籍器具，多係木質，不但易於朽腐，且對於預防火險，亦屬非宜，亟盼加以改良。其他革新事宜，則宜隨時研究，徐圖進行。至於美國圖書館之制度，亦未必盡能適用於中國，惟在大家因時制宜，盡力提倡，自能日臻完善。望貴省圖書館得任人遊覽，不收票費，至館內所藏書籍，地方人士，許其借觀，藉收輸益群智之效云云。衆聞言畢，復以次作言語之周旋，鮑遂興辭而去。聞鮑氏即晚十鐘，即乘津浦車赴曲阜參觀云。

▲教育界發起道爾頓制討論會

三

《山东教育月刊》第4卷第56号刊文记载本省图书馆协会成立与欢迎鲍士伟博士事

【1】齐鸿照（生卒年不详），字朗斋，山东定陶人。毕业于北京高等师范学校。1928年任山东省教育厅省督学。1929年曾短暂执掌本馆，1930年任山东省立第五师范学校校长，抗日战争时期任战区教师服务团团务委员。

二、人文荟萃 首创辉煌（1929—1937）

1929年夏，本馆更名为“山东省立图书馆”，改属省教育厅。此后，直至1937年抗日战争爆发前，本馆各项工作蓬勃发展，在当时的图书馆界、学术界、考古界都有一定的影响。

8月2日，时任山东省教育厅厅长何思源[1]任命著名学者王献唐[2]为山东省立图书馆馆长。王履新后，即着手改组，重新厘定工作计划，修订馆章，清点馆藏，修缮馆舍，申请经费，购置新书，尤为注重齐鲁乡邦文献的收藏。自是年起至1937年抗战爆发前夕，本馆迎来了一段事业上的辉煌时期。

山东省立图书馆大门（芮麟摄于1933年）

玉佩桥（张守常摄于1936年）

【1】何思源（1896—1982），山东菏泽人，曾留学美、德、法等国，回国后历任中山大学教授、山东省教育厅厅长、国民党山东省政府主席、北平市市长等职，中华人民共和国成立后任全国政协委员。在山东省教育厅厅长任上，何思源对山东省立图书馆的工作出力甚巨。

【2】王献唐（1896—1960），山东日照人。初名家驹，后更名琯，字献唐，号凤笙，晚号向湖老人。精于音韵训诂、金石考古、目录版本之学，一生著述丰富。在其担任馆长时期，本馆的各项工作都走在了全国公共图书馆前列，是事业的兴盛时期。抗战爆发后，为保存国粹，将馆藏善本图书及金石文物转运至四川乐山大佛寺，为保护齐鲁文物做出了贡献。主要著作有《中国古代货币通考》《山东古国考》《炎黄氏族文化考》《那罗延室稽古文字》等。

馆务革新

为方便读者阅览，重新修改阅览规则，除参考图书阅览室用闭架式外，余皆为开架。阅览及参观展室一律不收费用，来馆游人免收门票，男女可同日游览，星期天也照常开放，工作人员中午只休息半个钟头。这一时期，每日阅览读者剧增至四百余人。

读书堂——普通图书阅览室一角（摄于1930年1月）

开架阅览的儿童图书阅览室一角（摄于1930年1月）

博物展览室（陈列各种标本模型仪器）一角（摄于 1930 年 1 月）

古物美术展览室（陈列善本书样及美术品书画古物）一角（摄于 1930 年 1 月）

为使新旧图书分类收藏，各适其位，索检便捷，1932年编成《山东省立图书馆图书分类法》。

1933年印行的《山东省立图书馆图书分类法》（1989年复制本）

20 世纪 20 年代末，清末四大藏书楼之一的聊城杨氏海源阁藏书因战乱开始散佚，王献唐带领“海源阁藏书清查委员会”赴聊城调查，并撰文呼吁抢救海源阁藏书。1930 年 12 月，杨氏将 50 余箱劫余藏书运往济南自置宅内，王献唐与其商洽，拟定将其藏书收入馆中办法。次年春，拟定协议大纲。杨氏提出半捐半卖索价 30 万元，山东当政者不批准拨付此巨款，收购之议遂搁置。

海源阁全景图

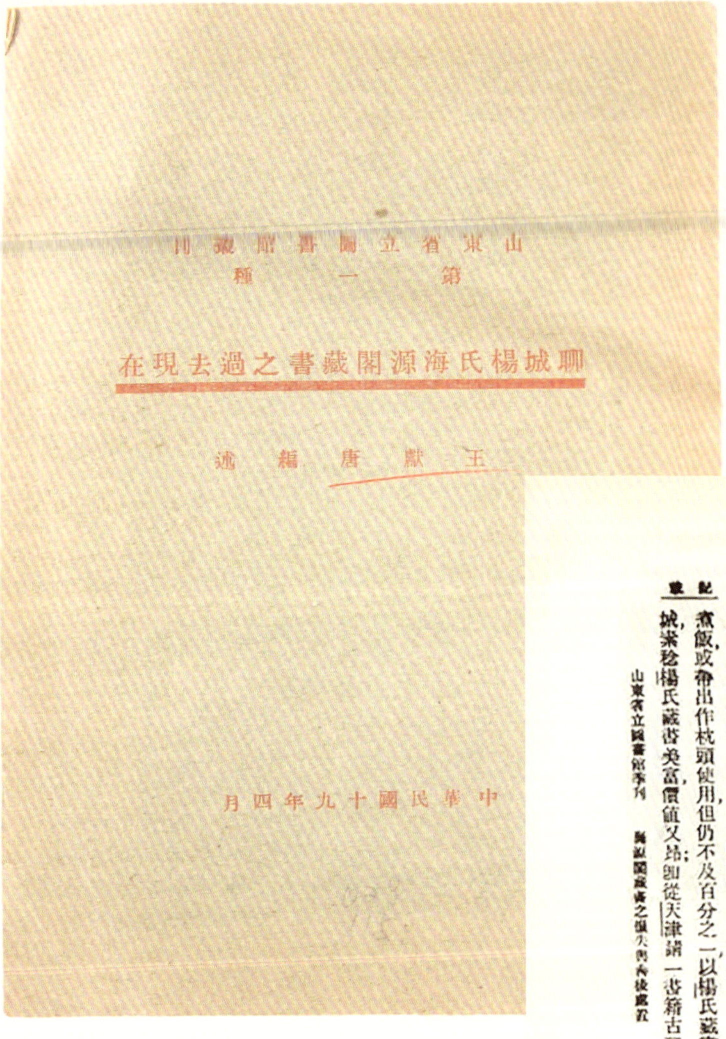

山東省立圖書館叢刊
第一種

聊城楊氏海源閣藏書之過去現在

王獻唐編述

中華民國十九年四月

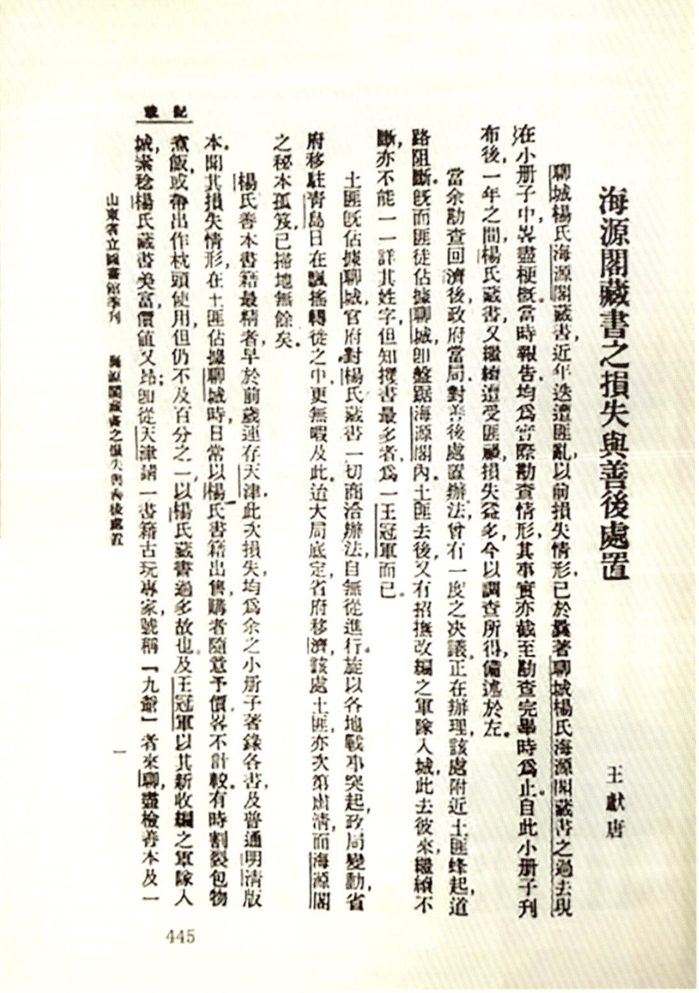

海源閣藏書之損失與善後處置

王獻唐

聊城楊氏海源閣藏書，近年迭遭匪亂，以前損失情形，已於曩著聊城楊氏海源閣藏書之過去現在小冊子中，略盡梗概。當時報告，均爲實際勘查情形，其事實亦截至勘查完畢時爲止。自此小冊子刊布後，一年之間，楊氏藏書，又繼續遭受匪禍，損失益多。今以調查所得，備述於左。

當余勘查回濟後，政府當局，對善後處置辦法，曾有一度之決議，正在辦理。該處附近土匪蜂起，道路阻斷。既而匪徒佔據聊城，即盤踞海源閣內。土匪去後，又有招撫改編之軍隊入城，此去彼來，繼續不斷，亦不能一一詳其姓字，但知擾害最多者，爲一王冠軍而已。

土匪既佔據聊城，官府對楊氏藏書一切商洽辦法，自無從進行。旋以各地戰事突起，政局變動，省府移駐青島，日在飄搖轉徙之中，更無暇及此。迨大局底定，省府移濟，該處土匪，亦次第肅清，而海源閣之秘本孤笈，已掃地無餘矣。

楊氏善本書籍最精者，早於前歲運存天津。此次損失，均爲余之小冊子著錄各書，及普通明清版本。聞其損失情形，在土匪佔據聊城時，日常以楊氏書籍出售，購者隨意予價，略不計較。有時割裂包物，煮飯，或拿出作枕頭使用，但仍不及百分之一，以楊氏藏書過多故也。及王冠軍以其新收編之軍隊入城，素稔楊氏藏書，極富價值，又特別從天津請一書籍古玩專家，號稱「九爺」者來聊，盡檢善本及一

記載

山東省立圖書館季刊　海源閣藏書之損失與善後處置　一

445

王献唐撰写的《聊城杨氏海源阁藏书之过去现在》《海源阁藏书之损失与善后处置》

申報
海源閣藏書保存問題
何成濬返漢
東北鐵路運輸會議
地方通信

申報
價買海源閣藏書

20世纪二三十年代的《申报》刊载关于海源阁藏书的消息

1941年，海源阁后人杨承训将海源阁明清版古籍运往北平，辛铸九[1]恐本省宝藏流于外籍，与历下名士苗兰亭、张蔚斋等人募集300万元巨款，多次赴北平商洽，将书买下，运回济南。抗战结束后，经山东省财务厅厅长刘道元倡议，经当时的代馆长罗象临赞成，这批古籍被捐赠给本馆（1957年，杨承训捐献37种85件海源阁文物，后入藏本馆）。

1931年5—6月，潍县高氏秦汉砖瓦被售予日本人，本馆急谋挽救，经省教育厅电请青岛市政府严查扣留，派员交涉运抵本馆金石保存所收藏。

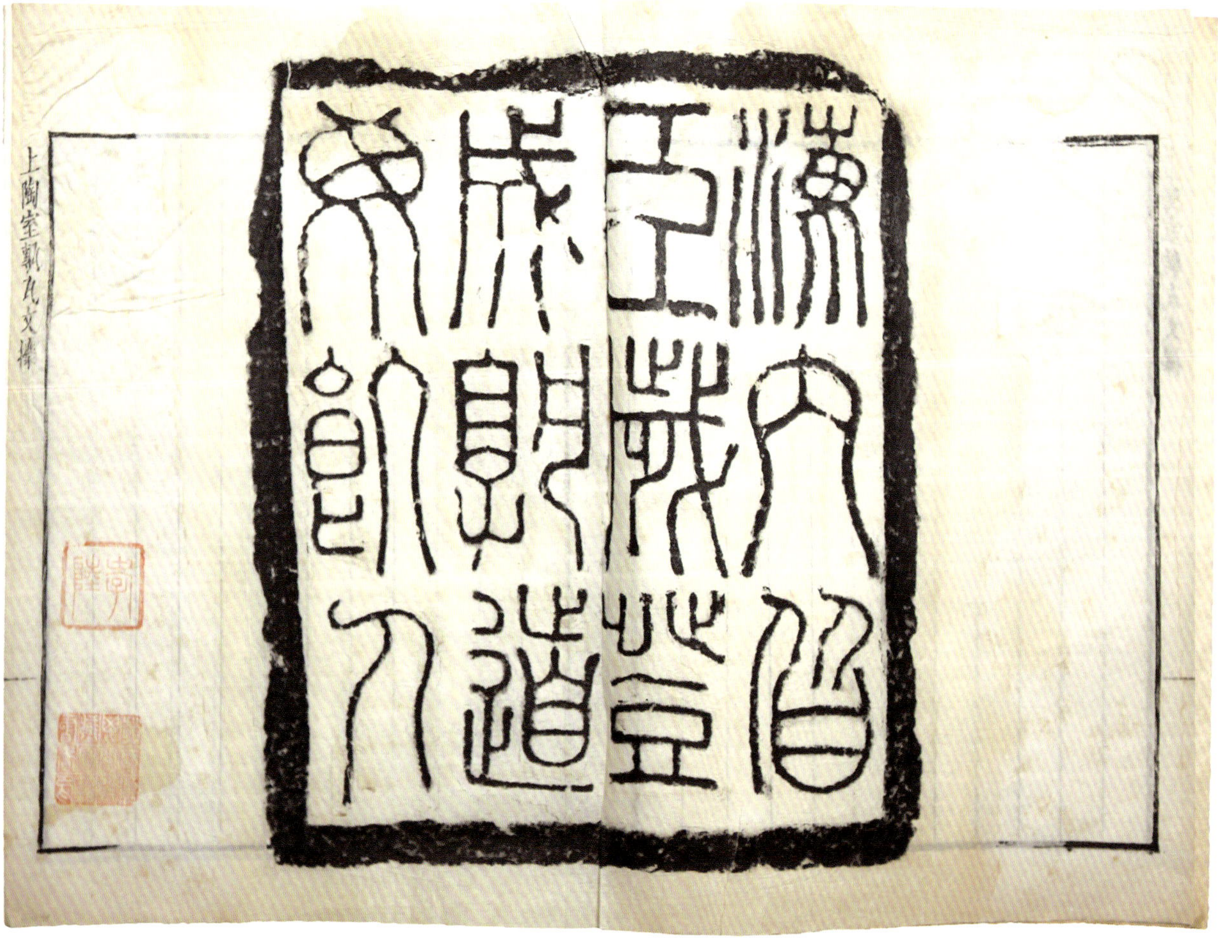

本馆藏高氏《上陶室砖瓦文攈》书影

【1】辛葆鼎（1880—1965），字铸九，以字行，山东章丘人。1939年9月任山东省立图书馆馆长兼山东红十字会会长。1944年与苗兰亭、张蔚斋、成逸庵等组织搜集海源阁书籍委员会，为收购海源阁明清版藏书并捐献给本馆做出了巨大的贡献。

7 月 18 日，举办砖瓦展览会，首日参观者达数万人。为抵制帝国主义对我国古代文化遗产的掠夺，唤醒民众的文化危机感，本馆还编印了《砖瓦图书为甚么要开会展览？》《到图书馆去！》等小册子。

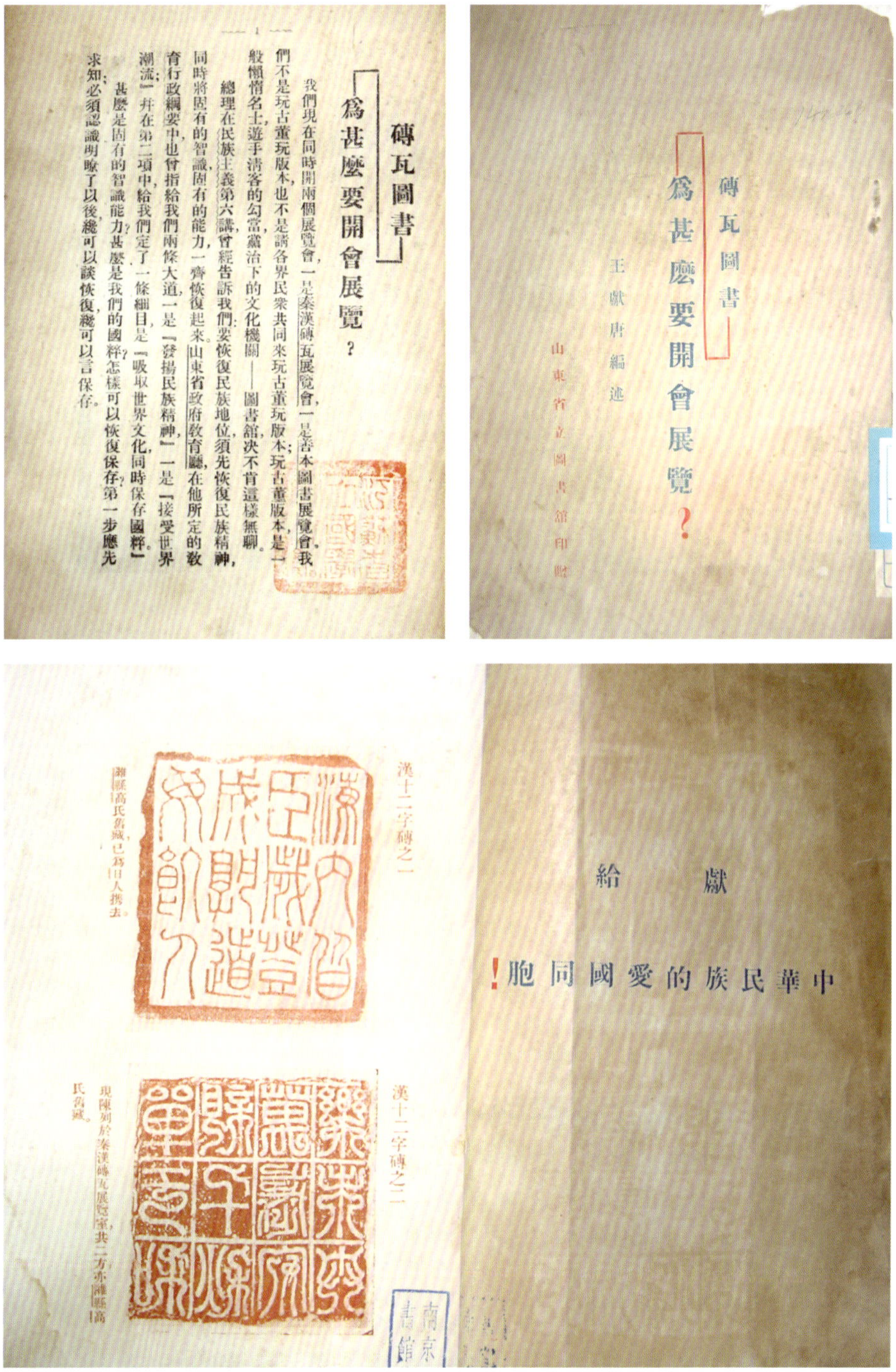

— 1 —

磚瓦圖書

爲甚麼要開會展覽？

我們現在同時開兩個展覽會，一是秦漢磚瓦展覽會，一是善本圖書展覽會，我們不是玩古董玩版本，也不是請各界民衆共同来玩古董玩版本；玩古董版本是一般懶惰名士，遊手清客的勾當，黨治下的文化機關——圖書館，決不肯這樣無聊。

總理在民族主義第六講，曾經告訴我們：要恢復民族地位，須先恢復民族精神，同時將固有的智識，固有的能力，一齊恢復起來。山東省政府教育廳，在他所定的教育行政綱要中，也曾指給我們兩條大道，一是『發揚民族精神』，一是『接受世界潮流』；并在第二項中，給我們定了一條細目，是『吸取世界文化，同時保存國粹』。

甚麼是固有的智識能力？甚麼是我們的國粹？怎樣可以恢復保存？第一步應先求知；必須認識明瞭了以後，纔可以談恢復，纔可以言保存。

磚瓦圖書

爲甚麼要開會展覽？

王獻唐編述

山東省立圖書館印贈

漢十二字磚之一

濰縣高氏舊藏，已爲日人携去。

漢十二字磚之二

現陳列於秦漢磚瓦展覽室，共二方，亦濰縣高氏舊藏。

獻給

中華民族的愛國同胞！

《砖瓦图书为甚么要开会展览？》书影

1932年，接受河南扶沟柳堂[1]藏书1033种14674册（后被柳堂之子柳式古取回143册）。另有柳氏被法院判决拍卖的22箱字画，经过本馆交涉，给予债权人750元，亦捐入本馆。柳氏获得1000元的奖励。

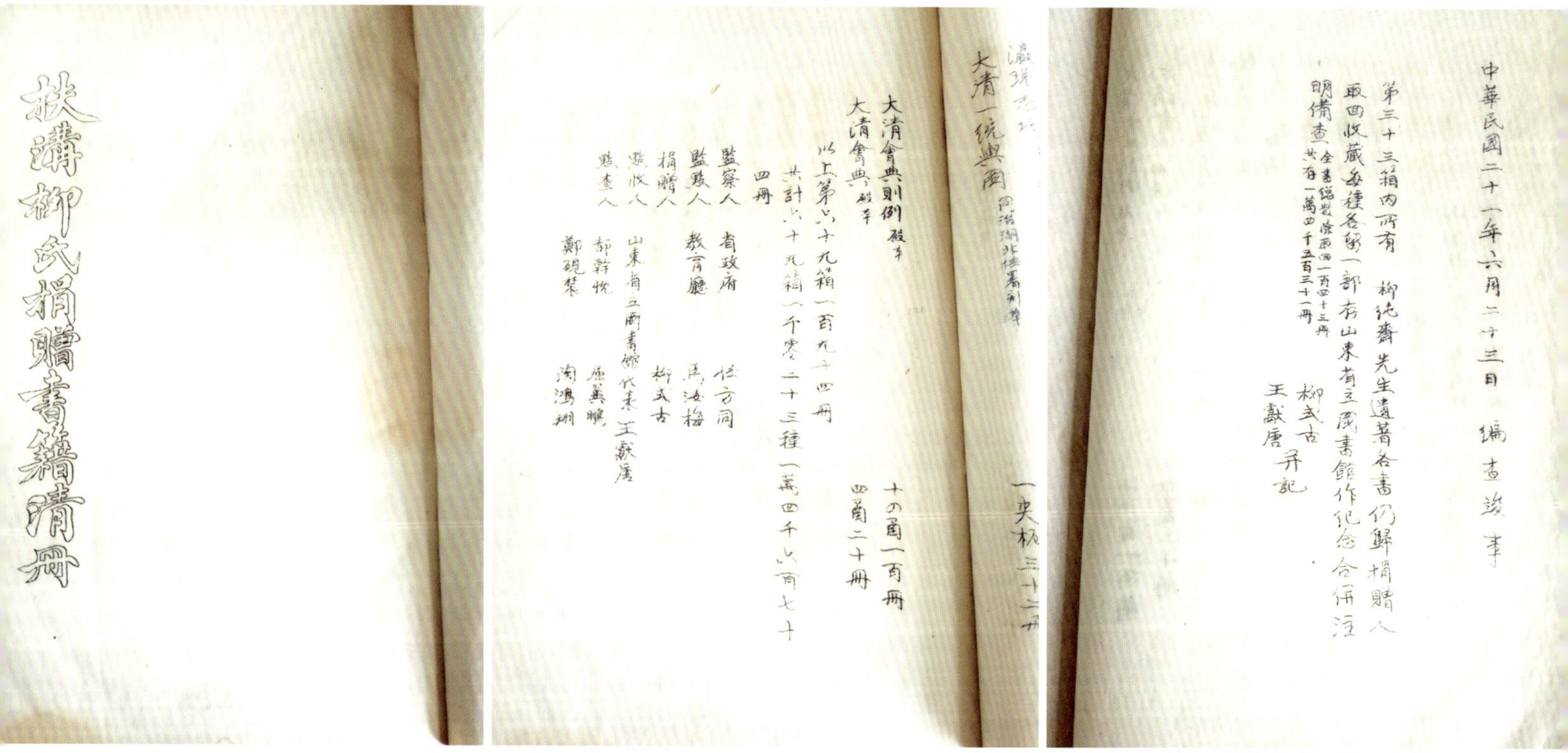

《扶沟柳氏捐赠书籍清册》书影

【1】柳堂（1844—1929），字纯斋，别号勖庵，河南扶沟人。清光绪十六年（1890）进士，曾任山东七地州县官。金石家、藏书家、学者。著述有《宰惠纪略》《史外韵语书后》《莲西吟草》《北上吟草》《笔谏堂全集》等。

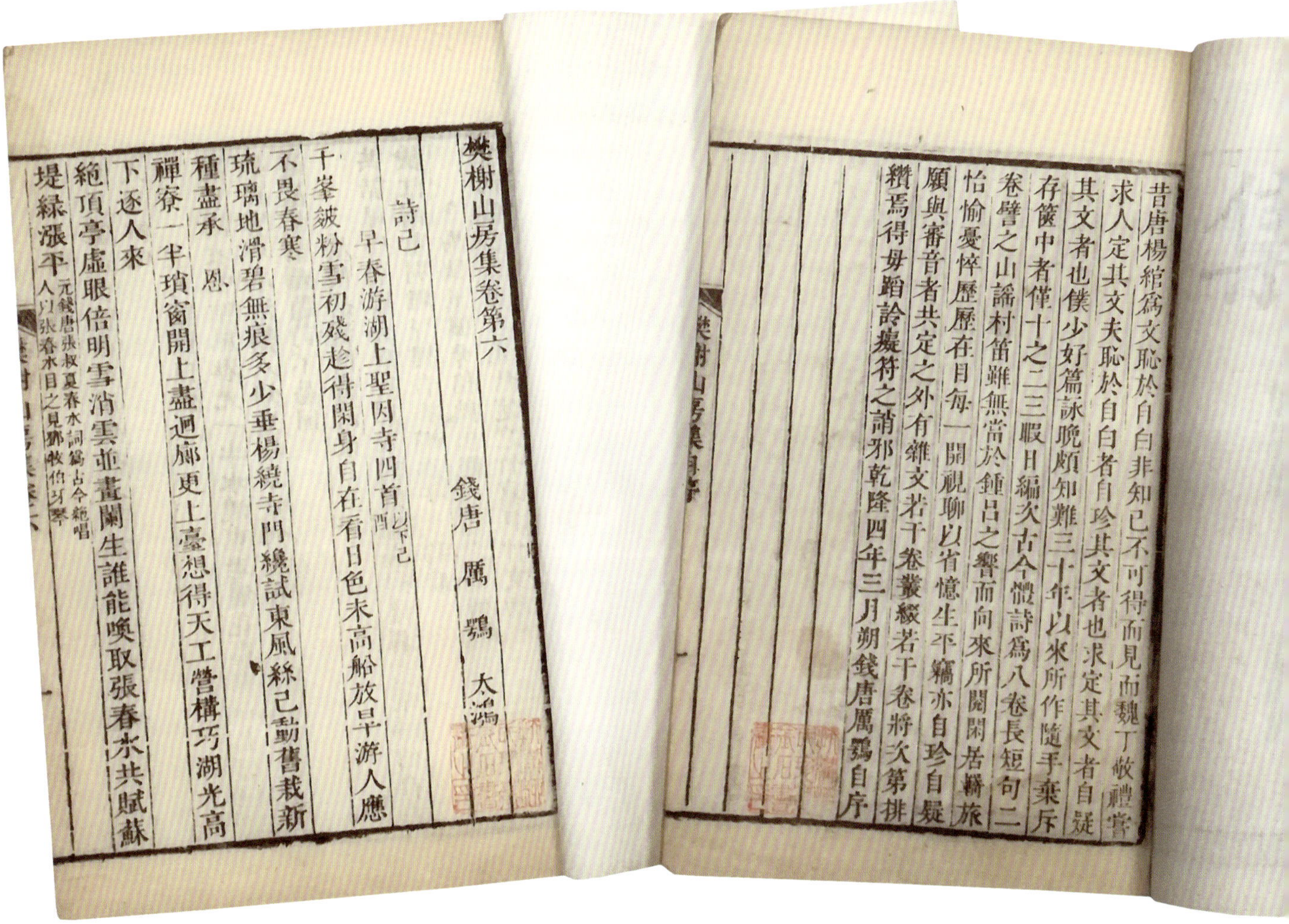
昔唐楊綰為文恥於自白非知己不可得而見而魏丁敬禮嘗
求人定其文夫恥於自白者自珍其文者也求定其文者自疑
其文者也僕少好篇詠晚頗知難三十年以來所作隨手棄斥
存篋中者僅十之二三暇日編次古今體詩為八卷長短句二
卷譬之山謠村笛雖無當於鍾呂之響而向來所聞閑居羇旅
怡愉憂悴歷歷在目每一開視聊以省憶生平竊亦自珍自疑
願與審音者共定之外有雜文若干卷叢綴若干卷將次第排
纘焉得毋蹈詅癡符之誚邪乾隆四年三月朔錢唐厲鶚自序

樊榭山房集卷第六
錢唐 厲鶚 太鴻
詩己
早春游湖上聖因寺四首 已下己酉
千峯皴粉雪初殘趁得閑身自在看日色未高船放早游人應
不畏春寒
琉璃地滑碧無痕多少垂楊繞寺門纔試東風絲已動舊栽新
種盡承恩
禪寮一半瑣窗開上盡迴廊更上臺想得天工營構巧湖光高
下逐人來
絕頂亭虛眼倍明雪消雲並畫闌生誰能喚取張春水共賦蘇
堤綠漲平 元錢唐張叔夏春水詞為古今絕唱人以張春水目之見鄧牧伯牙琴

柳堂旧藏《樊榭山房集》书影

在王献唐的主持下，本馆多方收集书籍、金石古物。至1937年七七事变前，本馆所藏金石物品已达17000余件，居全国图书馆之冠。至抗战爆发前，益都李氏大云山房、曲阜孔氏微波榭、新城王氏池北书库、德州田氏古观堂、历城马氏玉函山房、诸城刘氏嘉荫簃、日照许氏攀古小庐、潍县陈氏十钟山房、海丰吴氏双虞壶斋藏书遗存，均荟萃于山东省立图书馆。

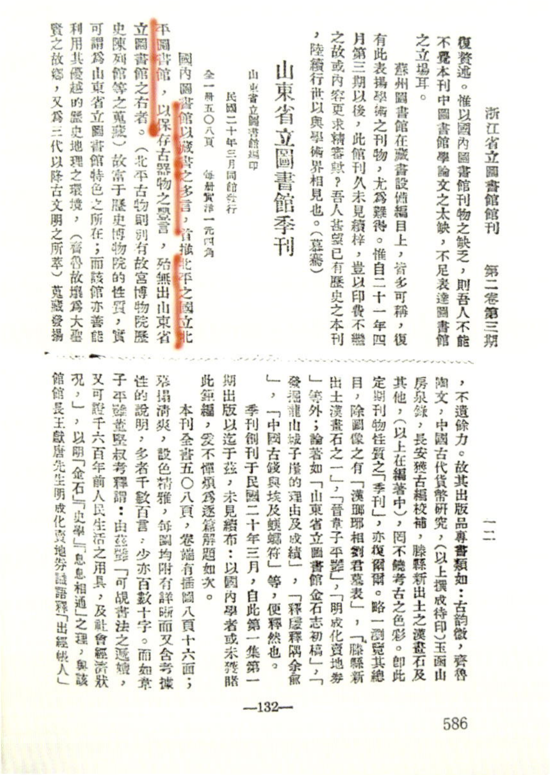

浙江省立圖書館館刊　第二卷第三期

復贅述。惟以國內圖書館刊物之缺乏，則吾人不能不覺本刊中國書館學論文之太缺，不足表達圖書館之立場耳。

蘇州圖書館在藏書設備編目上，皆多可稱，復有此表揚學術之刊物，尤爲難得。惟自二十一年四月第三期以後，此館刊久未見續梓，豈以印費不繼之故或內容更求精審歟？吾人甚望已有歷史之本刊，陸續行世以與學術界相見也。（慕騫）

山東省立圖書館季刊

山東省立圖書館編印

民國二十年三月同館發行

全一册五〇八頁　每册實洋一元四角

國內圖書館以藏書之多言，首推北平之國立北平圖書館，以保存古器物之豐言，殆無出山東省立圖書館之右者。（北平古物則列有故宮博物院歷史陳列館等之蒐藏）故富于歷史博物院的性質，實可謂爲山東省立圖書館特色之所在；而該館亦善能利用其優越的歷史地理之環境，（齊魯故墟爲大聖賢之故鄉，又爲三代以降古文明之所萃）蒐藏發揚

一二

，不遺餘力。故其出版品專書類如：古韵徵，齊魯陶文，中國古代貨幣研究，（以上撰成待印）玉函山房泉錄，長安獲古編校補，滕縣新出土之漢畫石及其他，（以上在編著中），罔不饒考古之色彩。即此定期刊物性質之「季刊」，亦復爾爾。略一瀏覽其總目，除圖像之有「漢瑯琊相劉君墓表」，「滕縣新出土漢畫石之一」，「晉韋子平甓」，「明成化賣地券」等外；論著如「山東省立圖書館金石志初稿」，「發掘龍山城子崖的理由及成績」，「釋慶釋隅余爺」，「中國古錢與埃及蟻鼻符」等，便釋然也。

季刊創刊于民國二十年三月，自此第一集第一期出版以迄于茲，未見續布：以國內學者或未獲睹此鉅編，爰不憚煩爲逐篇解題如次。

本刊全書五〇八頁，卷端有插圖八頁十六面；落墨清爽，設色精雅，每圖均附有詳晰而又合考據性的說明，多者千數百言，少亦百數十字。而如韋子平甓韋堅叔考釋謂：由茲甓「可覘書法之遞嬗，又可證千六百年前人民生活之用具，及社會經濟狀況，」，以明「金石」「史學」「息息相通」之理，與該館館長王獻唐先生明成化賣地券詮語釋「出經帳人」

—132—

586

刊登在《浙江省立图书馆馆刊》第2卷第3期上的一篇文章称："国内图书馆以藏书之多言，首推北平之国立北平图书馆，以保存古器物之丰言，殆无出山东省立图书馆之右者。"

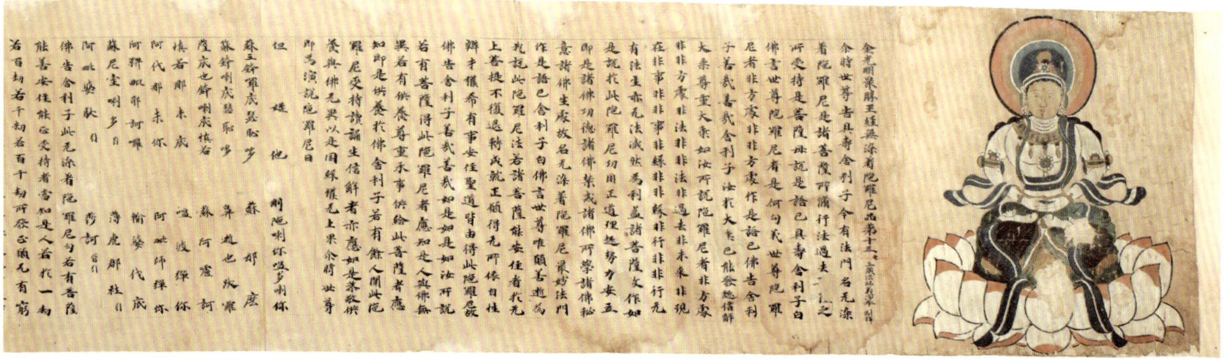

当时收集入馆的唐人写经《金光明最胜王经》，是研究唐代宗教史的宝贵资料。中华人民共和国成立后转山东省博物馆收藏

肆力学术

20世纪30年代初，本馆同仁增加为19人，于学术研究方面较有成就的有王献唐、屈万里[1]、牟祥农、董井、李毓麟等。为促进图书馆界的学术交流，1931年本馆创办《山东省立图书馆季刊》，出版《山东省立图书馆丛刊》。

20世纪30年代初全馆同仁合影，前排右二为王献唐

【1】屈万里（1907—1979），字翼鹏，山东鱼台人，1932年1月任本馆馆员，1936年任编藏部主任，主笔《山东省立图书馆图书分类法》，与隋少亭、刘锡增合编《山东省立图书馆善本书目甲编》，为本馆善本书目的编纂创建了规范。抗战爆发后，协助馆长王献唐将馆藏善本图书及金石文物转运至四川乐山大佛寺，并将此过程撰成《载书播迁记》一文，为本馆及中国图书馆史留下珍贵史料。主要著作有《尚书释义》《诗经释义》《图书版本学要略》等。2002年，其哲嗣屈士钊将其部分书信等遗物捐给本馆，本馆将之结集为《屈万里书信集·纪念文集》。

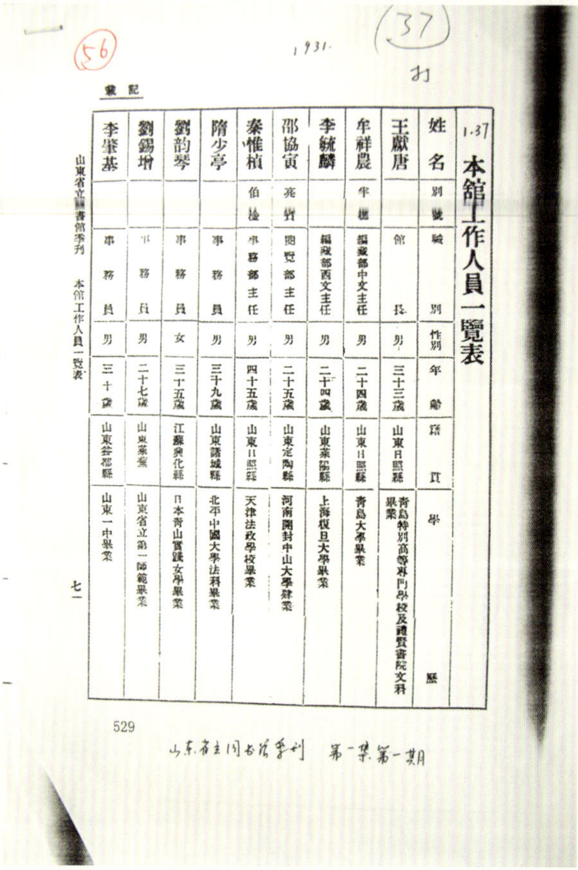

(56) 1931. (37) 1·37

載記

本館工作人員一覽表

姓名	別號	職別	性別	年齡	籍貫	學歷
王獻唐		館長	男	三十三歲	山東日照縣	青島特別高等專門學校及禮賢書院文科畢業
牟祥農	半樵	編藏部中文主任	男	二十四歲	山東日照縣	青島大學畢業
李毓麟		編藏部西文主任	男	二十四歲	山東萊陽縣	上海復旦大學畢業
邵協寅	亮哲	閱覽部主任	男	二十五歲	山東定陶縣	河南開封中山大學肄業
秦惟楨	伯益	事務部主任	男	四十五歲	山東日照縣	天津法政學校畢業
隋少亭		事務員	男	三十九歲	山東諸城縣	北平中國大學法科畢業
劉韻琴		事務員	女	三十五歲	江蘇興化縣	日本青山實踐女學畢業
劉錫增		事務員	男	二十七歲	山東萊蕪	山東省立第一師範畢業
李肇基		事務員	男	三十歲	山東益都縣	山東一中畢業

山東省立圖書館季刊　本館工作人員一覽表　七一

529

山东省立图书馆季刊　第一集第一期

本馆工作人员一览表（1931 年）

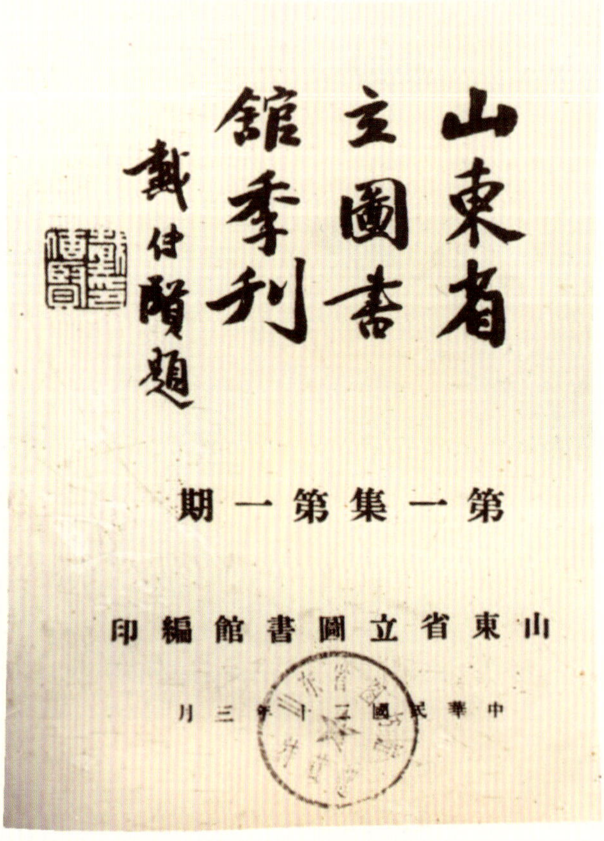

《山东省立图书馆季刊》1931 年第 1 集第 1 期书影

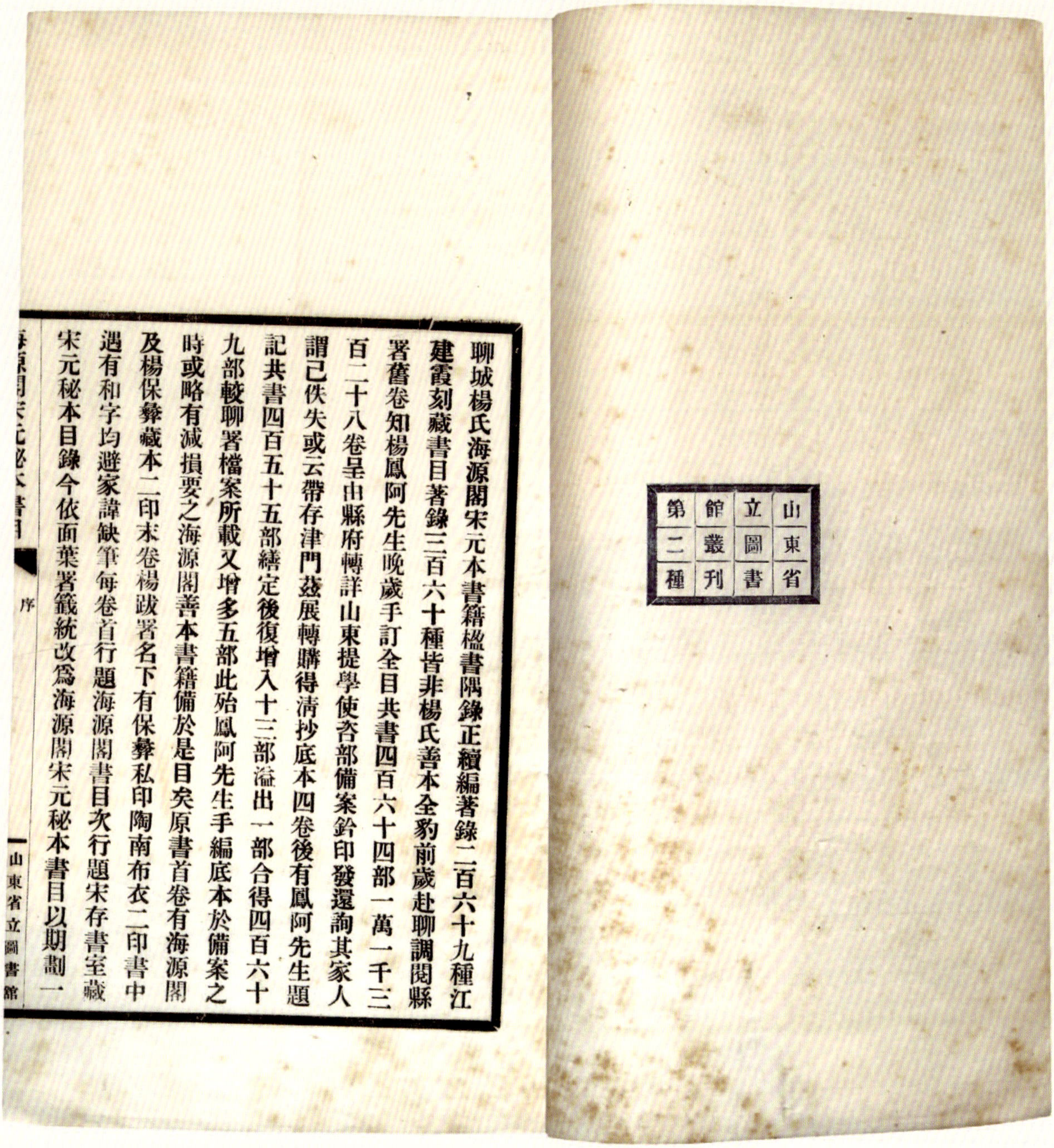
聊城楊氏海源閣宋元本書籍楹書隅錄正續編著錄二百六十九種江建霞刻藏書目著錄三百六十種皆非楊氏善本全豹前歲赴聊調閱縣署舊卷知楊鳳阿先生晚歲手訂全目共書四百六十四部一萬一千三百二十八卷呈由縣府轉詳山東提學使咨部備案鈐印發還詢其家人謂已佚失或云帶存津門茲展轉購得清抄底本四卷後有鳳阿先生題記共書四百五十五部繕定後復增入十三部溢出一部合得四百六十九部較聊署檔案所載又增多五部此殆鳳阿先生手編底本於備案之時或略有減損要之海源閣善本書籍備於是目矣原書首卷有海源閣及楊保彝藏本二印末卷楊跋署名下有保彝私印陶南布衣二印書中遇有和字均避家諱缺筆每卷首行題海源閣書目次行題宋存書室藏宋元秘本目錄今依面葉署籤統改為海源閣宋元秘本書目以期劃一

海源閣宋元秘本書目 序 一 山東省立圖書館

山東省立圖書館叢刊第二種

《山东省立图书馆丛刊》第二种《海源阁宋元秘本书目》书影

王献唐像
（20世纪30年代摄于遐园）

王献唐部分著作

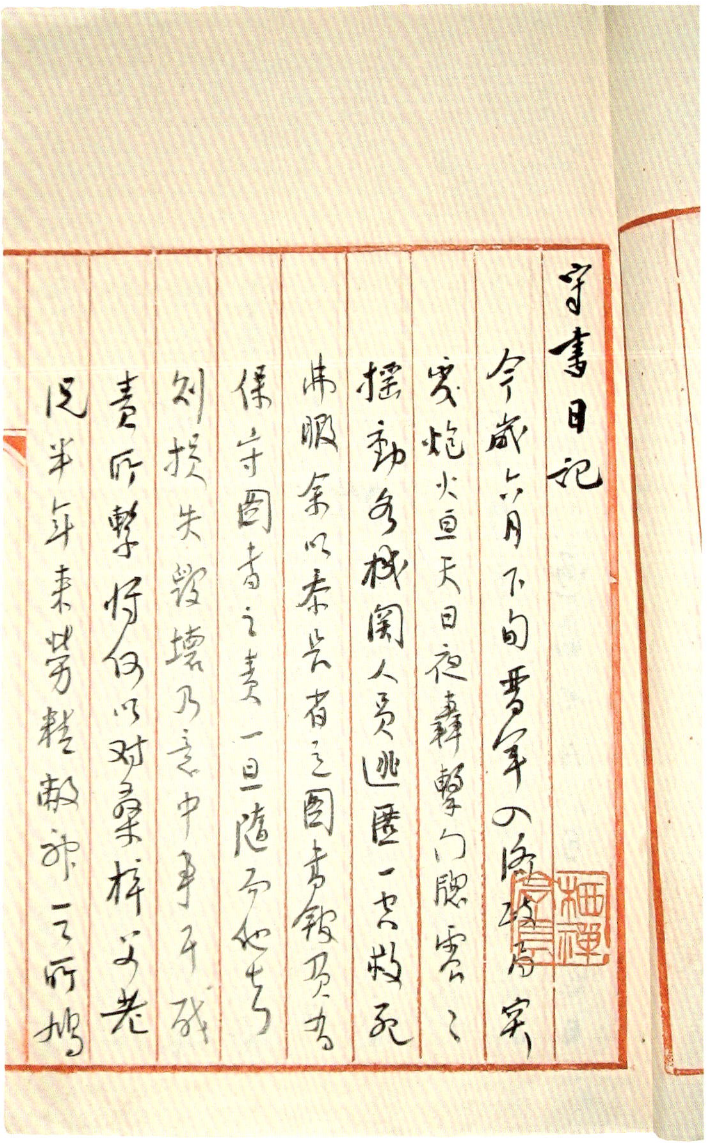

守書日記

今歲六月下旬晋軍入濟攻魯軍
[illegible]炮火亘天日夜轟擊門窗震震
搖動各機關人員逃匿一空救死
弗暇余以奉公者之圖書館員有
保守圖書之責一旦隨而他去則
劫掠失毀壞乃意中事耳我
責所繫將何以對桑梓父老
况半年來勞精敝神之所構

王献唐《守书日记》手稿

屈万里像
（摄于 1932 年）

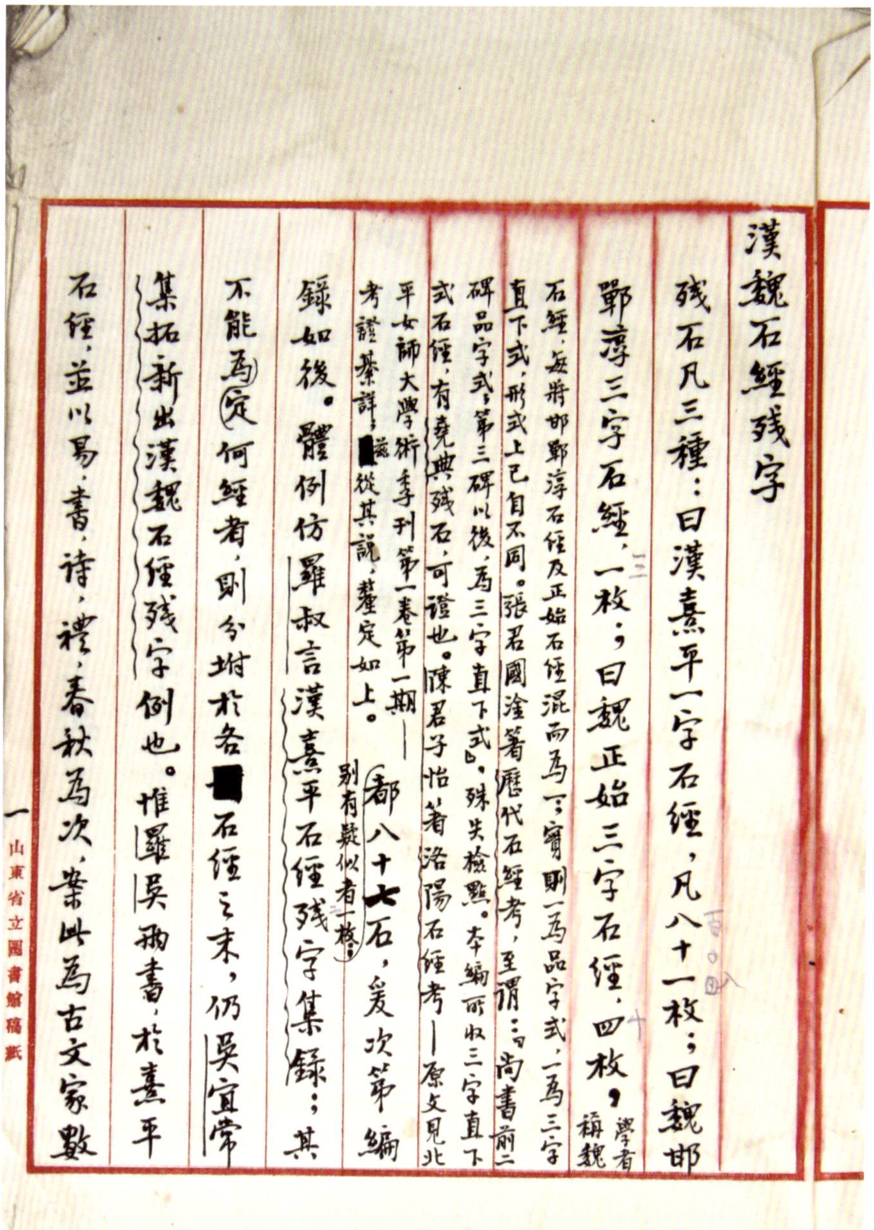

漢魏石經殘字

殘石凡三種：曰漢熹平一字石經，凡八十一枚；曰魏鄴淳三字石經，一枚；曰魏正始三字石經，四十枚，學者稱魏石經，每辨邯鄲淳石經及正始石經混而為一，實則一為品字式，一為三字直下式，形式上已自不同。張君國淦著歷代石經考，至謂：「尚書前二碑品字式，第三碑以後，為三字直下式」，殊失檢點。本編所收三字直下式石經，有堯典殘石，可證也。陳君子怡著洛陽石經考——原文見北平女師大學術季刊第一卷第一期——考證綦詳，[redacted]從其說，釐定如上。都八十七石（別有疑似者一枚），爰次第編錄如後。體例仿羅叔言漢熹平石經殘字集錄；其不能定為何經者，則分坿於各[redacted]石經之末，仍吳宜常集拓新出漢魏石經殘字例也。惟羅吳兩書，於熹平石經，並以易、書、詩、禮、春秋為次，余以為古文家數

山東省立圖書館稿紙

屈万里著《汉魏石经残字》手稿

1930年11月4日中央研究院与山东省政府联合组织“山东古迹研究会”，这是中华人民共和国成立前山东成立的第一个考古发掘机构，傅斯年任委员长，李济任田野工作部主任，王献唐任秘书。参加发掘工作的主要人员有李济、梁思永、董作宾、吴金鼎、牟祥农、刘锡曾等，本馆参与其中（牟、刘二人就职于本馆）。山东古迹研究会进行的田野工作主要有：1930 年、1931 年章丘城子崖遗址两次发掘；1933 年 10 月至 11 月滕县安上村遗址发掘，同时清理包括“曹王墓”在内的汉墓群等。

章丘城子崖遗址第一次考古发掘全体工作人员照片（摄于 1930 年）

营建奎虚书藏

早在 1930 年 3 月，蔡元培（其时被山东省教育厅聘为山东省图书委员会委员）就致信山东省教育厅厅长何思源，提出应筹建可避火险的新式建筑，来存放拟议中由本馆收储的海源阁藏书。何思源也极力倡议。

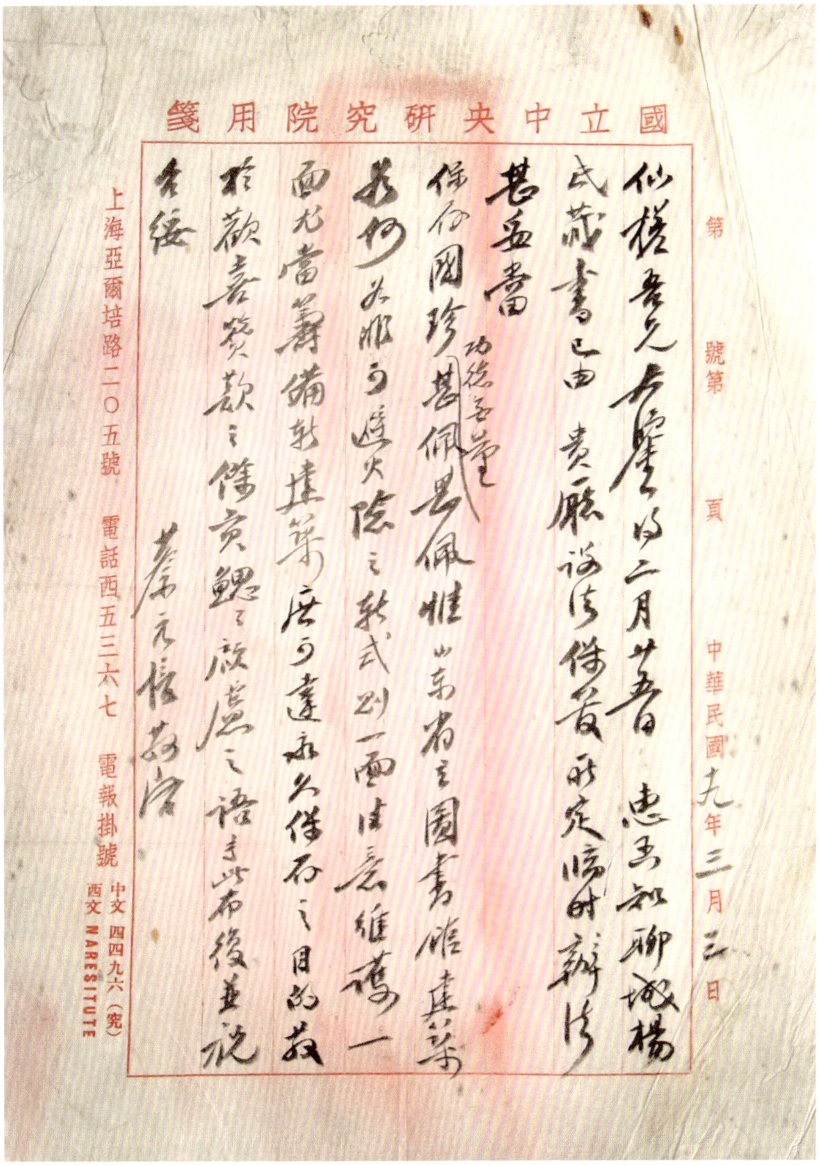

國立中央研究院用箋

第　號第　頁

中華民國十九年三月三日

上海亞爾培路二〇五號　電話西五三三六七　電報掛號　中文 四四九六（究）　西文 NARESITUTE

1930 年 3 月 3 日，蔡元培致何思源信

1934年3月，省政府拨款5万元作为建设经费，后提请省政府政务会议通过设计方案。1935年3月，开始建设新藏书楼，是年10月主体工程竣工。因奎星主鲁，虚星主齐，以二星之分野，括齐鲁之疆域，又因楼为山东公共藏书之所在，故名奎虚书藏。傅增湘题署匾额。

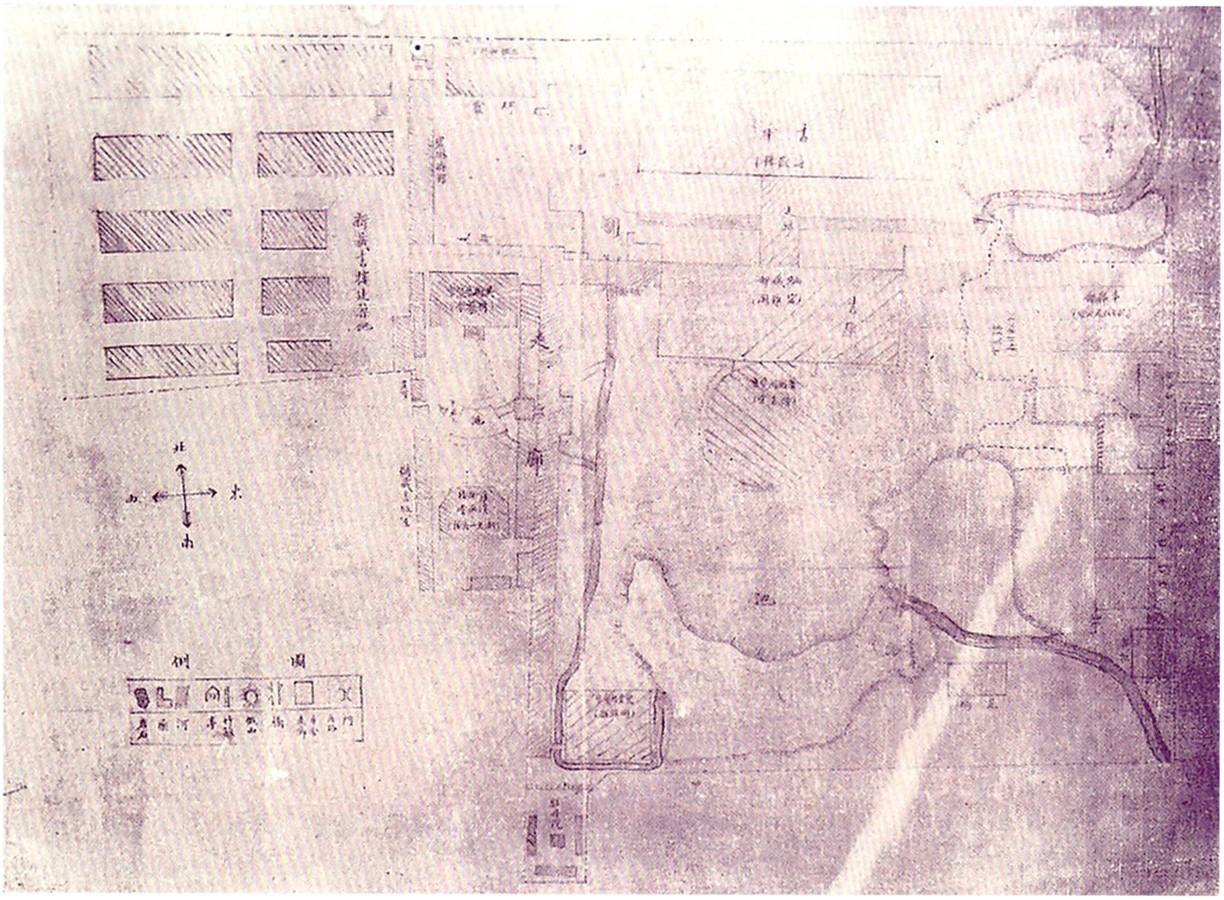

1933年编印的《山东省立图书馆概况》中的本馆平面图

奎虚书藏由德国工程师设计，楼体呈“山”字形结构，欧式建筑风格，占地二亩六分四厘。其黑色木制大门当年由德国汉堡码头运至天津港，又用牛车从天津运达济南，耗时3个月。该图载于《山东省立图书馆季刊》1936年第1集第2期

奎虚书藏一楼阅览室

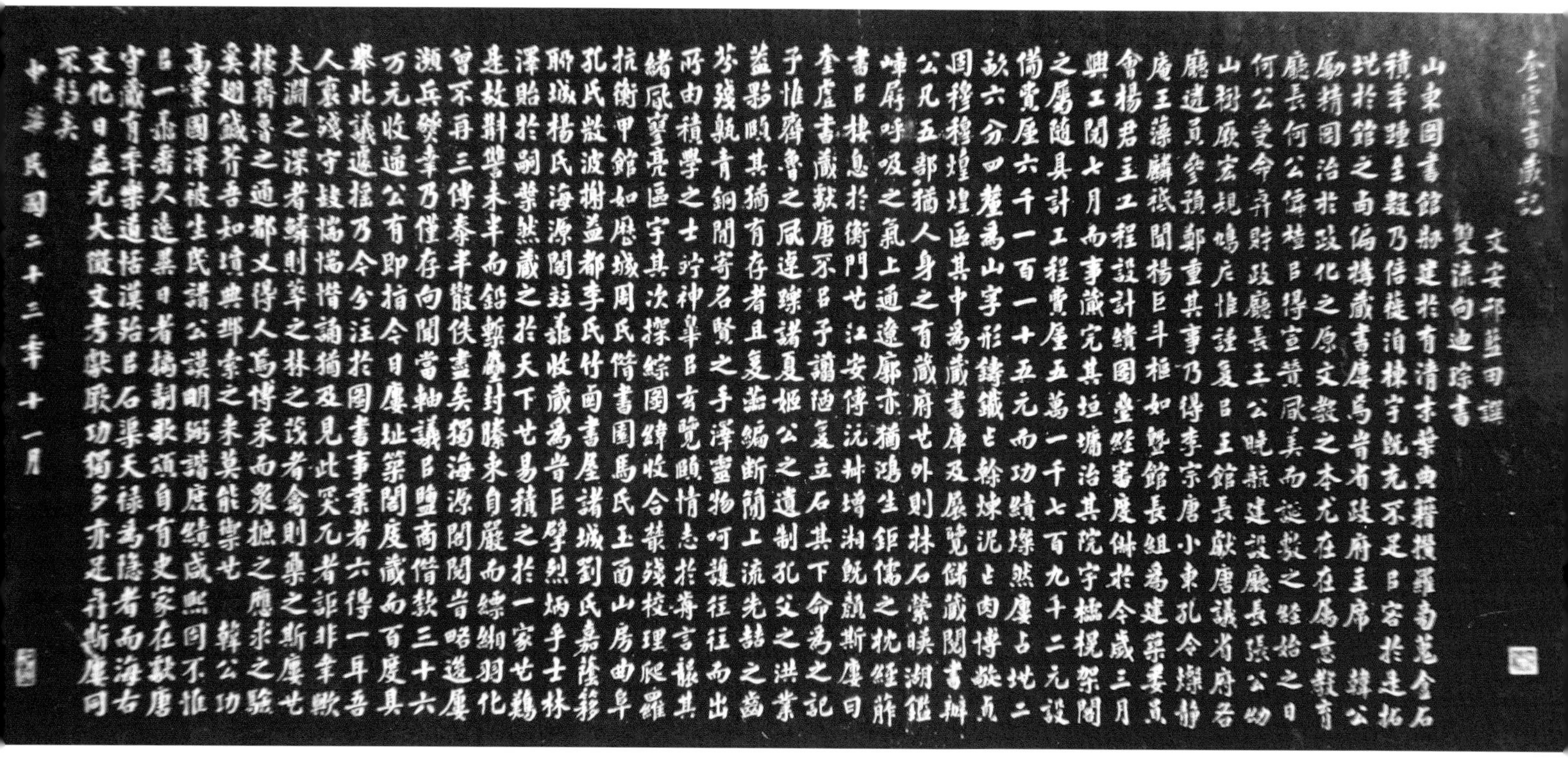

邢蓝田[1]撰《奎虚书藏记》碑文，刊载于《山东省立图书馆季刊》1936年第1集第2期

【1】邢蓝田（1898—？），字仲采，河北文安县人，曾任济南市财政局长，喜好收书。1935至1936年，邢蓝田在本馆馆长王献唐支持下，六次前往章丘鹅庄访书，访得名人手札、字画、金石拓本、古钱币、珍贵典籍多种，邢蓝田将这些珍品全部捐献给了本馆。1934年11月，奎虚书藏落成后，邢蓝田应馆长王献唐之邀，撰写《奎虚书藏记》。

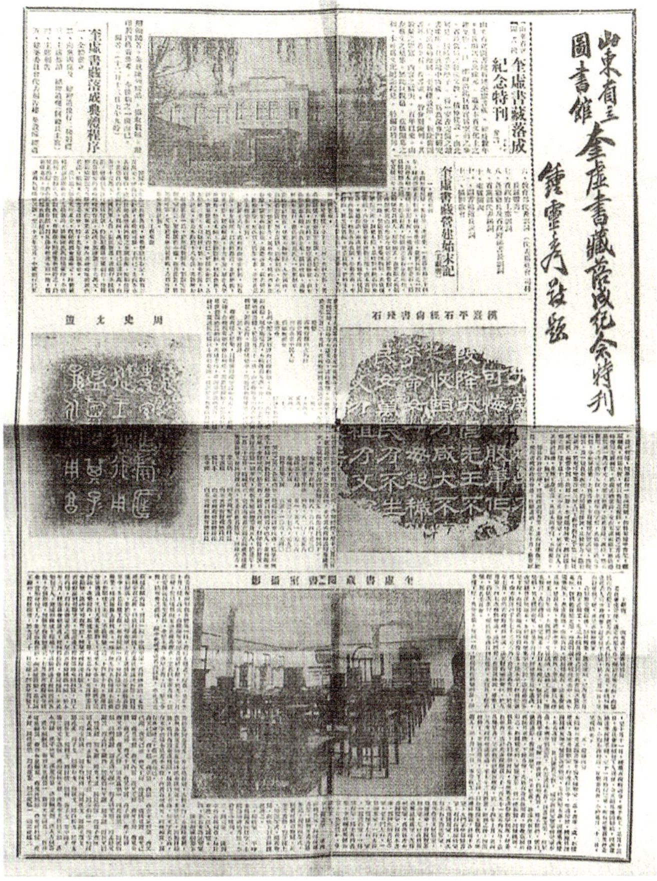
山東省立圖書館奎虛書藏落成紀念特刊

《山东省立图书馆奎虚书藏落成纪念特刊》

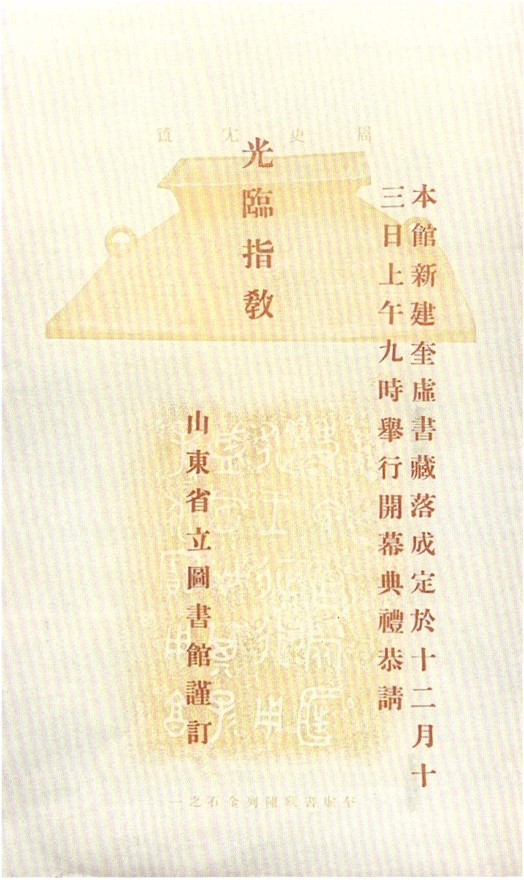
本館新建奎虛書藏落成定於十二月十三日上午九時舉行開幕典禮恭請
光臨指教
山東省立圖書館謹訂

奎虚书藏落成典礼请柬

在1984年新阅览楼建成之前的50年间，奎虚书藏始终是本馆的主体建筑，承担着图书的采编、收藏、借阅功能，馆藏善本古籍、普通古籍、海源阁专藏以及过期报刊在2002年新馆开馆前也一直存放在这里。2006年，奎虚书藏被列为省级文物保护单位。

三、战乱离散 载书播迁（1937—1948）

载书播迁

抗日战争爆发后，为使珍贵典籍文物免遭涂炭，王献唐与屈万里选善本及金石书画精品装为31箱，分别于1937年10月12日至15日、10月23日、12月20日，分三批运至曲阜孔德成[1]奉祀官府内。又从第一次所运10箱中选出宋元秘本、唐人写经、商周铜器、秦汉瓦当、明清瓷器等装成五箱（余留奉祀官府），于1937年12月27日，王献唐、屈万里与工友李义贵[2]三人携载远徙。途经铜山、郑州、武汉，在四川万县停留数月，于1938年11月24日，终将图书文物运至乐山大佛寺天后宫中保存，行程凡7000余里。在经历了十余年的战火与各种困难局面的考验之后，1950年年底，保存在曲阜、乐山两地的珍籍文物完好运回故里，王献唐等人受到文化部的表彰。因历史原因，这批珍贵文物分藏在本馆和山东省博物馆。

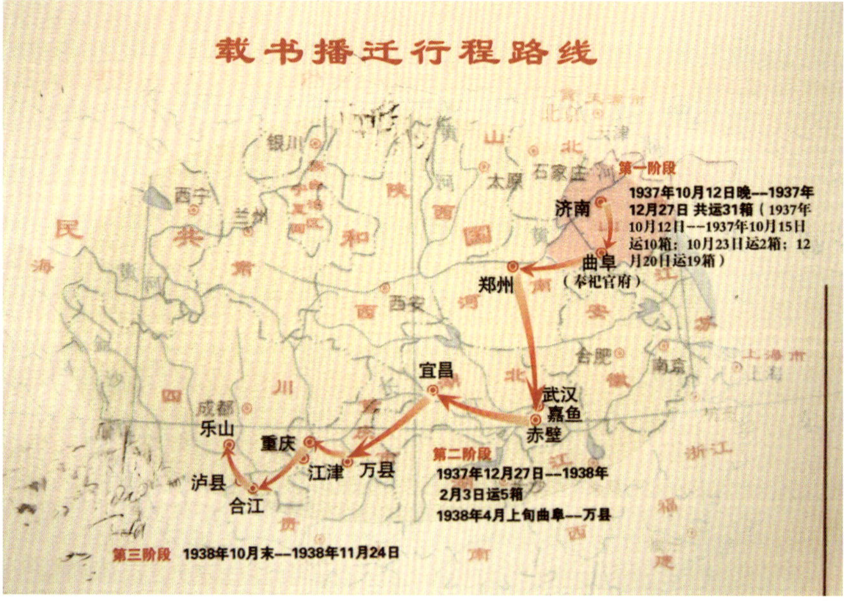

载书播迁行程路线图

【1】孔德成（1920—2008），字玉如，号达生，系孔子七十七代嫡孙。在其百日时，大总统徐世昌颁令袭封为"衍圣公"。1935年，南京国民政府改衍圣公爵号为"大成至圣先师奉祀官"，享受特任官员待遇。历任"国民大会"代表、"国立故宫博物院"联合管理处主任委员、"考试院"（第七、八任）院长、"总统府"资政等。

【2】李义贵（1906—1989），山东历城人。1932年起为山东省立图书馆工友，1937年11月，随王献唐、屈万里载书南迁，在川守护南迁文物13年，期间为维持生计及保护文物，当过法警、小商贩。1950年因保护文物所做贡献受到文化部的表彰。

《山东省立图书馆第一次运往曲阜金石典籍书画目录》（1989 年 11 月复制本）

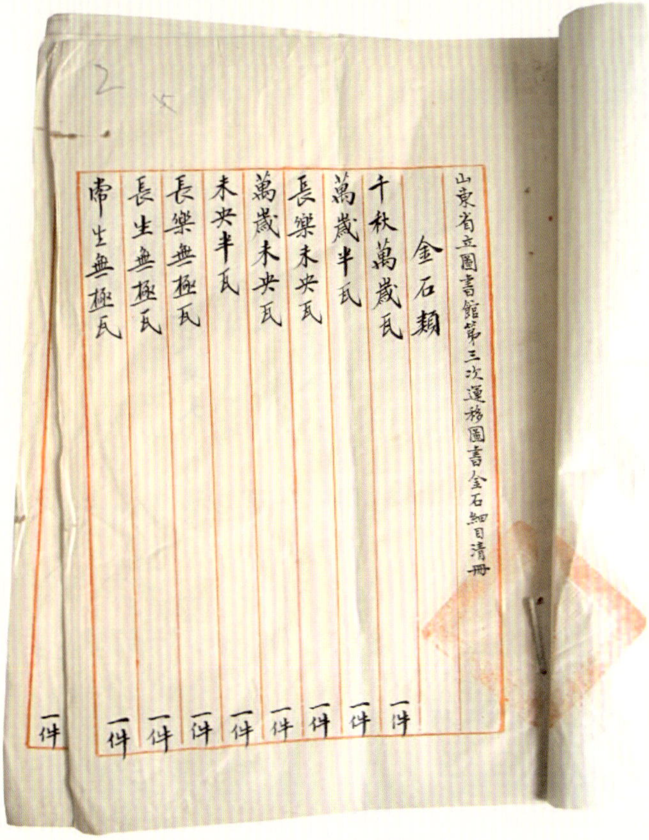

《山东省立图书馆第三次运移图书金石细目清册》（1937 年 12 月）

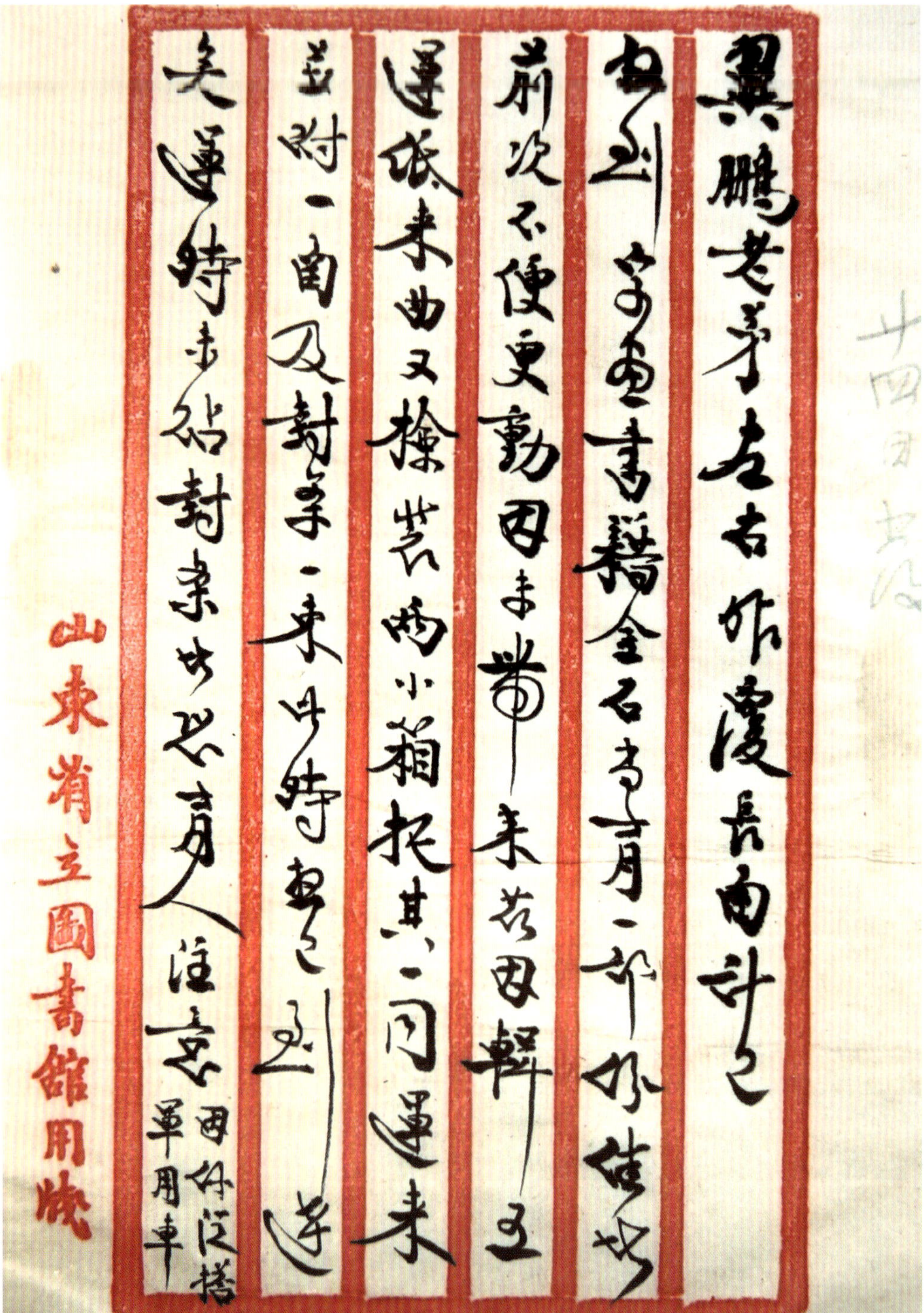

1937年10月，第二批馆藏珍品起运曲阜时，王献唐致屈万里信函

孔德成像

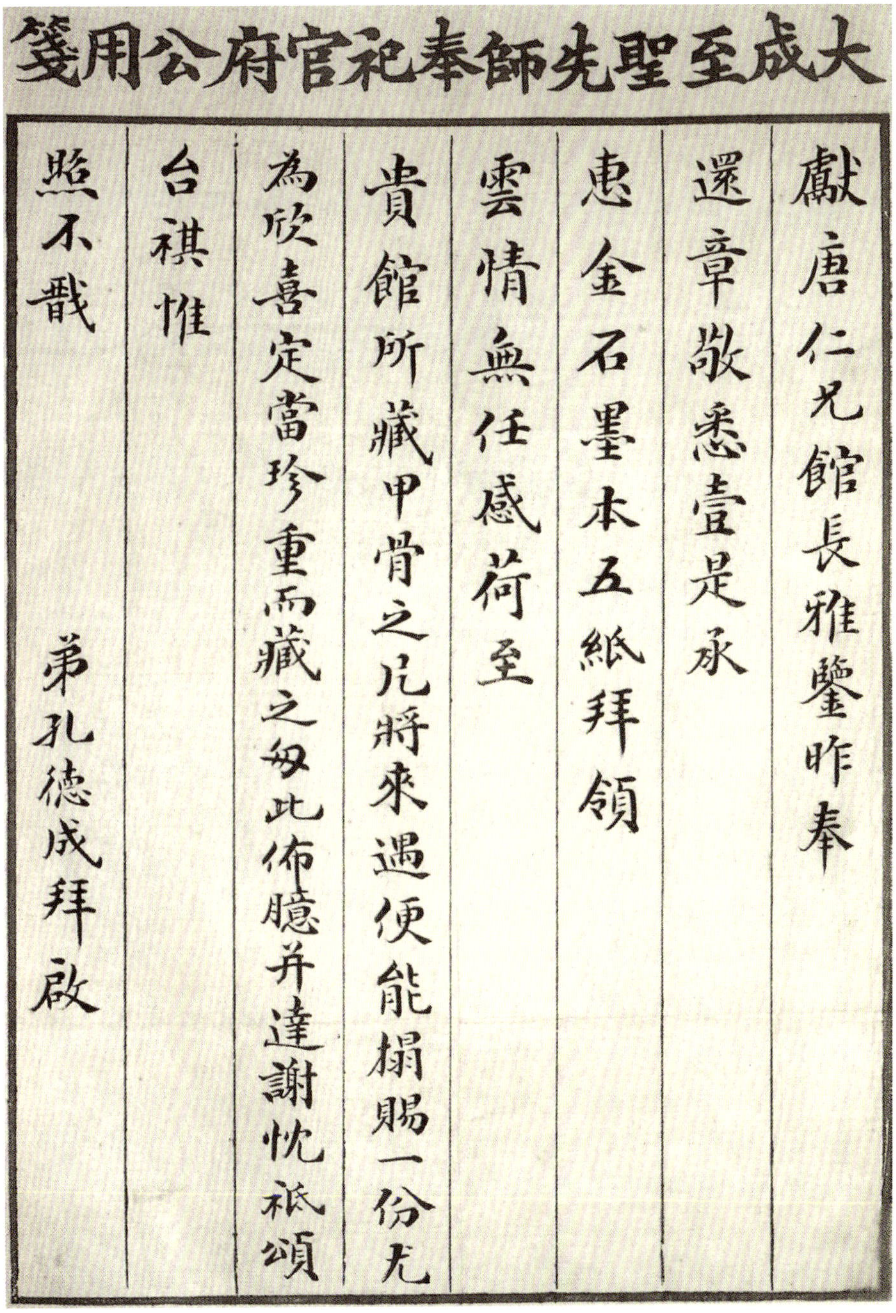

大成至聖先師奉祀官府公用箋

獻唐仁兄館長雅鑒昨奉
還章敬悉壹是承
惠金石墨本五紙拜領
雲情無任感荷至
貴館所藏甲骨之凡將來遇便能捐賜一份尤
為欣喜定當珍重而藏之毋此佈臆并達謝忱祇頌
台祺惟
照不戩 弟孔德成拜啟

孔德成致王献唐信函

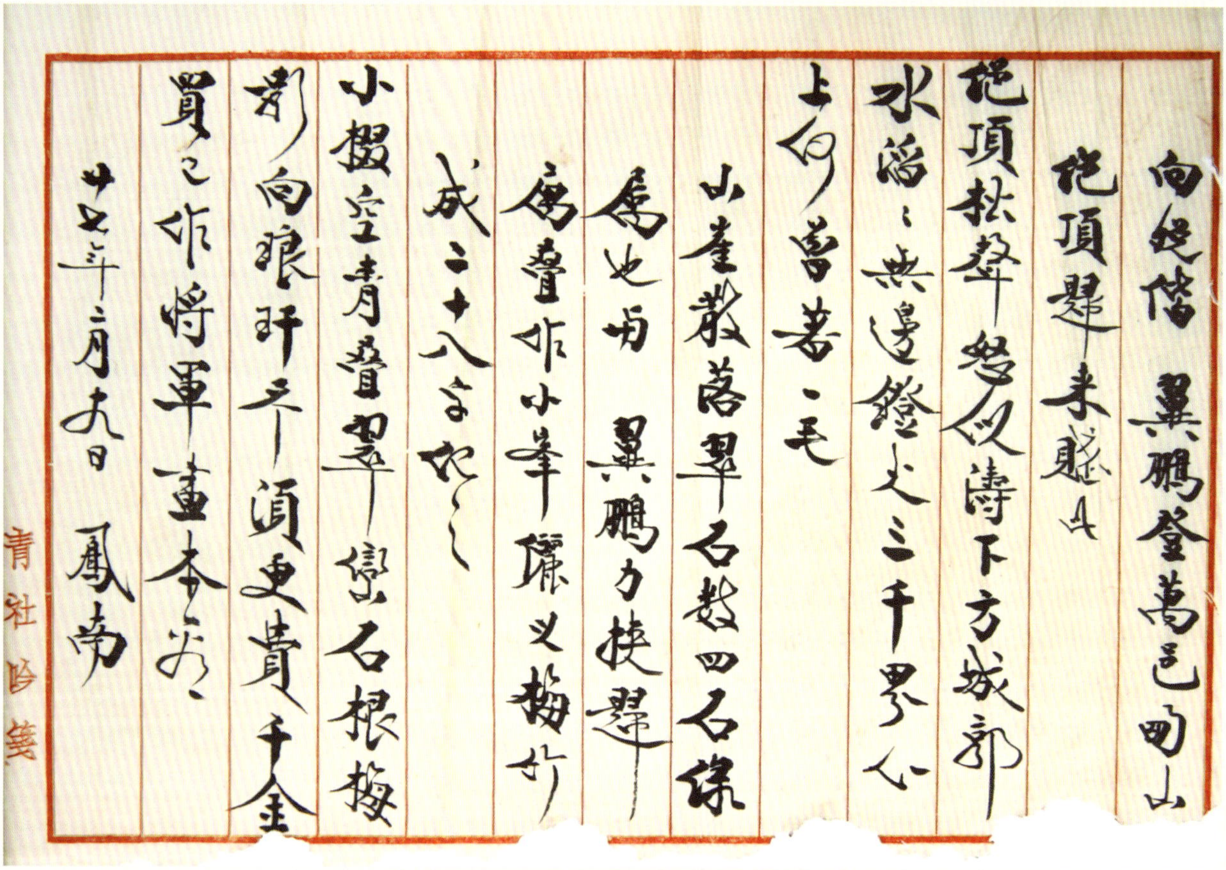

王献唐寓居四川万县时诗作

王献唐一行羁停万县之时，好友黄炎培[1]曾致信于他，谓“万县亦非安全，最好更西行，如嘉定实最相宜”（嘉定即乐山），并利用自己的关系提供帮助。

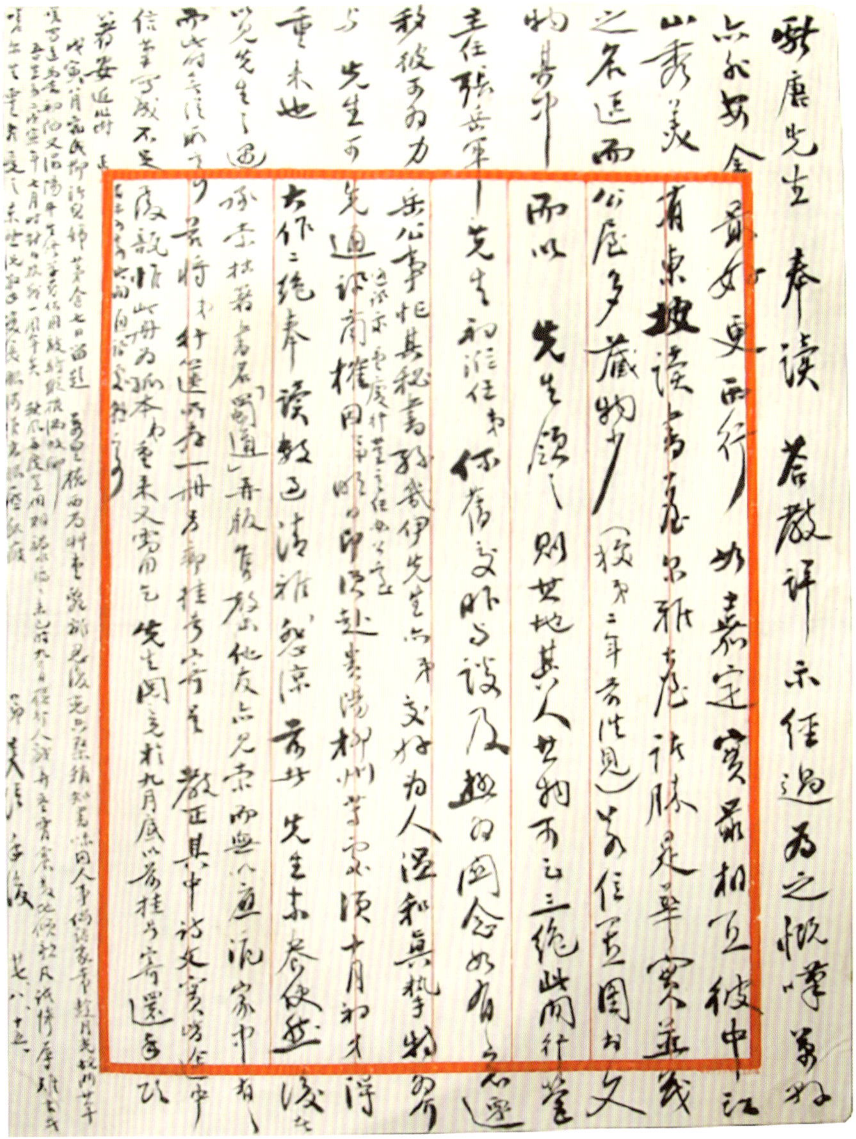

1938年8月15日，黄炎培致王献唐信函

【1】黄炎培（1878—1965），字任之。江苏川沙（今上海川沙）人。清光绪二十八年（1902）举人。同年与蔡元培等组织中国教育会。次年成立爱国学社。辛亥革命后，任江苏教育司司长、省议会议员。1915年至1917年赴美国及南洋考察教育，回国后创立中华职业教育社，创办暨南学校。1945年底发起建立中国民主建国会。中华人民共和国成立后，历任中央人民政府委员、政务院副总理、全国人大常委会副委员长、全国政协副主席。是中国近代职业教育的创始人和理论家。著有《黄炎培考察教育日记》《中国教育史要》《苞桑集初稿》等。

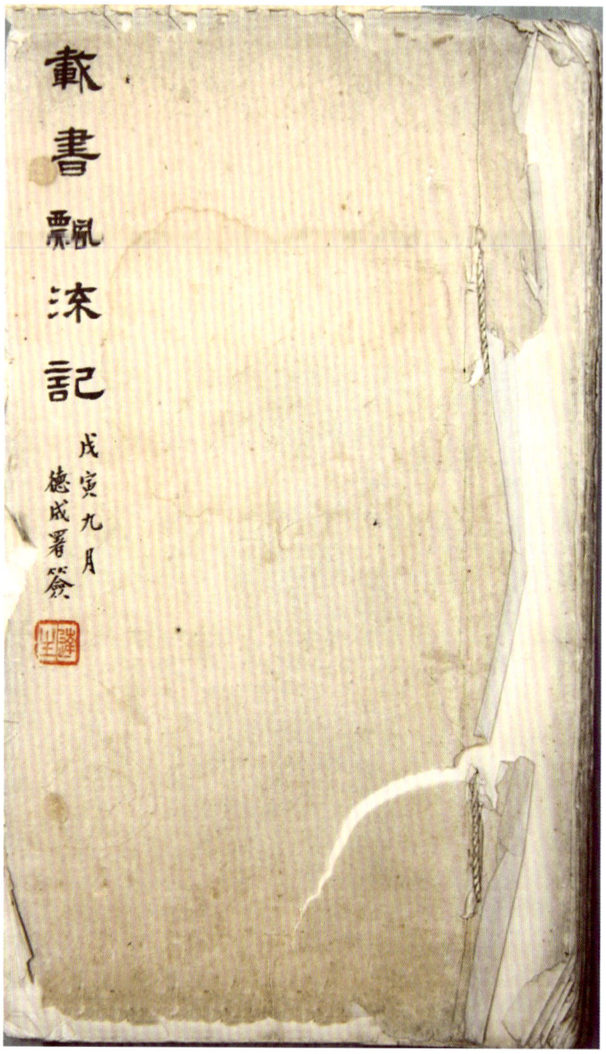

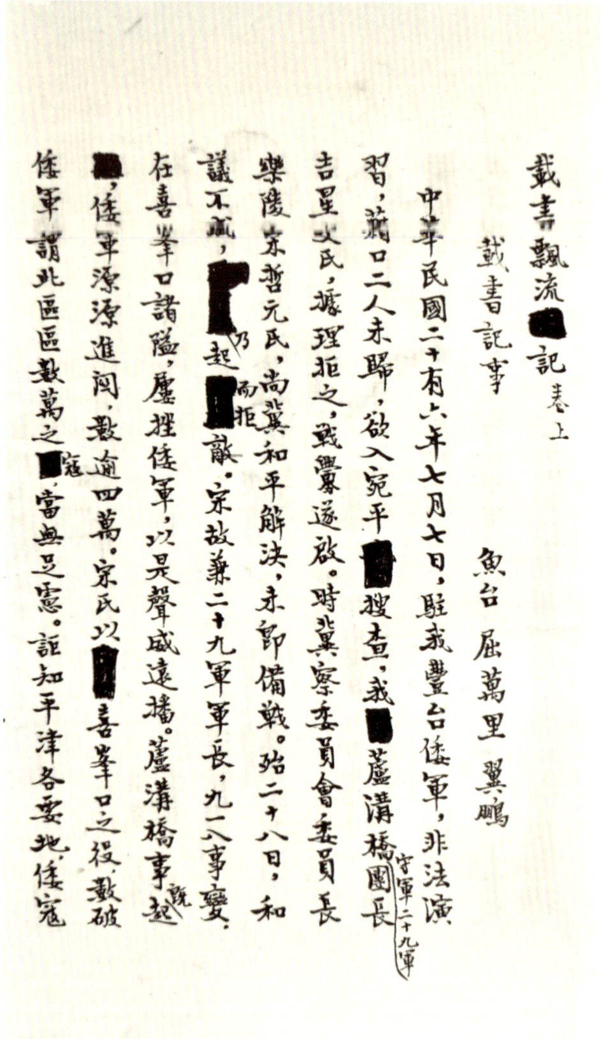

屈万里撰《载书飘流记》手稿（孔德成署签），记述本馆珍品由济南运往曲阜、四川的艰苦历程

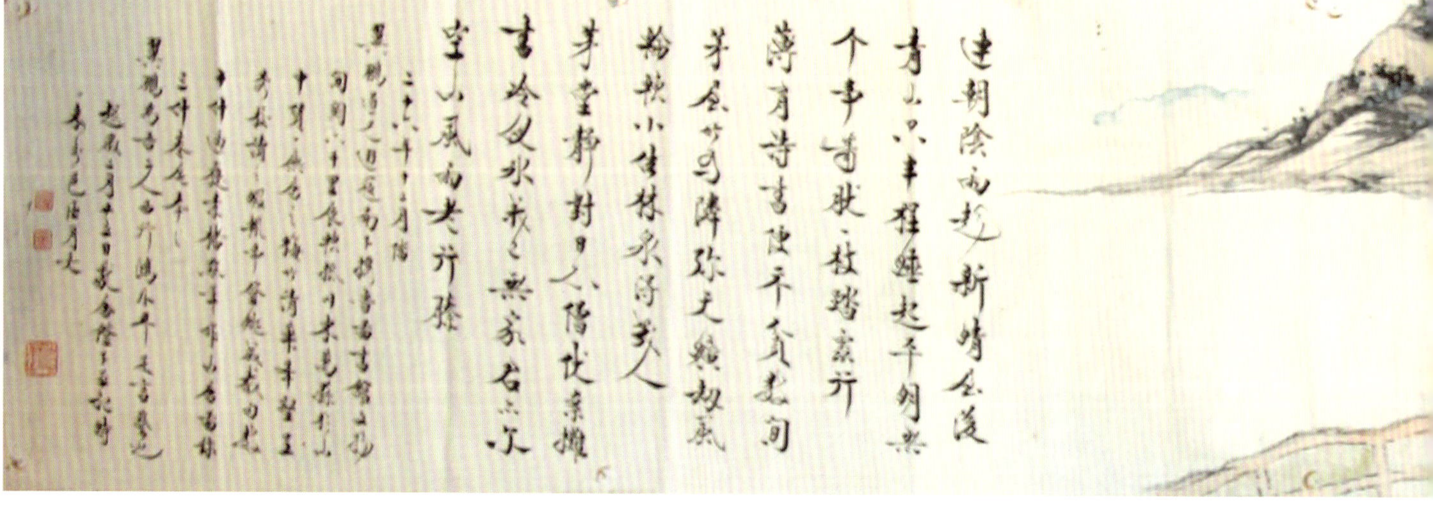

乐山凌云寺（俗称大佛寺），本馆入川珍品即存放于其天后宫中

王献唐先生手绘《山居图》

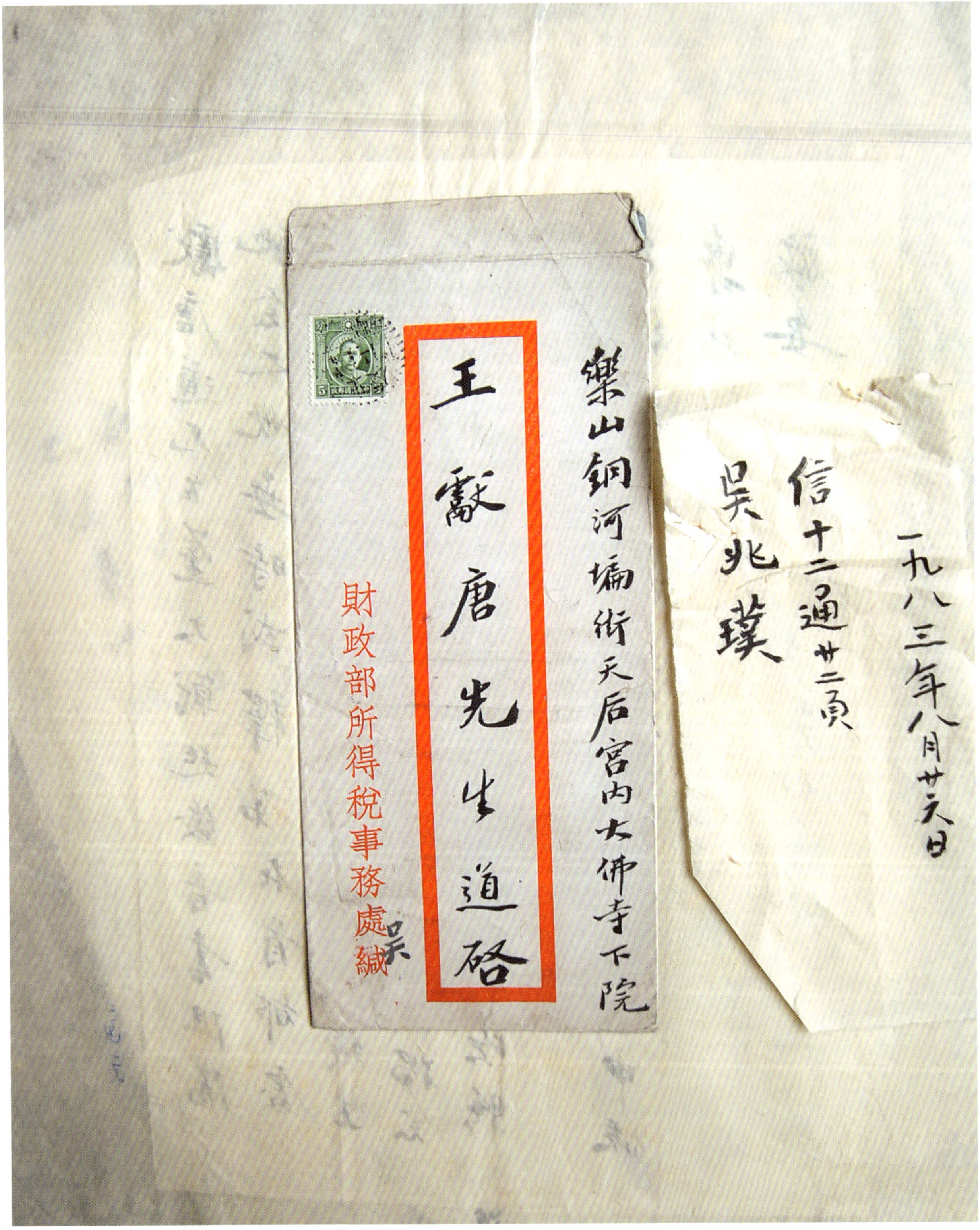

王献唐寓居乐山时，住在乐山铜河堧街天后宫内大佛寺下院。此为吴兆璜所致函封

李义贵像

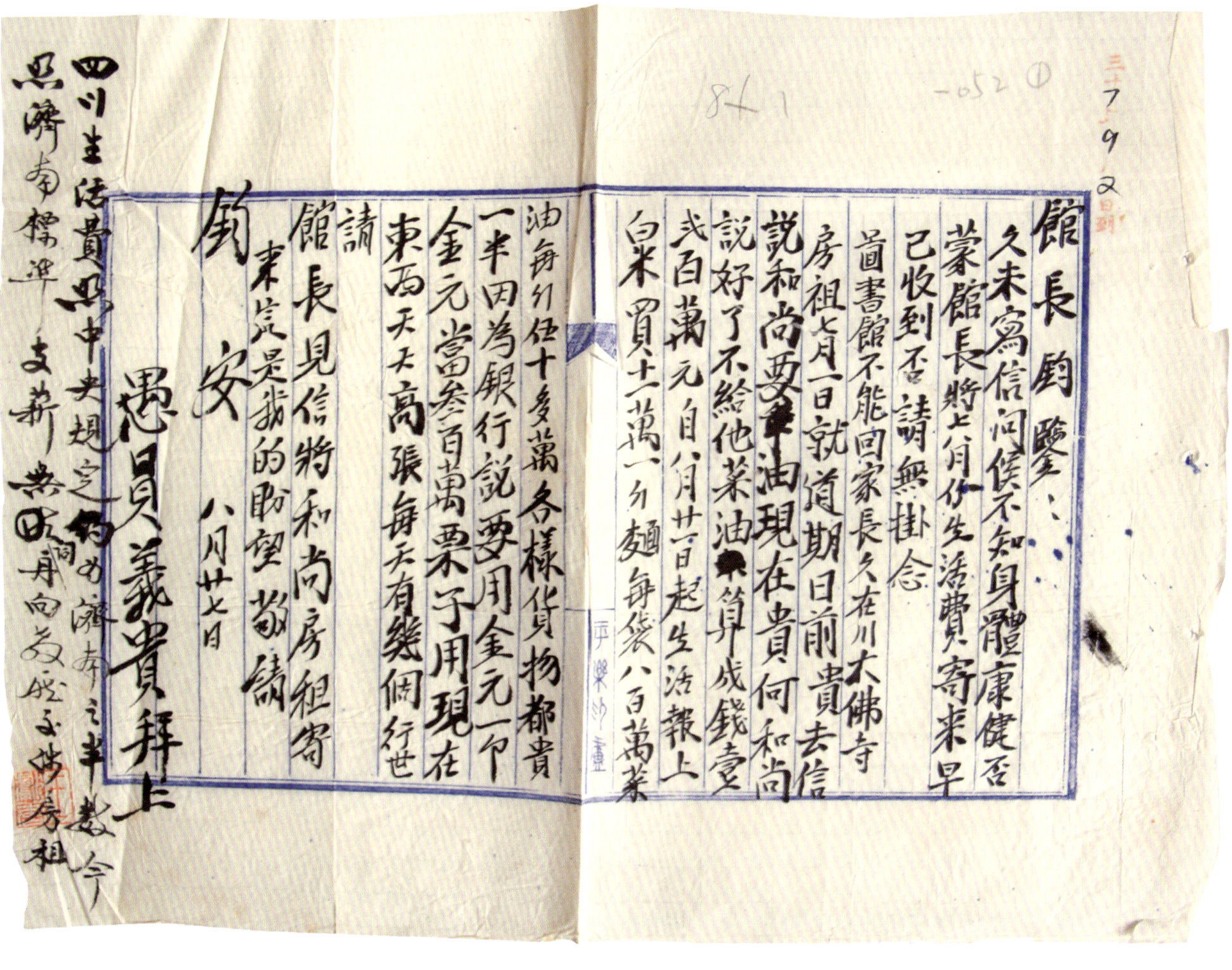

館長鈞鑒：
久未寫信问候不知身體康健否
蒙館長將七月份生活費寄来早
已收到否請無掛念
圖書館不能回家長久在川大佛寺
房租七月一日就道期日前貴去信
說和尚要菜油現在貴何和尚
說好了不給他菜油算成錢壹
弍百萬元自八月廿日起生活報上
白米買十一萬一斗麵每袋八百萬菜
油每斤伍十多萬各樣貨物都貴
一半因為銀行說要用金元一下
金元當叁百萬票子用現在
東西天天高張每天有幾個行世
請
館長見信將和尚房租寄
来是我的盼望　敬請
鈞安
愚員李義貴拜上
八月廿七日

四川生活費照中央規定
照濟南標準支薪

李义贵致王献唐请付房租信函

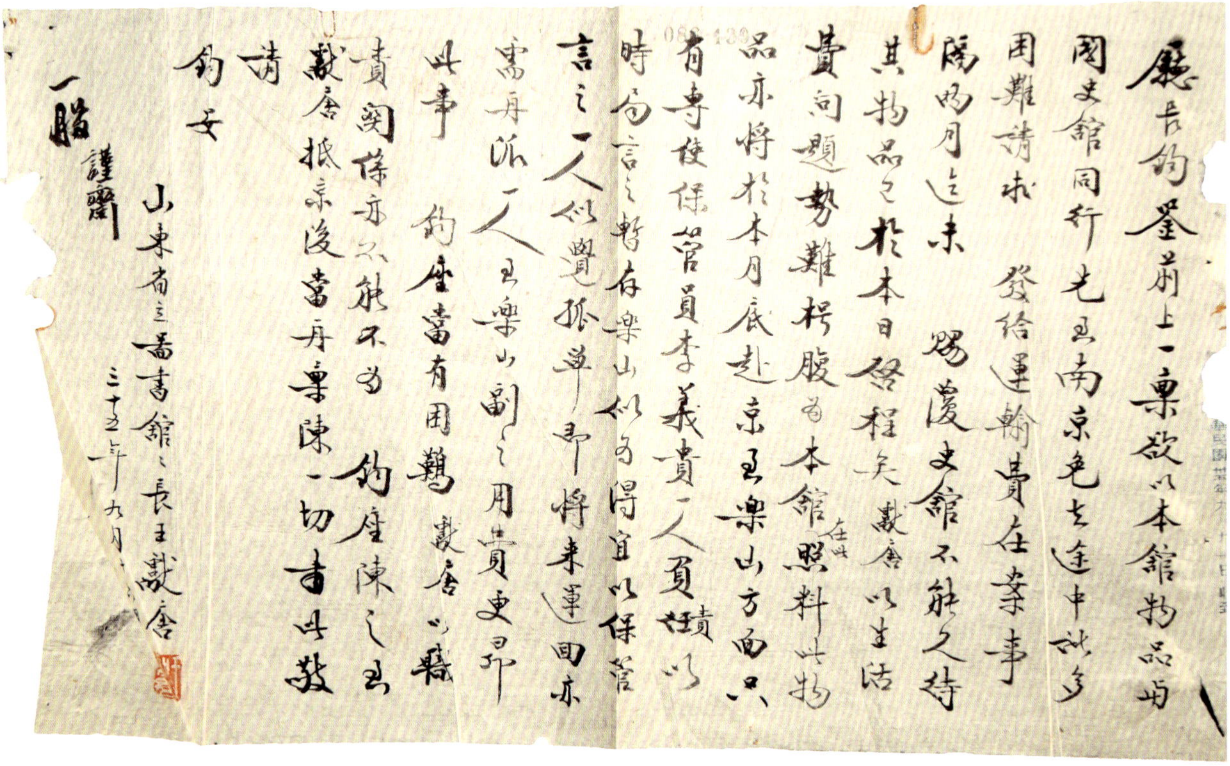
廳長鈞鑒：前上一稟，敬以本館物品由
國史館同行，先至南京，免去途中諸多
困難，請求 發給運輸費在案。事
隔兩月，迄未 賜覆。史館不能久待，
其物品已於本日啟程矣。獻唐以生活
費問題，勢難枵腹為本館照料此物
品，亦將於本月底赴京。至樂山方面，只
有專使保管員李義貴一人負責，以
時局言之，暫存樂山，似為得宜，以保管
言之，一人似覺孤單，即將來運回，亦
需再派一人至樂山副之，用費更鉅，
此事 鈞座當有困難。獻唐以職
責關係，亦不能不為 鈞座陳之。至
獻唐抵京後，當再稟陳一切。肅此，敬
請
鈞安
山東省立圖書館館長王獻唐[illegible]謹肅
三十五年[illegible]九月

1946年，为运回存放四川的金石典籍书画，王献唐呈给当时的山东省教育厅厅长申请运回经费的信函

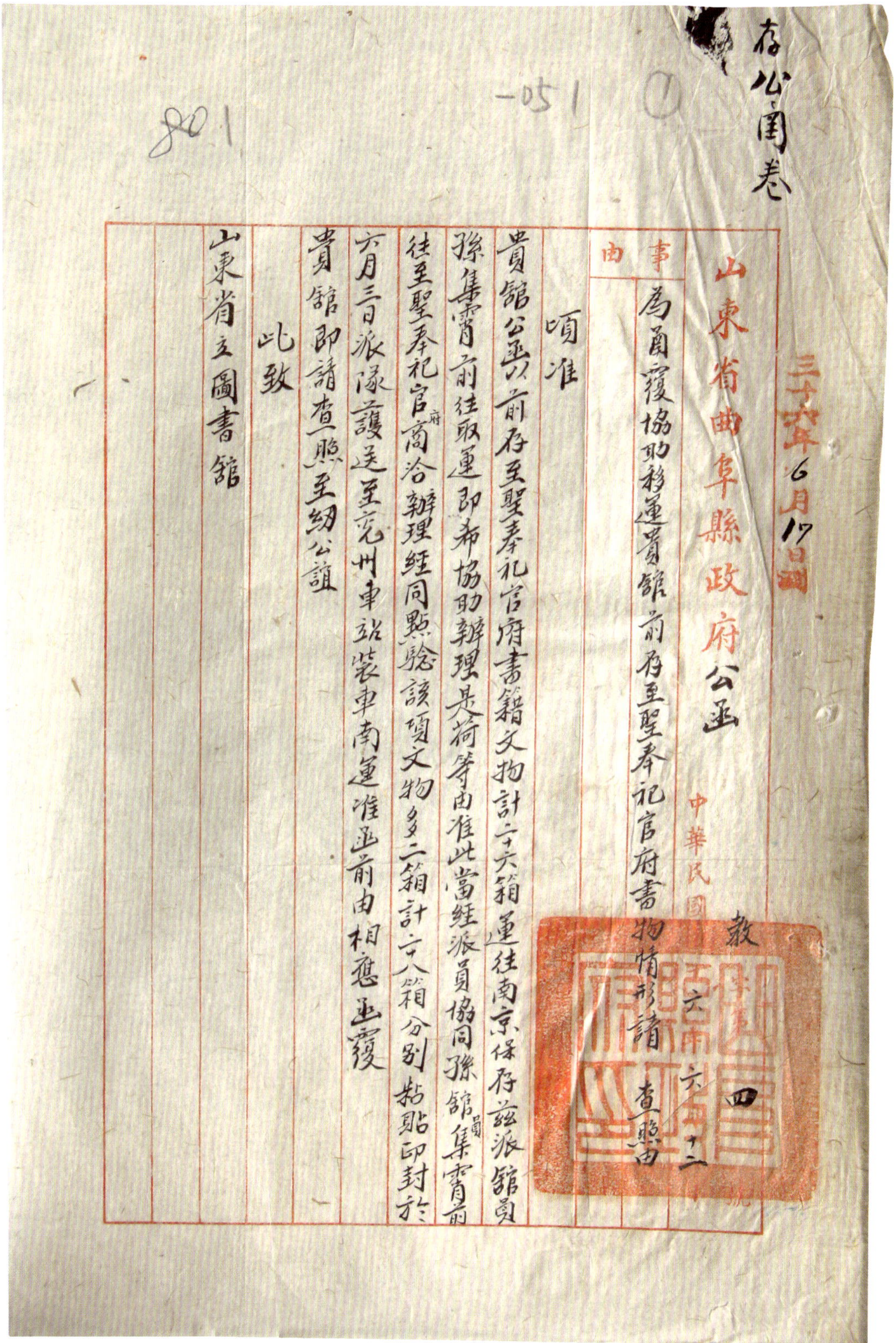
存公閱卷

801 -051 ①

三十六年6月17日到

山東省曲阜縣政府公函

事由 為函覆協助移運貴館前存至聖奉祀官府書物情形請 查照由

中華民國六年六月十二 教 四 號

頃准

貴館公函以前存至聖奉祀官府書籍文物計二十六箱運往南京保存茲派館員孫集霄前往取運即希協助辦理是荷等由准此當經派員協同孫館員集霄前往至聖奉祀官府商洽辦理經同點驗該項文物多二箱計二十八箱分別粘貼印封於六月三日派隊護送至兗州車站裝車南運准函前由相應函覆

貴館即請查照至紉公誼

此致

山東省立圖書館

1947 年，曲阜县政府就移运保存在奉祀官府的书籍文物致本馆的公函

1950 年 12 月 25 日，存放在四川乐山的古物典籍回到齐鲁大地。

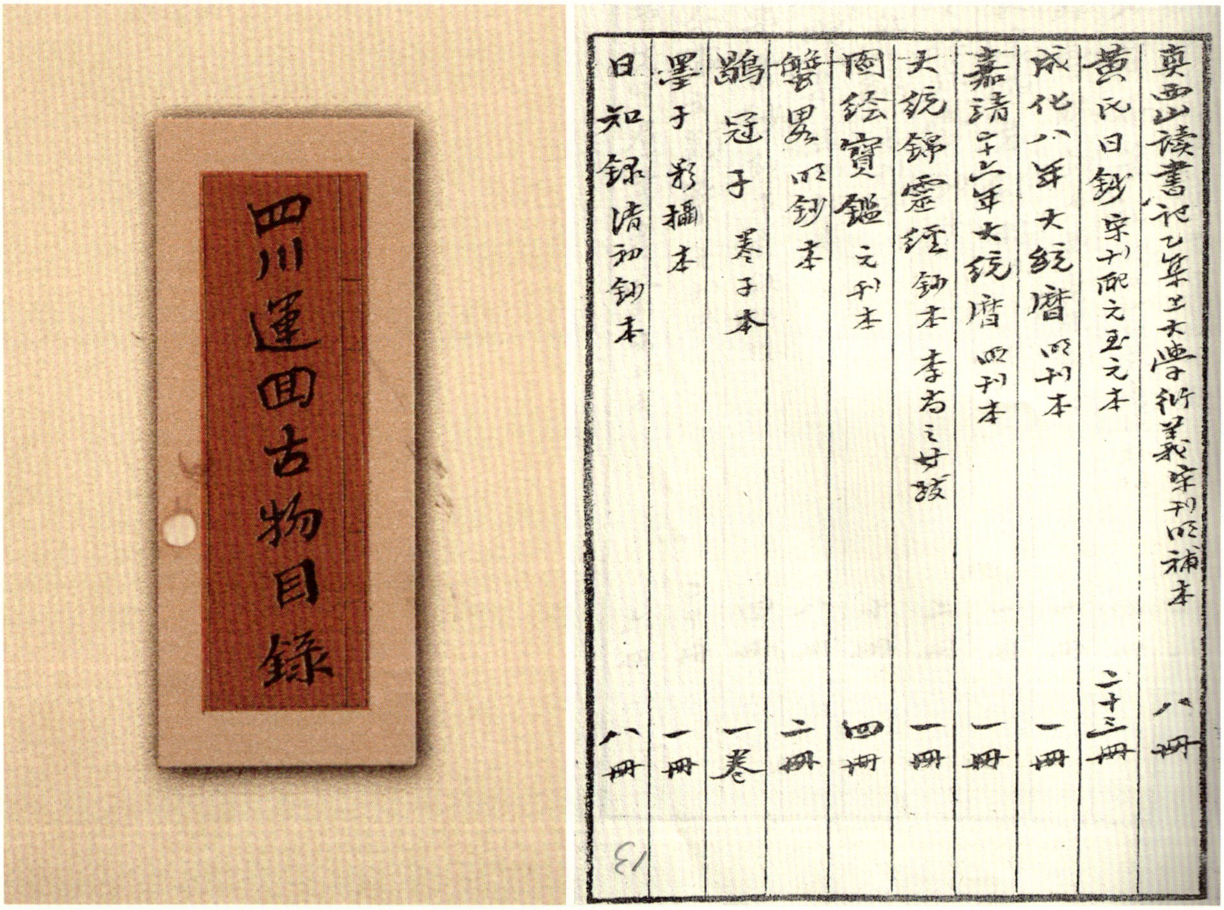

真西山讀書記乙集上大學衍義 宋刊明補本 八冊
黄氏日鈔 宋刊配元至元本 二十三冊
成化八年大統曆 明刊本 一冊
嘉靖十六年大統曆 明刊本 一冊
天統錦靈經 鈔本 李南之廿跋 一冊
圖絵寶鑑 元刊本 四冊
蠻書 明鈔本 二冊
鶡冠子 卷子本 一卷
墨子 彩插本 一冊
日知録 清初鈔本 八冊
13

《四川运回古物目录》

据《四川运回古物目录》共有三大类。第一类为古籍珍善本，共有 438 种 2659 册，珍稀如宋赣州州学刊本《文选》、宋宝祐赵节斋刊本《通鉴纪事本末》等；第二类为书画类，共有 143 种 182 件，珍贵如王渔洋行书诗笺、刘石庵小楷五福颂、郑板桥行书堂幅；第三类为金石器物，包括陶瓷、玉器、铜器、砖瓦、甲骨等共 734 件，珍奇如商父乙鼎、商五戈足形鼎、秦二世元年诏版等。多属稀世文物图籍，是山东省图书馆数代人几十年的珍藏，也是齐鲁文化的瑰宝精华所在。

抱残守缺

1937年12月，日军侵占济南，本馆惨遭抢掠焚烧，玉佩桥以东的海岳楼、宏雅阁等建筑全被付之一炬，留存馆内的图书文物损毁殆尽。1938年5月起，日伪政权派人修理残毁房屋，在海岳楼旧址改建抱璧堂，搜集散佚图书，补充新旧书籍。1939年9月，任命辛铸九为馆长，重新开馆。

民国时期山东省立图书馆大门（摄于1938年）

日伪时期抱璧堂照片

辛铸九像

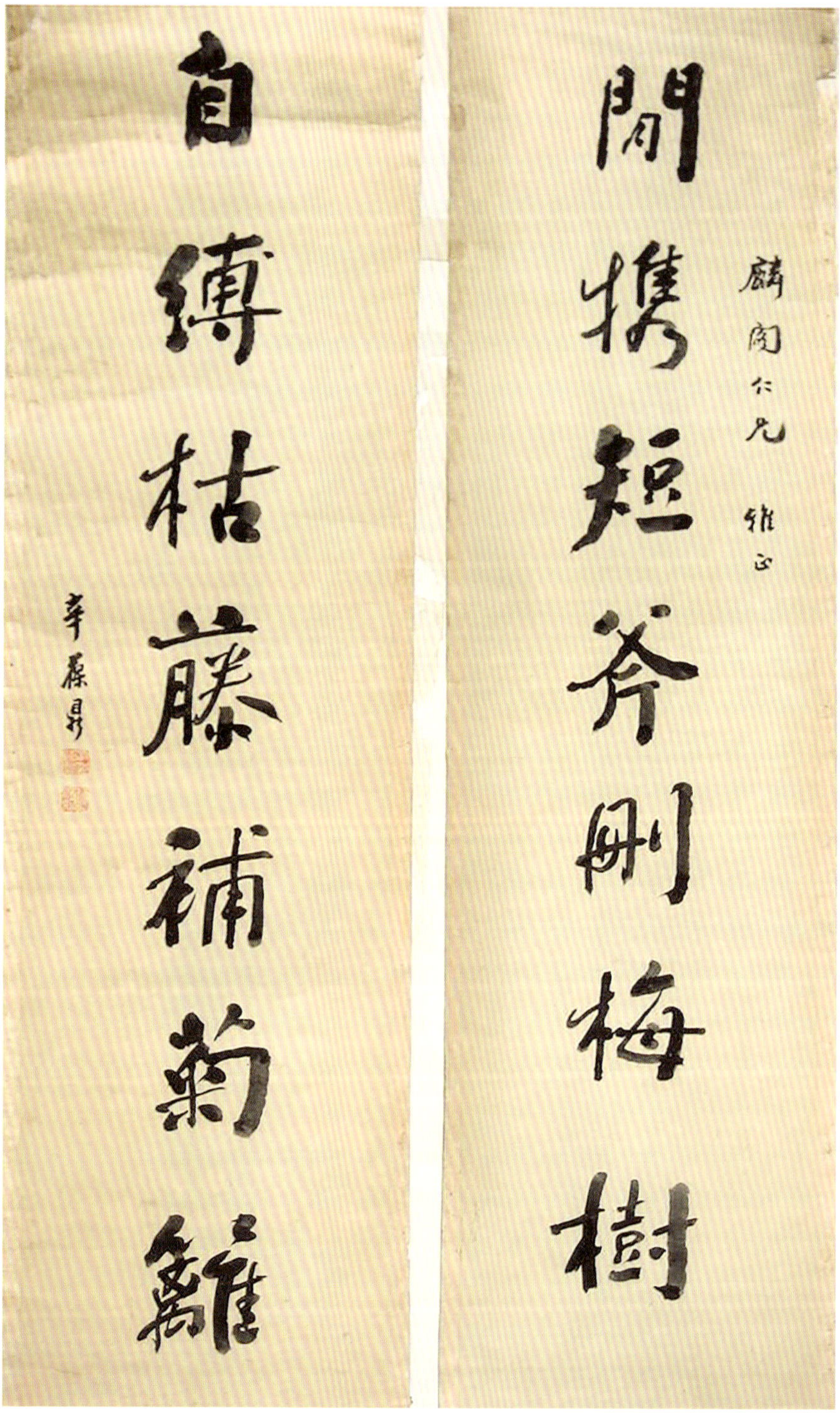

辛铸九书法作品

我武维扬

1945年9月，本馆成为“山东挺进军前进指挥部”驻扎地，12月27日，山东战区（济南、青岛、德州）日军投降典礼在本馆大阅览室举行。现本馆尚保存有当时国民党第十一战区副司令李延年手书的“我武维扬”匾。

山东战区（济南、青岛、德州）受降典礼

日军签降代表寒川吉溢领受降证书

抗战胜利纪念碑，原在抱璧堂南侧，已毁

李延年手书“我武维扬”匾

整旧待新

日本投降后，罗象临[1]奉命接收本馆，共设总务、采编、阅览、特藏、研究辅导五个部。至济南解放前，本馆成为国民党军队的军用仓库，本馆职员虽可以在馆内整理旧书，但不许读者涉足。1947 年 9 月开始在大门外开展借阅工作，不久又在市内别处设立阅览室。

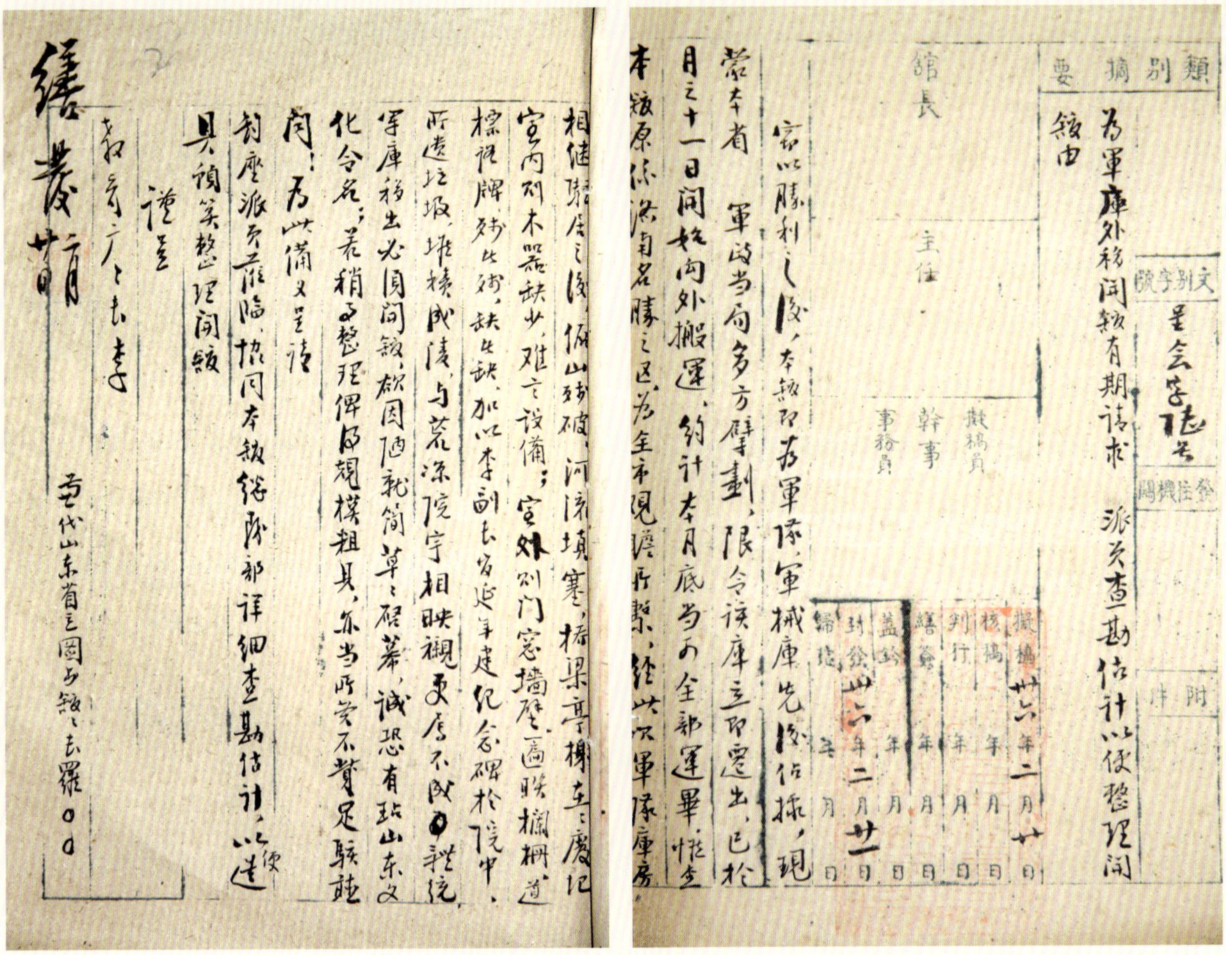

罗象临致教育厅厅长关于军库外移后请求派员查勘整理以便开馆的公函

【1】罗象临（1890—1961），字复唐，山东桓台人。毕业于山东省立第一师范高师部文学教育专修科，历任山东省立第二师范、第三师范、益都第四联中国文教员，省立桓台初级中学校长。1945 年 10 月被山东省教育厅委任兼本馆代馆长。1948 年 9 月任教于私立成通纱厂职工子弟小学。

罗象临接收本馆后，即积极收回移存他处的书籍和文物，并广泛搜集，充实馆藏，先后入藏海源阁藏书、王筠著述雕版、安丘赵氏模𨻶阁藏书等。

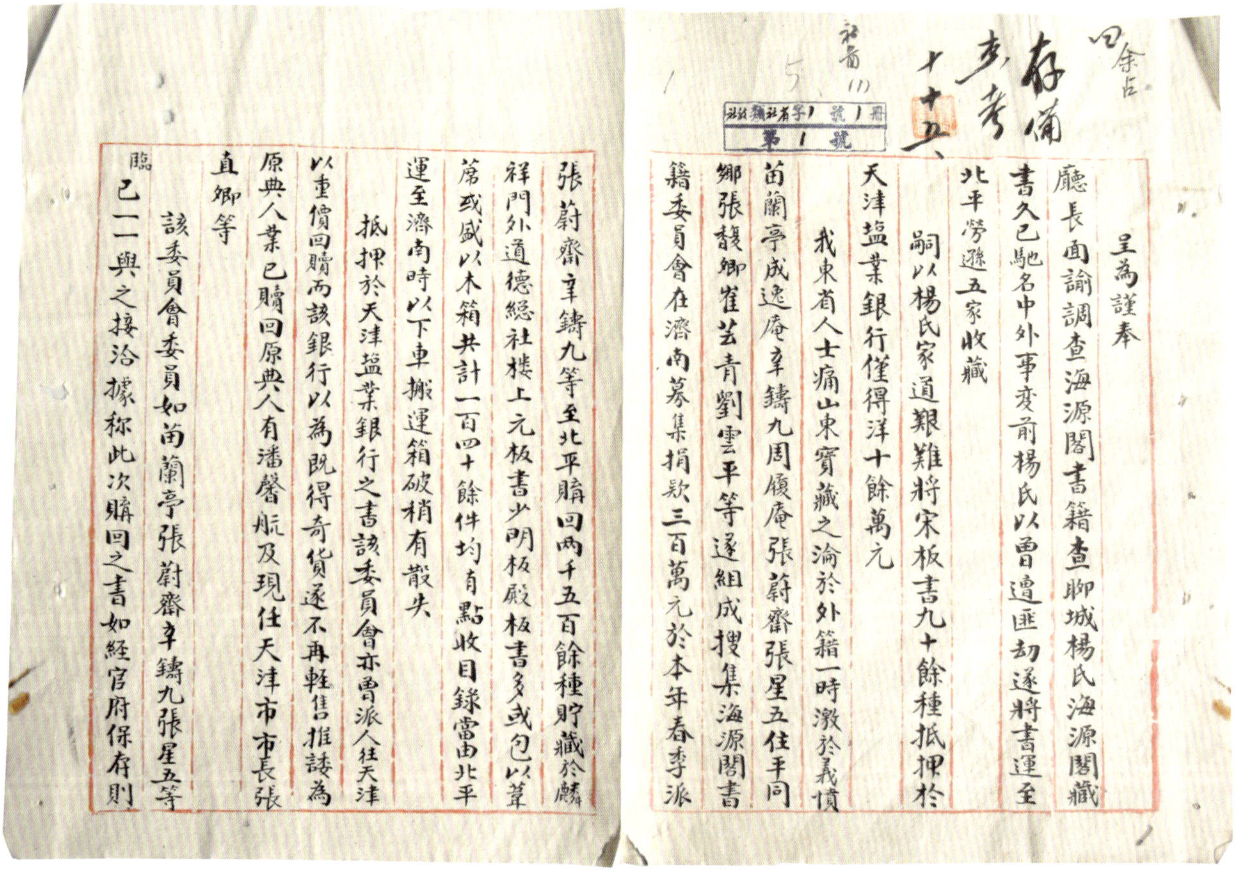
存備參考
呈為謹奉
廳長面諭調查海源閣書籍查聊城楊氏海源閣藏
書久已馳名中外事變前楊氏以曾遭匪刼遂將書運至
北平勞遜五家收藏
嗣以楊氏家道艱難將宋板書九十餘種抵押於
天津鹽業銀行僅得洋十餘萬元
我東省人士痛山東寶藏之淪於外籍一時激於義憤
苗蘭亭成逸庵辛鑄九周履庵張蔚齋張星五住平同
鄉張馥卿崔芸青劉雲平等遂組成搜集海源閣書
籍委員會在濟南募集捐款三百萬元於本年春季派
張蔚齋辛鑄九等至北平贖回兩千五百餘種貯藏於麟
祥門外道德總社樓上元板書少明板殿板書多或包以葦
席或盛以木箱共計一百四十餘件均有點收目錄當由北平
運至濟南時以下車搬運箱破稍有散失
抵押於天津鹽業銀行之書該委員會亦曾派人往天津
以重價回贖而該銀行以為既得奇貨遂不再輕售推諉為
原典人業已贖回原典人有潘馨航及現任天津市市長張
直卿等
該委員會委員如苗蘭亭張蔚齋辛鑄九張星五等
臨已一一與之接洽據稱此次贖回之書如經官府保存則

1945 年 10 月，罗象临就保护海源阁藏书等事宜呈报省政务厅公函

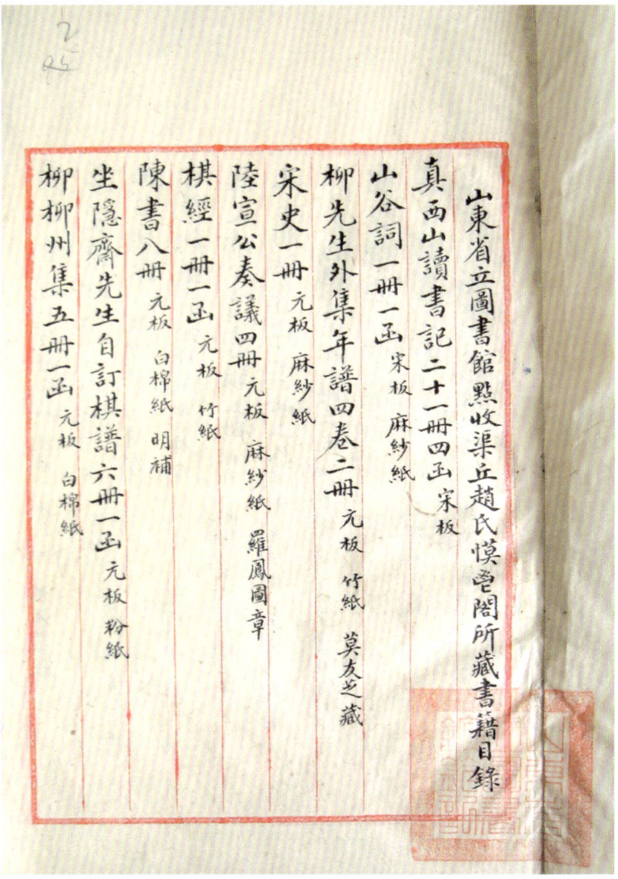
山東省立圖書館點收渠丘趙氏模邕閣所藏書籍目錄
真西山讀書記二十一册四函 宋板
山谷詞一册一函 宋板 麻紗紙
柳先生外集年譜四卷二册 元板 竹紙 莫友芝藏
宋史一册 元板 麻紗紙
陸宣公奏議四册 元板 麻紗紙 羅鳳圖章
棋經一册一函 元板 竹紙
陳書八册 元板 白棉紙 明補
坐隱齋先生自訂棋譜六册一函 元板 粉紙
柳柳州集五册一函 元板 白棉紙

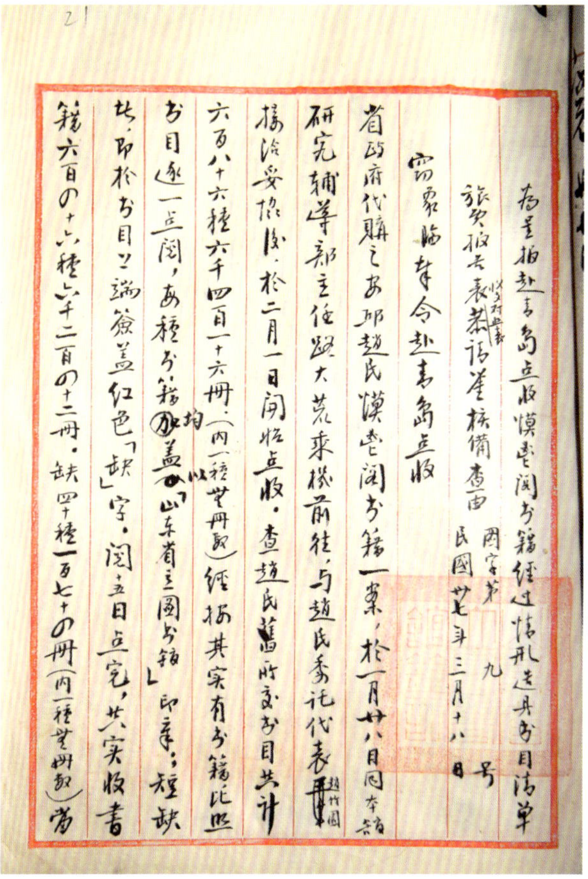
為呈報赴青島點收模邕閣書籍經過情形連具書目清單
呈教育廳長鑒核備查由
圖字第 九 號
民國廿七年三月十八日
窃象臨奉令赴青島點收
省政府代購之安邱趙氏模邕閣書籍一案，於一月廿八日同本館
研究輔導部主任路大荒來青前往，與趙氏委託代表趙竹園
接洽妥協後，於二月一日開始點收。查趙氏舊所交書目共計
六百八十六種六千四百一十六册，（內一種無册數）經按其實有書籍比照
書目逐一點閱，每種書籍均加蓋以「山東省立圖書館」印章；短缺
者，即於書目上端簽蓋紅色「缺」字。閱五日點完，共實收書
籍六百四十六種六千二百四十二册，缺四十種一百七十四册（內一種無册數）當

罗象临致教育厅厅长关于收购赵氏模邕阁藏书经过及书目、费用等的公函

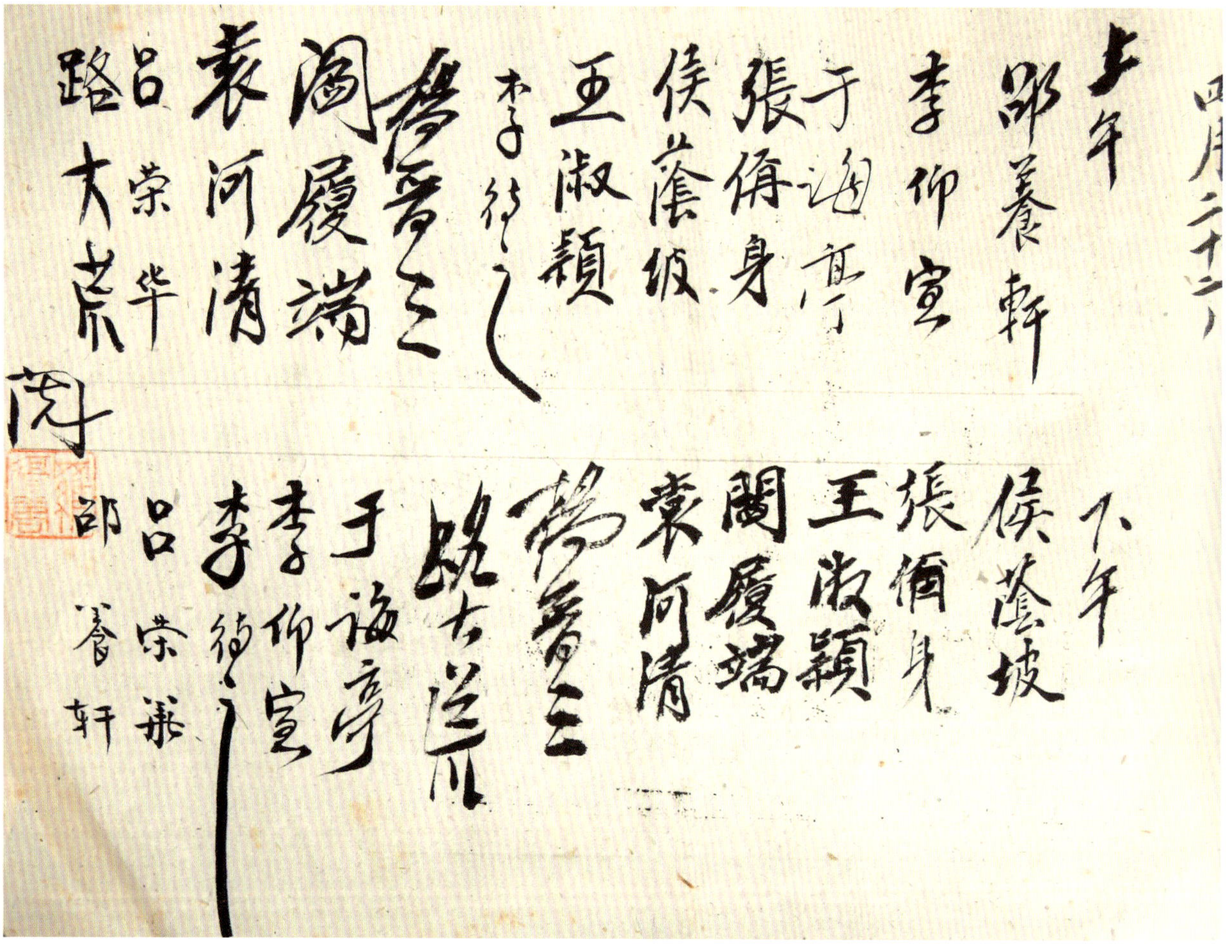
四月二十六
上午
邵養軒
李仰宣
于誨亭
張循身
侯蒼坡
王淑頴
李緒之
楊晉三
閻履端
袁河清
吕宗华
路大荒
陶
下午
侯蒼坡
張循身
王淑頴
閻履端
袁河清
楊晉三
路大荒
于誨亭
李仰宣
李緒之
吕宗華
邵養軒

中华人民共和国成立前本馆职工签名簿

第二章 涅槃重生

Niepan Chongsheng

1948年9月24日，济南解放，军管代表流泽等进馆接收。1949年3月20日，本馆重新开放。此后直至『文革』，本馆进入从战后恢复到探索前进的历史时期。这一时期，本馆沿着为工农兵、为社会主义事业服务的方向，积极开展工作，积累了丰富的经验。

涅槃重生

Niepan
Chongsheng

一、开放更名 建筑变迁

1949 年 3 月 15 日的《山东省立图书馆工作方针及计划》，提到“拟于本月廿日开放阅览”。

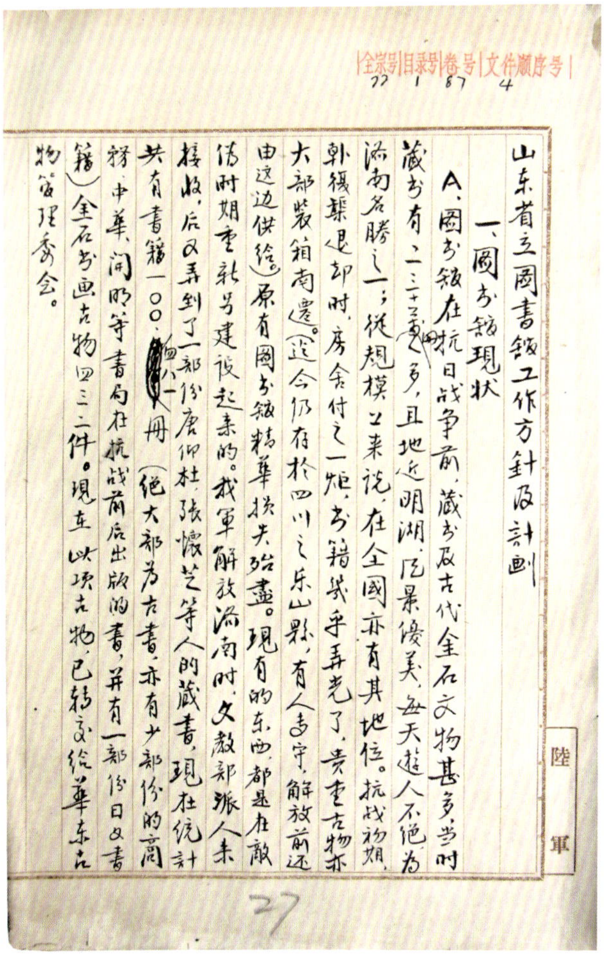

全宗号 目录号 卷号 文件顺序号
22 1 87 4

山东省立图书馆工作方针及计划

一、图书馆现状

A、图书馆在抗日战争前，藏书及古代金石文物甚多，当时藏书有二三十万册之多，且地近明湖，风景优美，每天游人不绝，为济南名胜之一；从规模上来说，在全国亦有其地位。抗战初期，韩复榘退却时，房舍付之一炬，书籍几乎弄光了，贵重古物亦大部装箱南迁（迄今仍存于四川之乐山县，有人专守，解放前还由这边供给）原有图书馆精华损失殆尽。现有的东西，都是在敌伪时期重新建设起来的。我军解放济南时，文教部派人来接收，后又弄到了一部份唐仰杜、张怀芝等人的藏书，现在统计共有书籍一〇〇、四八一册（绝大部为古书，亦有少部份的商务、中华、开明等书局在抗战前后出版的书，并有一部份日文书籍）金石书画古物四三二件。现在此项古物，已移交给华东古物管理委员会。

陆军

27

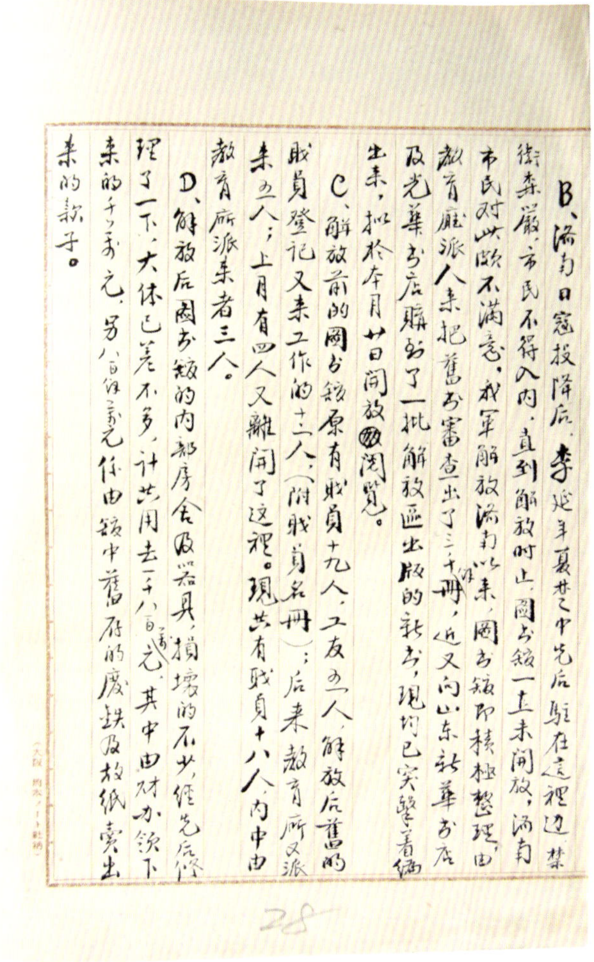

B、济南日寇投降后，李延年襄其中先后驻在这里边，禁卫森严，市民不得入内，直到解放时止，图书馆一直未开放，济南市民对此颇不满意，我军解放济南以来，图书馆即积极整理，由教育厅派人来把旧书审查出了三十余册，近又向山东新华书店及光华书店购到了一批解放区出版的新书，现均已实整着编出来，拟于本月廿日开放阅览。

C、解放前的图书馆原有职员十九人，工友五人，解放后旧的职员登记又来工作的十二人（附职员名册）；后来教育厅又派来五人；上月有四人又离开了这里。现共有职员十八人，内中由教育厅派来者三人。

D、解放后图书馆的内部房舍及器具，损坏的不少，经先后修理了一下，大体已差不多，计共用去一千八百余元，其中由财办领下来的千余元，另八百余元系由馆中旧存的废铁及故纸卖出来的款子。

28

《山东省立图书馆工作方针及计划》

1954年，本馆更名为“山东省图书馆”。

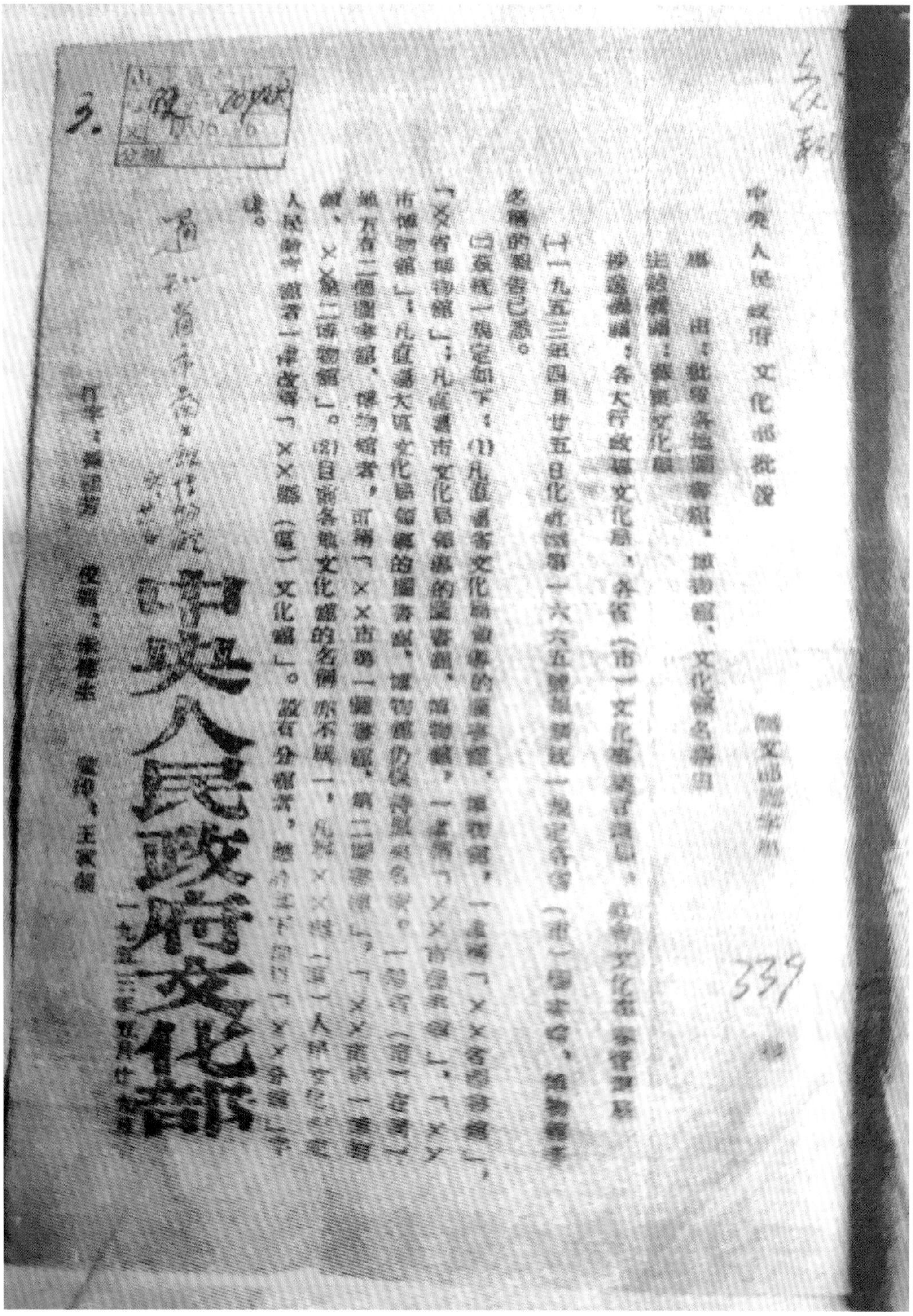

1953年5月29日，文化部关于图书馆等改名的批复

1959年，本馆面积达8000平方米的“遐园”除抱璧堂外连同古碑刻被划拨给大明湖公园，原有建筑全部拆除。1963年在奎虚书藏楼前建青砖围墙与公园隔开，中间以飞檐大门相通。

20世纪50年代，本馆大门

原本馆办公楼

遐园长廊，园门后是“山字楼”

正当本馆事业稳步前进之际，历时十载的“文化大革命”使图书馆事业遭到极大破坏,本馆业务工作基本上处于淹蹇停滞状态,直至“文革”结束。1974年，为缓解藏书面积紧张问题，建成建筑面积2000平方米的书库楼。

建设书库楼

1974年，建成的书库楼

二、重整资源 扩展服务

分类整理

本馆恢复开馆之初，馆内残存的书籍加上一部分国民党官僚机构和私人藏书以及新购图书，共计30余万册，为了尽快将这些书分编上架，1949年7月，副馆长刘惠吾主持编写了《山东省立图书馆图书分类新法》，它是中华人民共和国成立后编制最早的图书分类法之一，简称《山东法》。

《山东省立图书馆图书分类新法》

山东省行政区

采购著录

在文献采购及著录方面，1962 年制定《山东省图书馆图书编目规则》，基本上是依照北京图书馆（今国家图书馆）、中国人民大学图书馆联合编辑的《中文图书提要卡片著录条例》，另外根据过去本馆在编目工作中遇到的问题和经验，又参考其他馆的著录条例编制而成，内容略有增加。

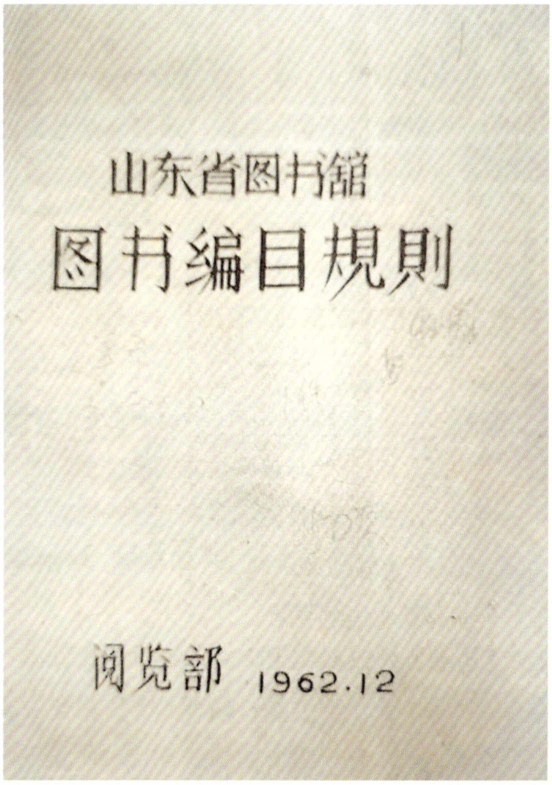

《山东省图书馆图书编目规则》

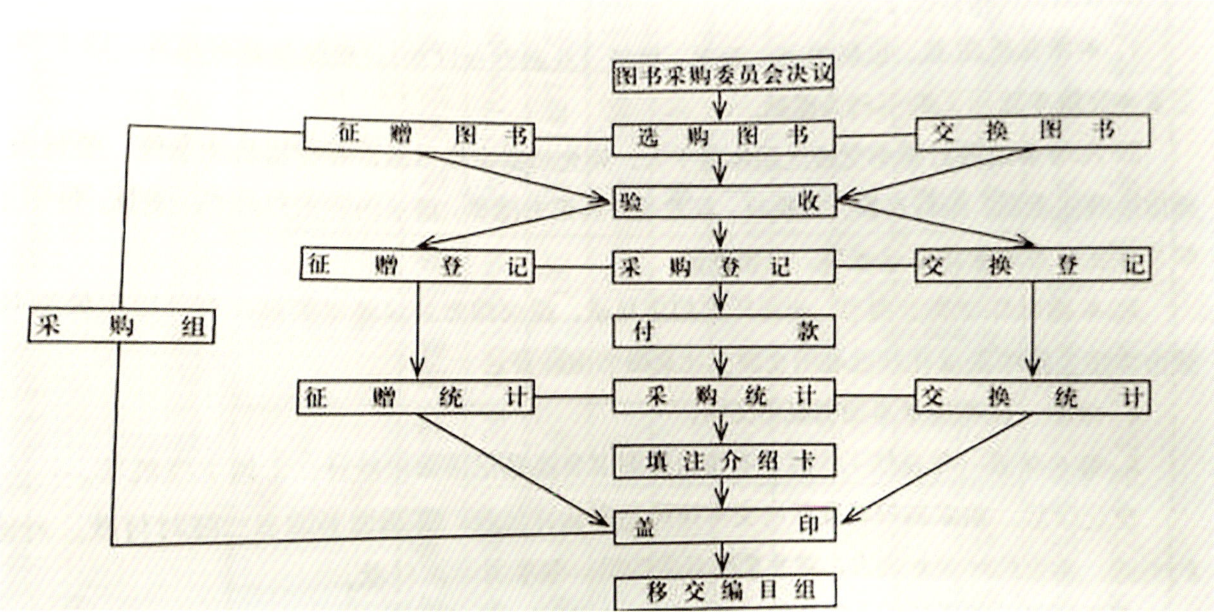

采购工作流程图

中文图书采编组

中文新书编目刻蜡板

征集文献

山东省解放较早，革命文献出版得很多。在轰轰烈烈学习毛泽东主席著作的运动中，展览毛主席著作的早期版本。当时，本馆虽然入藏有革命文献，但数量不够多，不能满足需要。为了配合学习毛泽东思想的运动，防止文献的散失和毁损，丰富馆藏，进行了数次全省性的征集。

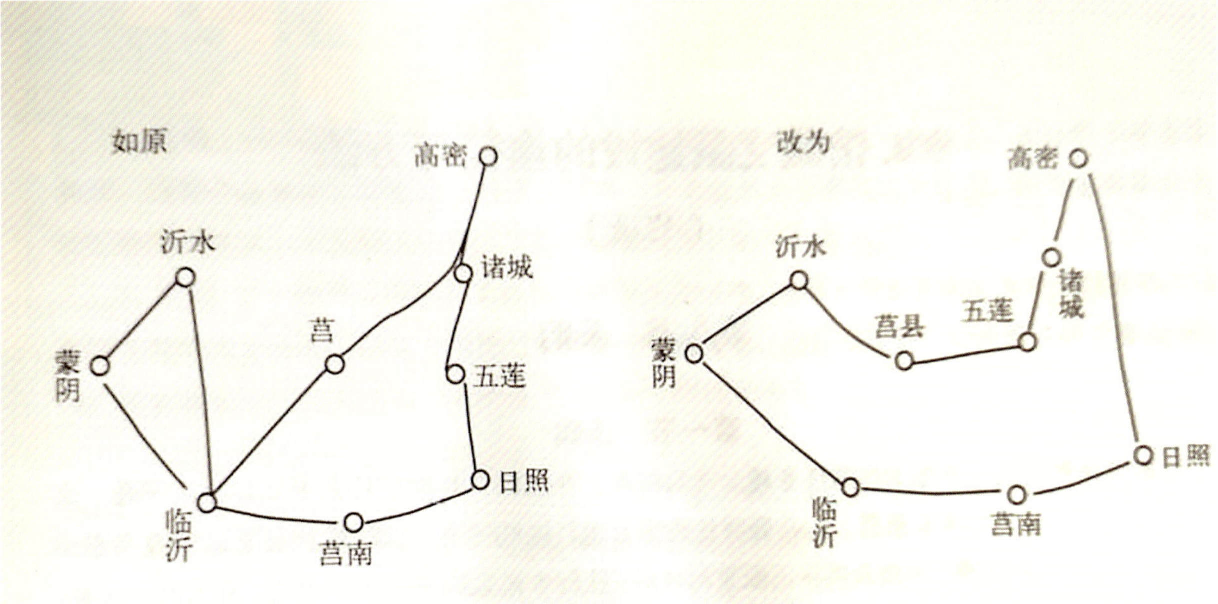

征集毛泽东主席著作早期版本路线图

服务大众

这一时期，本馆通过扩大馆内外阅览场所、组织读书小组、兴建图书阅览站、延长开放时间等一系列措施，以及举办报告会、朗诵会、座谈会，办读者墙报，建图书流动站等活动，吸引了大量的读者。同时举办各类业务学习班，使各项工作稳步前进。

馆内阅览

成人阅览室

儿童阅览室 1

儿童阅览室 2

读书报告会

为了宣传优秀图书，1954年举办报告会5次，参加读者5081人次。分别为“青年学习问题”“谈谈《三国演义》的几个人物”“《铁道游击队》创作经过”“《把一切献给党》”“《保卫延安》”。其中《保卫延安》报告会出席1042人。

入場券

讀者姓名

借書証號

職業　文化程度

現任職務

現住址

電話號碼　年月日

参加會議前主要收获和意見

参加會議前主要收获和意見

《保卫延安》报告会入场券

部分职工在报告会海报前合影

图书宣传

为配合中心任务及重要纪念节日，本馆通过多种形式进行图书宣传。

大门外的图书宣传栏

室内图书展览

大刀记
847.17
073235
(103802.1)
大刀记
大海

图书宣传画

跃进中的山东省图书館
在总路线的光辉照耀下省图书館在勤俭办館开门办館为政治为生产为工农兵服务的方针下经过百日奋战使图书流通达到八百零万册次清理积压50零万册新购图书作到随到随编并提高改进了济南地区图书館干部学习班的业务学习质量举办了县市图书館干部的业务函授班大大改变了图书館的本来面貌.
图书流通
图书编目
编印书目

图书宣传栏

读者座谈会

为了辅导读者，巩固阅读成果，制订了读书计划并举办读者座谈会。

本馆早期举办的读者座谈会，图中主持会议者为庄惠秋同志

《山东省图书馆读书计划》

干部培训

这一时期的图书馆业务辅导工作，主要是帮助县市公共图书馆更好地贯彻执行图书馆的方针任务，加强联系，提高业务水平，积极地为工农兵服务，为社会主义建设服务。同时，省馆的同志也积极参加了武汉大学、北京大学等高校的图书馆学继续教育活动。

1960 年，山东省县市图书馆干部训练班结业留影

山东省地、市、县、厂矿图书馆干部业务学习班发言总结等

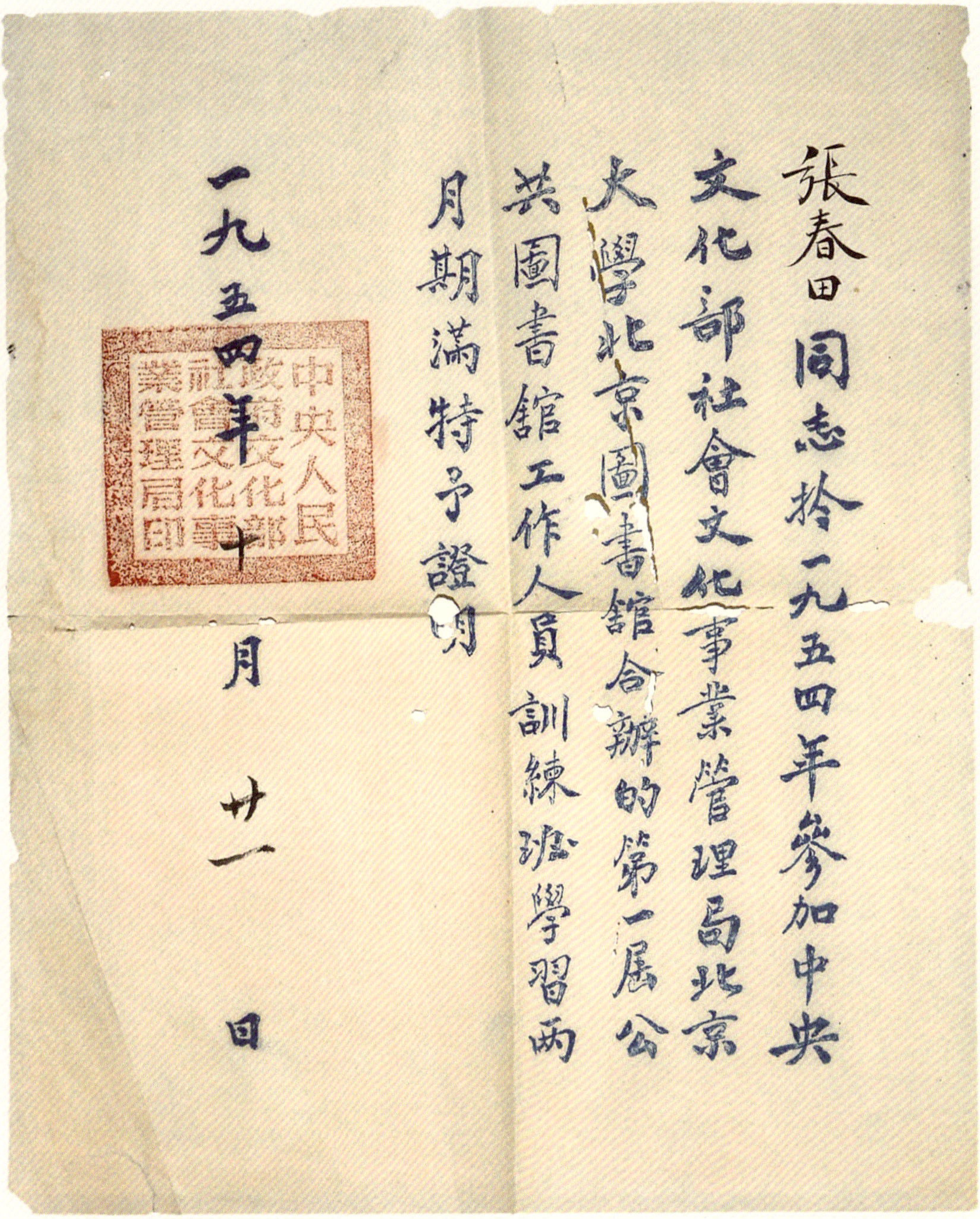
張春田同志於一九五四年參加中央文化部社會文化事業管理局北京大學北京圖書館合辦的第一屆公共圖書館工作人員訓練班學習兩月期滿特予證明

中央人民政府文化部社會文化事業管理局印

一九五四年十月廿一日

1954年10月，张春田同志参加文化部和北京大学图书馆合办的第一届公共图书馆工作人员训练班学习期满的证明

北京大学周文骏先生来馆授课

工作成效

20 世纪 50、60 年代图书馆的工作卓有成效，受到了社会各界的关注，主要媒体《大众日报》也进行了相关报道。北大图书馆学系师生等也曾到本馆实习。

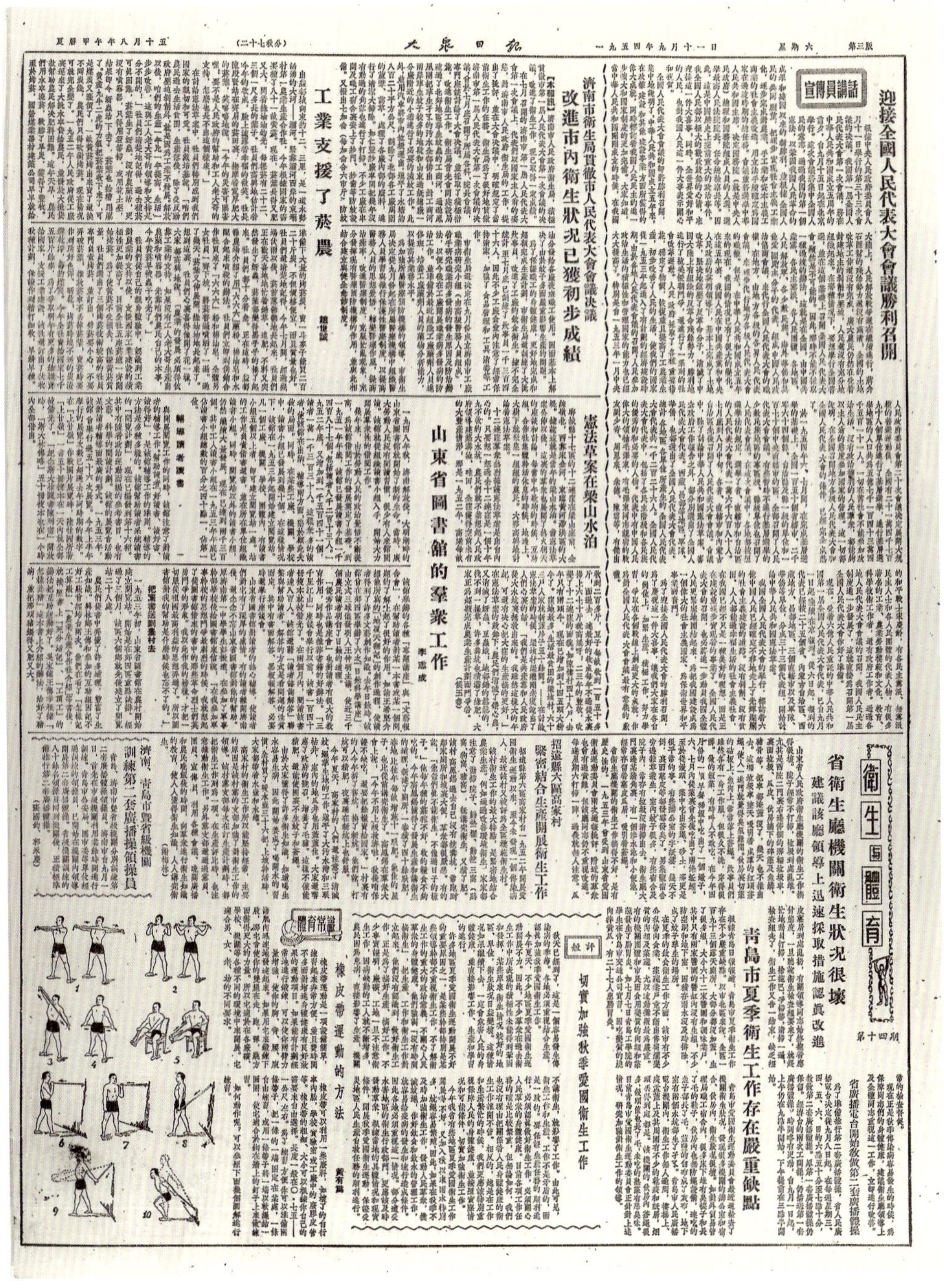
大衆日報

迎接全國人民代表大會會議勝利召開

宣傳員講話

濟南市衛生局貫徹市人民代表大會會議決議 改進市內衛生狀況已獲初步成績

工業支援了菜農

憲法草案在梁山水泊

山東省圖書館的羣衆工作

衛生與體育

省衛生廳機關衛生狀況很壞 建議該廳領導上迅速採取措施認眞改進

青島市夏季衛生工作存在嚴重缺點

切實加強秋季愛國衛生工作

濟南、青島市暨省級機關訓練第二套廣播操領操員

橡皮帶運動的方法

1954 年 9 月 11 日，《大众日报》刊载《山东省图书馆的群众工作》

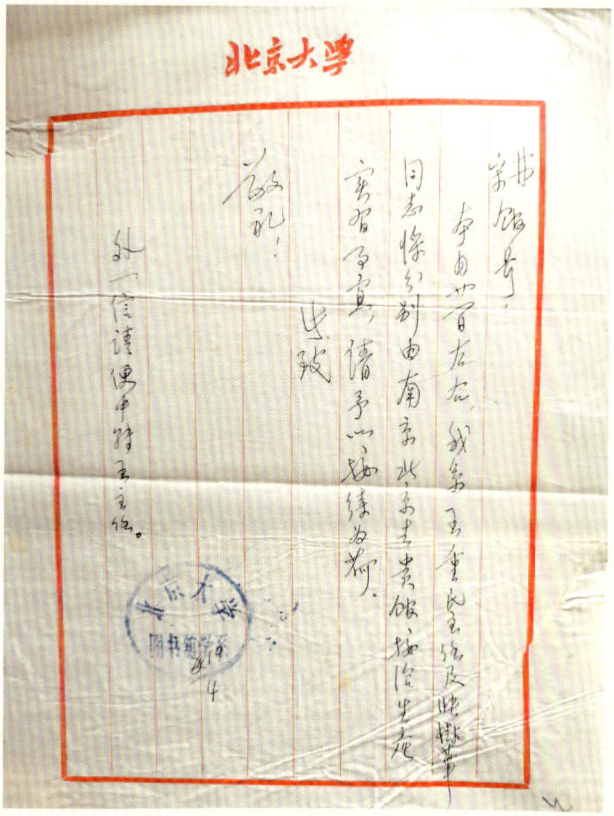
北京大學

宋[illegible]館長：

本月廿日左右，我系王重民主任及[illegible]同志將分別由南京、北京來貴館，[illegible]實習事宜，請予以協[illegible]為荷。

此致

敬禮！

另一信請便中轉王主任。

4

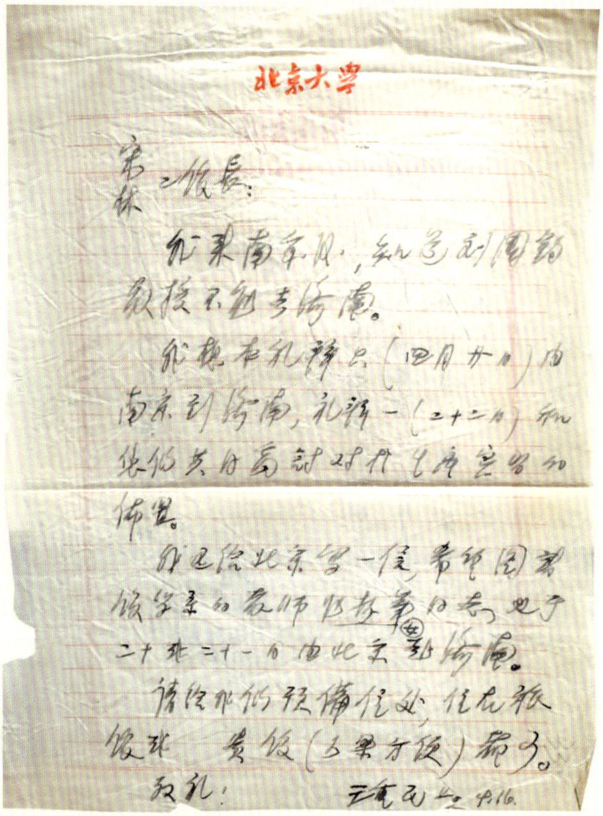
北京大學

宋林館長：

我來南京後，[illegible]圖書館[illegible]濟南。

我擬本禮拜六（四月廿八）由南京到濟南，禮拜一（二十二日）[illegible]

[illegible]

我已給北京寫一信，[illegible]圖書館學系的教師[illegible]也于二十或二十一日由北京到濟南。

請給我們預備住處，住在旅館[illegible]（[illegible]）就可。

敬禮！ 王重民 4.16.

北京大学图书馆学系主任王重民两封来函

三、基层工作 图书下乡

1953 年初，本馆在农村开始建立阅览站，将图书馆工作推进至乡村、工厂等基层单位，成为那个时代本馆服务的鲜明特色。

送书下乡

1959 年，在水屯建图书室，服务农协

图书流动站

到基层办展览

图书馆员下乡宣传

工厂、农村图书工作总结会

下乡图书借阅

本馆“学大寨”工作队在郓城田间地头

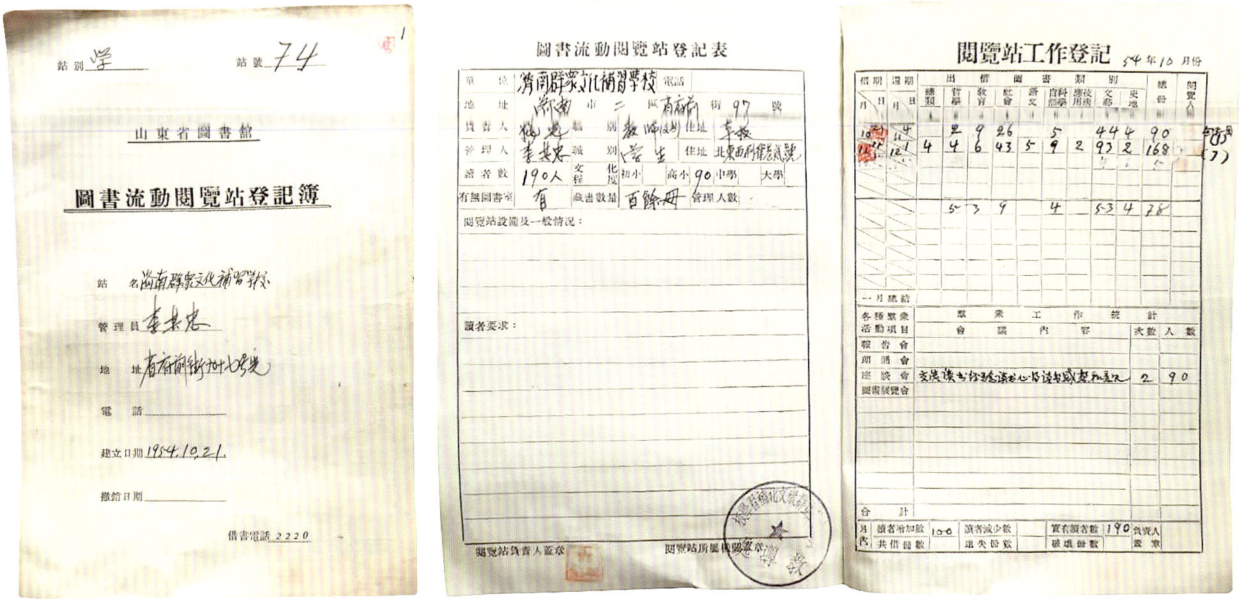

《山东省图书馆图书流动阅览站登记簿》

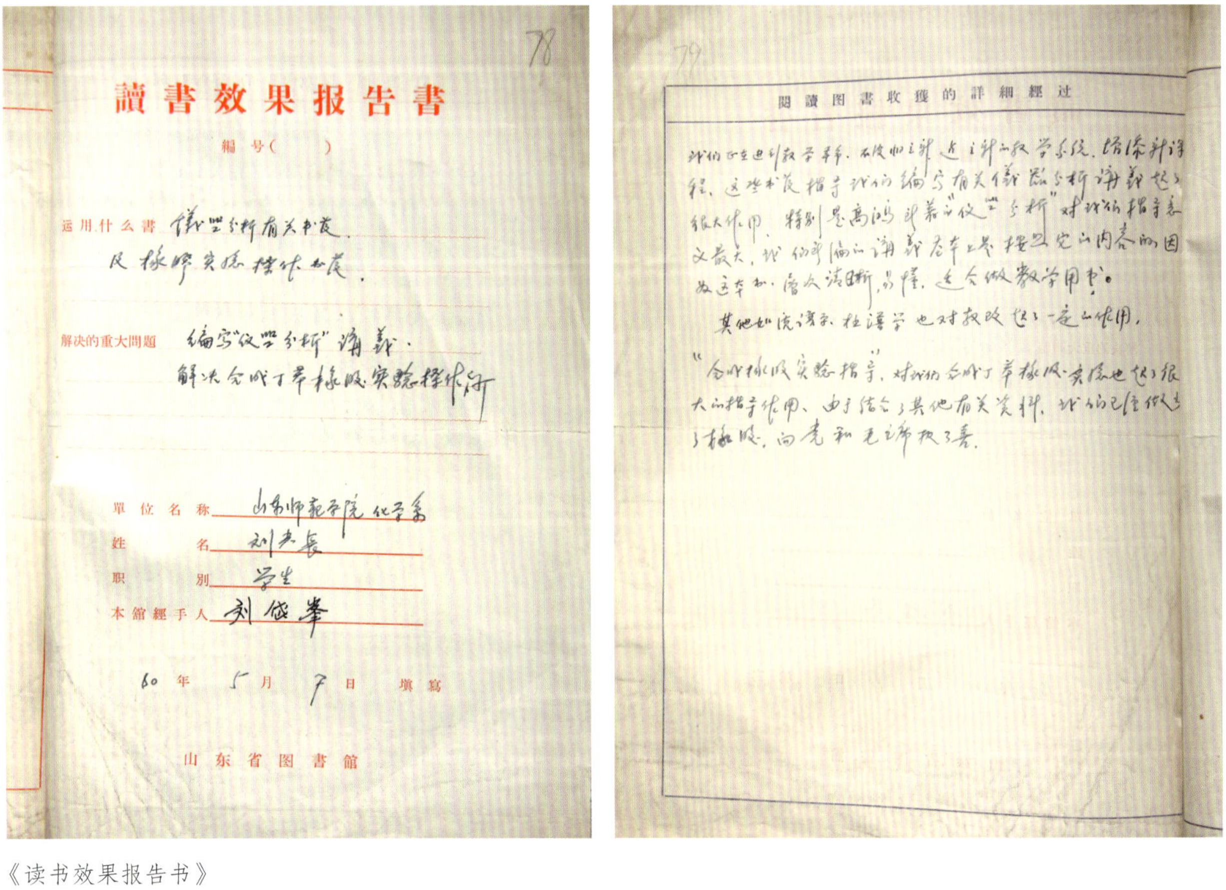

《读书效果报告书》

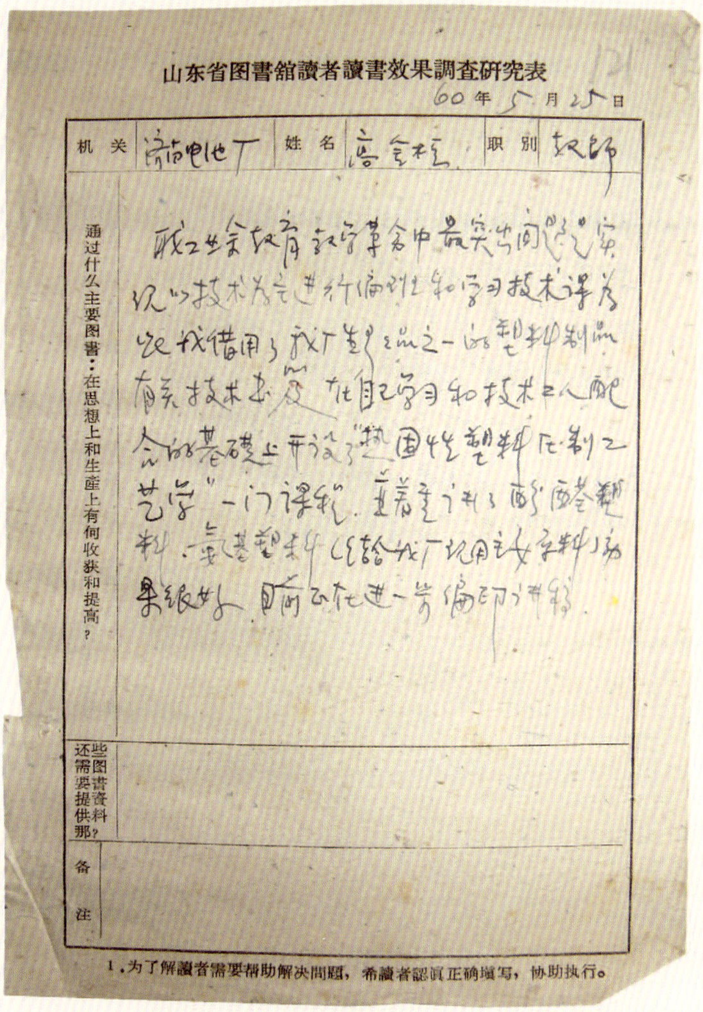
山东省图書舘讀者讀書效果調查研究表

60 年 5 月 25 日

机关		姓名		职别	
通过什么主要图書：在思想上和生産上有何收获和提高？					
还些需要图書資料提供那？					
备注					

1．为了解讀者需要帮助解决問題，希讀者認眞正确填写，协助执行。

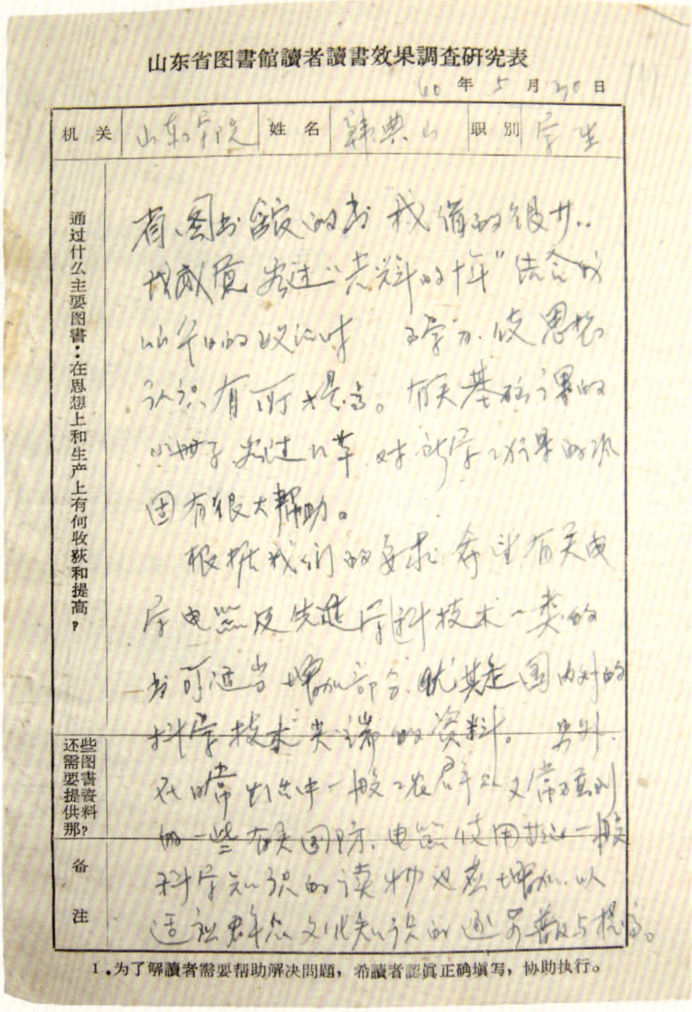
山东省图書舘讀者讀書效果調查研究表

60 年 5 月 20 日

机关		姓名		职别	
通过什么主要图書：在思想上和生产上有何收获和提高？					
还些需要图書資料提供那？					
备注					

1．为了解讀者需要帮助解决問題，希讀者認眞正确填写，协助执行。

1960 年《山东省图书馆读者读书效果调查研究表》

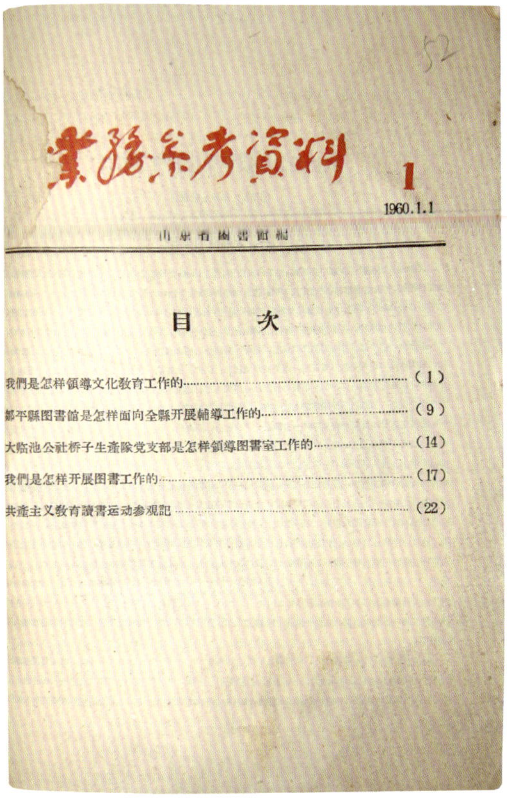
業務參考資料

1

1960.1.1

山東省圖書館編

目　次

我們是怎样領導文化教育工作的……（1）
鄒平縣图書館是怎样面向全縣开展輔導工作的……（9）
大陷池公社桥子生產隊党支部是怎样領導图書室工作的……（14）
我們是怎样开展图書工作的……（17）
共產主义教育讀書运动參观記……（22）

《业务参考资料》

调研推进

1952—1965年间，特别是1963年省农村文化工作会议后，研究辅导部辅导组同志三分之二的时间深入到全省各个市县的农村图书馆（室），进行调查了解，解决业务和组织上的困难，帮助调整巩固，总结经验，并以此材料编辑了《业务参考资料》。同时期创刊了《好馆员》。时任副馆长林凤五编写了《怎样办好人民公社图书馆》，指导公社图书馆工作的开展。

好館員

（創刊号）

山东省图書館編

1959年4月30日

編者話

《好馆员》

《怎样办好人民公社图书馆》

四、学术硕果 馆员风采

《全国主要期刊重要资料索引》由本馆编译部据馆藏全国主要期刊重要资料编印，自 1951 年 7 月开始编制，每季一期，至 1955 年夏季，总计刊出 18 期。后遵照文化部指示移交上海报刊图书馆续编，自 1955 年起更名为《全国主要报刊资料索引》，1976 年 10 月改为《全国报刊索引》。这一时期，还编印了各类联合目录。

《全国主要期刊重要资料索引》

《山东古农书录》

各种联合目录

路大荒[1]工作照

路大荒整理的《蒲松龄集》

【1】路大荒（1895—1972），名鸿藻，字丽生，又字笠生、笠僧，号大荒，别号大荒山人，大荒堂主人，山东淄川人。早年致力于蒲松龄著作与生平的研究，著有《蒲柳泉先生年谱》、编纂《聊斋全集》。1945年10月到本馆工作，中华人民共和国成立后，任本馆整理委员会主任委员、副馆长。

馆员风采

1964 年，山东省图书馆全体同志合影，从左至右依次为：

第一排：周泓、周乃芬、孙琴、韩素芳、万小华、李杰、王佩玲、葛炎明、张玉兰、杜文淑、王瑞成、左秀珍、玄玲

第二排：沙朝英、庄惠秋、张保罗、张翰卿、张全禄、杨旭、梁度世、路大荒、黎昭、张兰亭、张春田、杨雪峰、庄红雨、陈炳文、熊务成

第三排：王蕴、王敏、孙监芝、李庭芳、金惠仙、力佰津、刘建民、赵楠、王才、冯殿举、陶振纲、辛殿海、*[1]、赵连生、武鹰、陈景唐、罗德和

第四排：王华成、黄玲、刘华玉、胡桂英、杨杏仙、牟钧、万培悌、李佑贤、何同举、陈洪太、梁化宇、*、阚角如、程德璋、庄金凯、孙葆荣

【1】* 为辨识不清的同志。

1958 年，图书馆同仁合影，从左至右依次为：
第一排：王佩玲、葛炎明、万小华、林凤五、王瑞成、吕荣华、周新农
第二排：杜文淑、万培悌、张丕、骆伟、*、陈景唐
第三排：梁化宇、于先知、杨杏仙、冯殿举

1976年7月，外文室合影，从左至右依次为：冯殿举、赵连生、万培悌、熊务成、庄立桂、李杰

采编部合影，从左至右依次为：熊务成、刘芳秀、冯殿举、万培悌、赵炳武、甘英

第三章 改革开放

Gaige Kaifang

『文革』之后，本馆重新明确了为科学研究和为广大群众服务的工作方针，馆藏建设走向正轨，内部业务工作逐步规范，文献整理和学术研究工作初步开展。综合阅览楼于1981年9月动工，1983年竣工，1984年投入使用。本馆馆舍面积达到11000平方米，拥有9个阅览室，阅览座席800个，较大地改善了办馆条件。自此，本馆各项工作全面展开，在20余年的时间里，事业蒸蒸日上。

改革开放

Gaige
Kaifang

一、馆舍建设 稳步提升

随着综合阅览楼投入使用，本馆相继筹建开放的服务窗口有：声像室、总目录室、办证处、图书馆学资料室、畅销新书借书室、国外工艺美术借阅室、港澳台书刊资料借阅室、自修室、今日电脑阅览室、电子阅览室、少儿低幼借阅室和学生借阅室、常用书借书室和老年人阅览室等。

办证处

开架阅览室

借书室内景

1984 年自然科学和社会科学两个借书室改为第一、第二借书室。成立报刊部。

报刊阅览室

报刊资料查阅室

港台期刊阅览室

自修室

畅销新书借书室内景

1984年10月，建立了目录厅并向读者开放。本馆编制了题名、著者、分类、主题四种目录，其完备程度在全国省级图书馆中尚不多见。但随着计算机的应用，机读目录已逐步取代了卡片目录，2002年1月1日，停止编制所有中文图书卡片目录。

总目录室

中文图书阅览部目录厅工作人员在整理卡片

1984年，本馆建立文献缩微复制室。

缩微复制部工作人员在专心致志地工作

1985年5月，本馆开始筹建声像室，并开展声像制作、资料外借服务。

声像室内景

二、读者服务 全面开放

读者服务工作是图书馆工作的重中之重。自1985年至2001年，本馆相继筹建开放有14个服务窗口。

1984年第二借书室实现开架借阅。1986年中文现刊阅览室实现开架阅览并提供外借服务。1981年设立复印室，提供文献复制服务。1996年，书刊借阅证简化办理手续，敞开办理。1998年开始实行节假日开放，1999年对外服务窗口实现全年每天开放。

山东省图书馆工作人员职业道德规范

社科阅览室的工作人员热情接待读者

1999年10月6日，山东省少年儿童图书馆(对内称“少儿部”)试开馆。2000年，少儿部在省妇联的支持下，为山东省少年监狱建立“山东省少儿图书馆少年管教所分馆”。同年，外借部建立72671部队政治部图书流通站。

1999年12月29日，省委书记赵志浩、省人大常委会主任韩喜凯为山东省少年儿童图书馆揭牌

少儿部工作人员指导小读者阅读

在部队建立图书流动站

2001年2月，本馆参加省文化厅组织的“三下乡”活动，图为赠书仪式现场

本馆党员为劳教人员赠书献爱心

2001 年 5 月 26 日，本馆在新馆会议室举办读者座谈会，图为座谈会会场

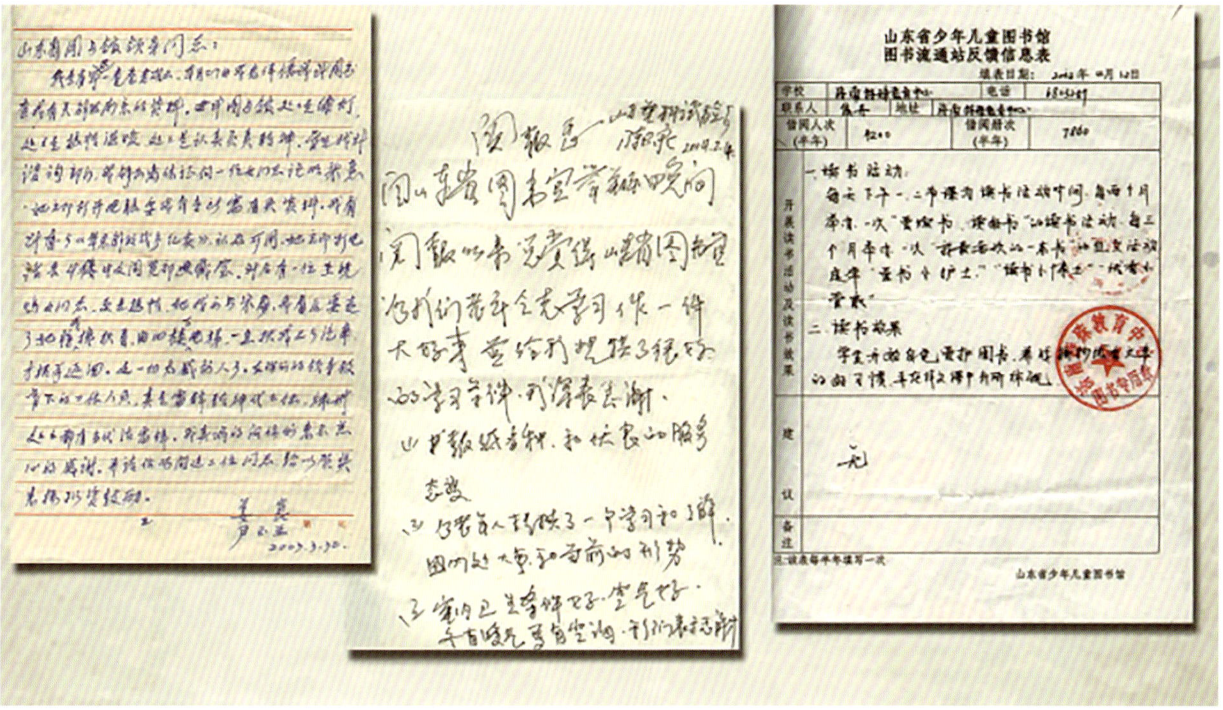

读者感谢信和读者反馈意见表

2001 年，本馆在大明湖公园抱璧堂内建立全国省级公共图书馆首家老年人阅览室。

老年人阅览室揭牌仪式

老年读者在进行读书交流

2001 年重阳节，本馆部分离退休老干部参观老年人阅览室

三、图书宣传 阅读推广

本馆先后采用多种方式开展图书宣传与阅读辅导活动，其中比较重要的有：馆刊及内部交流资料、新闻媒体、图书陈列与展览、书刊评介、推荐书目、图片展览、讲座、报告会、座谈会、朗诵会、演讲、读书计划、图书馆服务宣传周等。

20 世纪 80 年代，马瑞芳教授来本馆举办文学讲座

书刊展览

外文书刊展览

1986年，赴枣庄外文书展

图书馆服务宣传周

1990 年本馆会同市图书馆、驻济大专院校图书馆、省暨济南市新华书店、出版社等 40 多个单位，在济南市大纬二路上举办了第一届图书馆服务宣传周活动，至 2018 年该活动已连续举办 30 届。

在 1990 年度图书馆服务宣传周期间，济南市及省文化厅的领导在观看孩子们折纸

1990 年图书馆服务宣传周期间，向读者赠送“爱书袋”

1996 年，图书馆服务宣传周新闻发布会在本馆举行

1996 年图书馆服务宣传周期间，本馆组织大明湖小学学生观看馆藏珍品展

1996 年图书馆服务宣传周期间，省市及文化厅领导观看本馆宣传图板

2000 年，图书馆服务宣传周活动在泉城广场举办，图为本馆服务阵地一角

2004 年 4 月 30 日，参加省委宣传部、省社科联在泉城广场举办的“社科普及宣传周”活动

2013 年，宣传周期间，在书画阅览室举办笔会

2018 年，举办《公共图书馆法》有奖知识竞答

四、自动化建设

1988年，本馆与山东大学计算机系合作，开始了图书馆自动化管理系统研制的尝试。到1990年，先后完成了“外文书刊计算机管理系统”“声像资料计算机管理系统”的开发，并通过省厅级鉴定，其中前者获省文化厅科技进步二等奖，后者获文化部科技进步成果四等奖。

1988年8月，获省文化厅科技进步奖

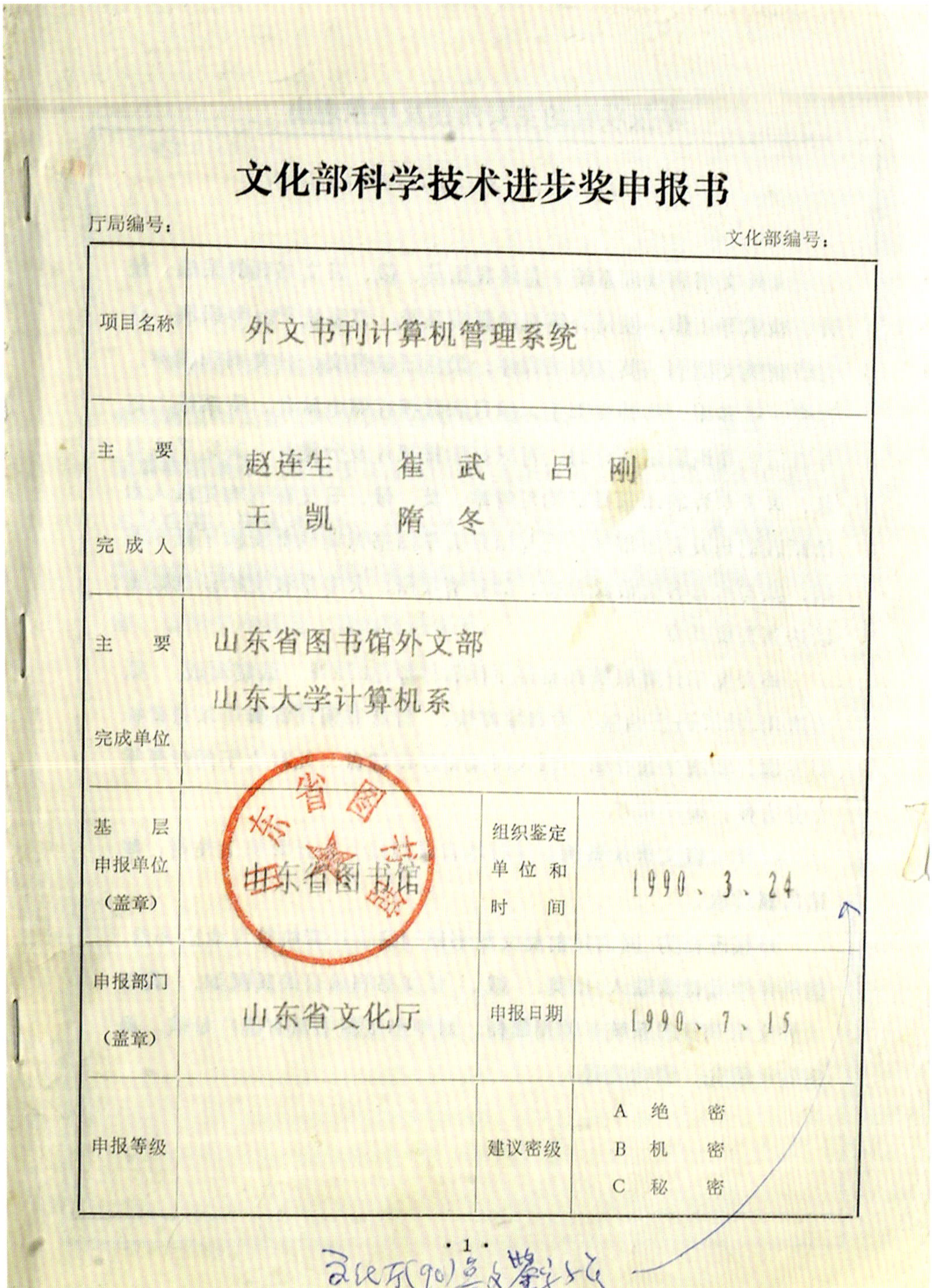

文化部科学技术进步奖申报书

厅局编号：

文化部编号：

项目名称	外文书刊计算机管理系统		
主要完成人	赵连生 崔武 吕刚 王凯 隋冬		
主要完成单位	山东省图书馆外文部 山东大学计算机系		
基层申报单位（盖章）	山东省图书馆	组织鉴定单位和时间	1990、3、24
申报部门（盖章）	山东省文化厅	申报日期	1990、7、15
申报等级		建议密级	A 绝密 B 机密 C 秘密

·1·

“外文书刊计算机管理系统”科学技术进步奖申报书

1994 年，本馆引进现代技术设备，购入 ILAS5.0 图书馆业务集成管理软件。1998 年，实现中文机读目录的计算机检索。2001 年 10 月，本馆将原有的 ILAS5.0 系统升级为 ILASII2.0 系统。

1995 年建立光盘数据检索系统，1997 年组建了局域网，1999 年建立电子阅览室，2000 年扩充了计算机网络。

中文采编部工作人员工作情形

电子阅览室

1999年，计算机网络中心

2000年8月18日，计算机方案论证会召开，与会专家与本馆人员在分馆小会议室合影

利用网络开展线上资源服务，自建资源库 40 余个，自建视频节目 400 余集

2009 年 3 月 19 日，第一台电子阅报机投入使用，图为读者正在使用读报机阅读电子报纸

中心机房标准化建设、标准化管理，确保图书馆基础业务系统和公共数字文化工程系统正常运行

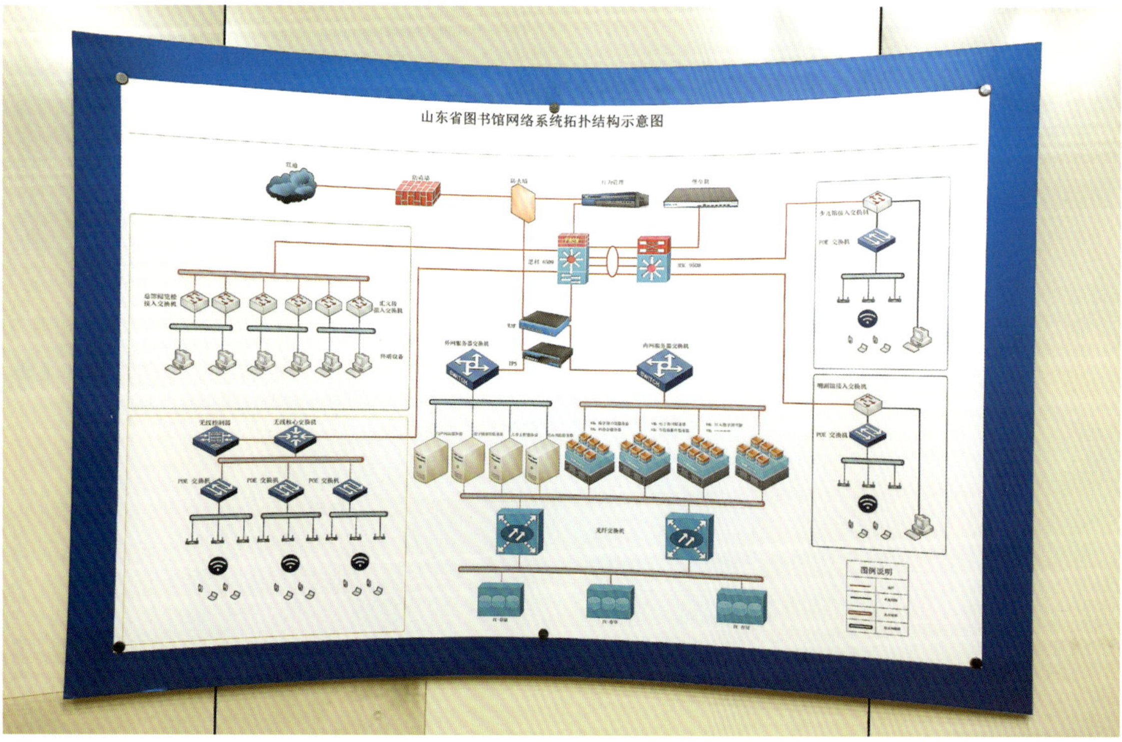

网络系统拓扑结构示意图

1986年本馆进行专业技术职务评聘工作。1999年初在专业技术职务任期届满时，推行评聘分开、竞争上岗的管理制度。通过考试、考核、演讲、答辩等项目的竞争，聘任职称。

1999年1月19日，本馆举行专业技术职务岗位竞争答辩会

1999年，专业技术岗位竞争演讲大会会场

五、参考咨询 信息服务

在开发馆藏文献、开展科研课题方面，本馆编印了一系列的目录、索引、评述。在编制地区联合目录和推荐书目方面，本馆编印了各种书目 50 余种。在文献整理方面，成果颇丰。

部分文献索引

职工读书活动推荐书目

六、易庐易藏 入贮奎虚

“易庐易藏”是国内知名易学文献专家、北京文史馆馆员卢松安[1]先生穷毕生精力搜集的各种易类藏书的总称，计 980 种 3534 册，内有未见著录的稀见善本数十种。1977 年春，经孙墨佛先生和董一博同志介绍，卢先生决定将这批珍贵文献捐献给本馆。1979 年夏，“易庐易藏”正式接收入馆，本馆在奎虚书藏楼设“易庐”专藏，加之历年馆藏，成为海内外易籍的最大收藏单位。

卢松安像

本馆整理出版的卢松安编《易庐易学书目》

【1】卢松安（1898—1978），曾用名荣林、榕林，别号嵩庵，晚年自号“易万卷庐主人”，北京人。一生潜心搜集研究易学典籍，创《易类书目分类卡片》。

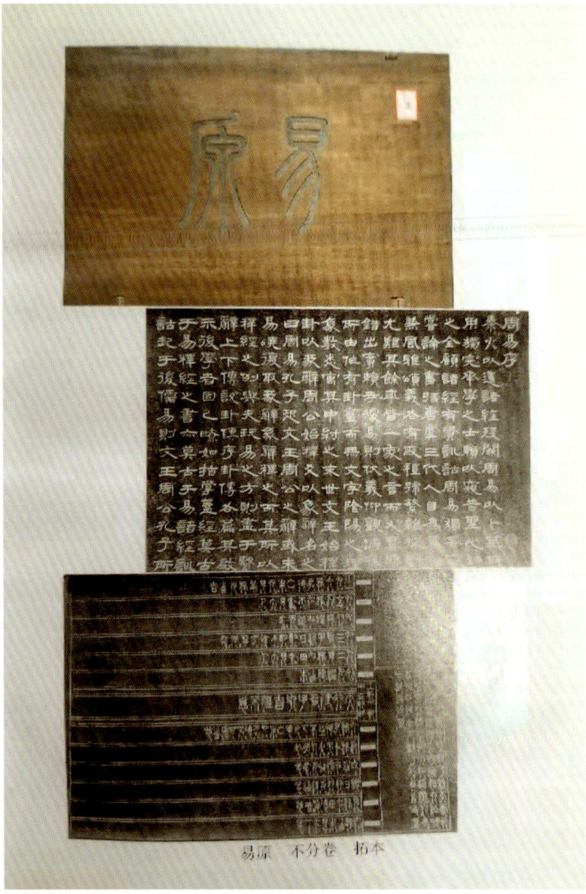

易庐专藏藏书《易原》书影

卢松安哲嗣卢平和参观易庐专藏

卢松安先生为国捐书

编辑同志：

北京市文史馆馆员、易学研究者卢松安先生于一九七八年，将保存了四十多年的“易庐易学”图书全部捐赠给山东省图书馆。为了表彰卢松安热爱社会主义文化事业的高尚行动，山东省文化局和山东省图书馆向他颁发了荣誉奖金。

卢松安先生生前一直从事易学研究工作，积极收藏古籍。在林彪、“四人帮”横行时，卢松安在政治上蒙受不白之冤，遭到打击与迫害。他所保存的图书亦几经散失。为了挽救、保存祖国这份珍贵的文化遗产，他曾在一九六九年立下遗嘱，声明他的上述图书将无偿地捐赠给山东省图书馆，后来这个遗嘱经全国政协文史资料编辑委员会的董一博同志转交我馆。但此事一直被搁置起来。粉碎“四人帮”后，他的图书才由有关单位陆续归还，经过清点，终于在一九七八年夏季，转赠给山东省图书馆。卢松安先生捐赠的这批图书有一千多种、共三千余册，内容丰富，版本较全，是我国难得的、保存较为完整的一套“易类”图书。其中有珍贵的元代及明代的精刻本、钞本和清代易学学者的手稿本等。它将为研究我国古代哲学和易类版本提供重要资料。山东省图书馆将根据卢松安先生生前遗愿编印“易庐易学书目”，供有关单位和学者参考。

山东省图书馆 光伟

苏宏绪等把挖得的文物献给国家

编辑同志：

今年一月十八日，湖南省临澧县新合公社龙岗大队第十八生产队副队长苏宏绪带领一些社员进行改土造田时，挖得古代金器五斤、银器二十斤九两，共二百九十余件。这些器皿造型美观，图纹特别精细。其中有一个银杯，杯底有一乌龟，斟酒后，即可见到龟的四只腿动起来。这些富有我国民族艺术特色的金、银器，是珍贵的历史文物。苏宏绪等人向大队公社和县委作了报告，把这些文物如数上交了国家。为表彰他们这种挖金不昧的精神，有关部门对龙岗大队第十八生产队和苏宏绪等社员给予了一定的物质奖励。

临澧县委办公室 吴学然

长春无线电一厂为顾客做好事

编辑同志：

我怀着激动的心情，在此报告吉林省长春市无线电一厂做的一件好事。

我是山西省阳泉市的一位普通顾客，在本市购买了长春市无线电一厂出产的一架袖珍半导体收音机。几年来，收听效果良好。但因我不慎在一次收听当中用力过猛，将带动的小塑料轮拧坏，致使一个好端端的收音机不能使用了。我在本地和托人到外地购买此件，均未买到，后来写信寄款向生产该机的长春市无线电一厂询问、购买。十多天后，该厂在不再生产此种收音机和元件的情况下，从原来生产的废品中挑了一个能用的赠给我，连物带款一并寄回。现在我的收音机又重新响起来了。

千里寄小轮，物轻情谊深。长春市无线电一厂这种想顾客所想的服务精神，使我深受感动。

山西省阳泉市甘河学校 祁斌

新风尚 新风格

卢松安先生为国捐书

七、学会工作 业务辅导

山东省图书馆学会于1979年6月19日成立。学会涵盖了全省公共、高校、科研等系统的图书情报单位。历年来举办了多期图书馆业务培训班及各种研讨班，并对全省各地市及县级图书馆进行业务辅导，取得良好的社会效益。

1979年6月19日，山东省图书馆学会成立会议合影

《山东省图书馆学会第一次科学讨论会论文集》和《华东六省一市图书馆学会协作会论文集》等

学会理事聘书

《图书工作情况交流》

1986年5月，山东省市县图书馆业务辅导工作座谈会合影

1986 年 6 月，山东省图书馆学会第三次会员代表大会暨第四次科学讨论会代表合影

1997 年 9 月 5 日，山东省图书馆学会第四次会员代表大会召开。图为向会员颁发证书

1997 年 12 月 10 日，全省公共图书馆工作会议召开

1999年10月14日，本馆承办第六届全国省、自治区、直辖市、较大城市图书馆馆长联席会议

1999 年 12 月 30 日，全省市地图书馆馆长联席会

2004年10月，济钢企业图书馆座谈会

2015年10月17日，2015年阅读推广峰会（秋季）暨中国图书馆学会阅读推广委员会成立十周年学术研讨会在临沂开幕

1989年，山东省文化厅、山东省图书馆派员到莱西县图书馆调研

本馆派员到基层图书馆辅导

1981 年 9 月，本馆与山东省图书馆学会合作，出版刊物《山东图书馆季刊》，使我省图书馆界从此有了业务交流和学术研究的园地。2009 年改为《山东图书馆学刊》（双月刊）。

1981 年 9 月，《山东图书馆季刊》第一期封面

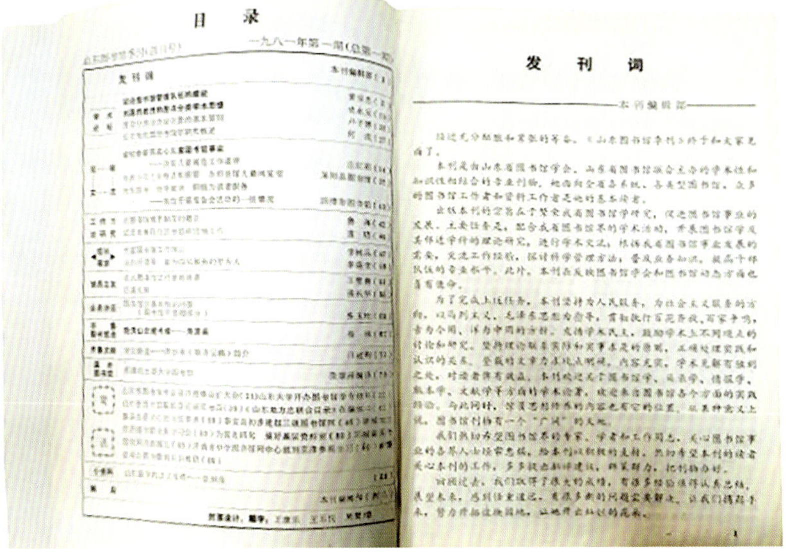

《山东图书馆季刊》第一期发刊词

公共图书馆业务竞赛

为提高业务素质和业务水平，本馆先后举办“山东省公共图书馆业务竞赛”，并两次派人参加“全国公共图书馆业务竞赛”。1986 年 12 月，本馆举办“山东省首届市（地）县图书馆业务竞赛”，1991 年 6 月，举办第二届，更名为“山东省公共图书馆业务竞赛”，其后又举办了多届，延续至今，是全国唯一连续举办业务竞赛的省级图书馆，有力地促进了全省图书馆的业务规范化。

1986 年 12 月，本馆举办山东省首届市（地）县图书馆业务竞赛

1986 年 12 月，山东省首届市（地）县图书馆业务竞赛合影

1991 年 11 月，“黄鹤杯”全国公共图书馆业务竞赛颁奖仪式，左一为国家图书馆副馆长孙蓓欣，左二为本馆副馆长陈景唐，左三、左四分别为本馆获奖选手贾秀丽、陶嘉今

1991 年 6 月，本馆举办山东省第二届公共图书馆业务竞赛

1997 年 12 月，本馆举办山东省第三届公共图书馆业务竞赛，图为图书排架比赛现场

2001年12月，参加全国公共图书馆计算机应用知识大赛的山东省代表队成员合影

2006 年，山东省第五届公共图书馆业务竞赛赛前培训

2011 年，山东省第六届公共图书馆业务竞赛

2017 年，山东省第七届公共图书馆业务竞赛

八、职称聘任 人才培养

在图书馆学教育、社会教育等方面，本馆取得突出的成绩。举办了一系列的图书馆学教育与培训活动，包括：北京大学图书馆学系函授班，武汉大学图书馆学函授专修科、本科班，山东大学图书馆学高等教育“专业证书”教学班，以及各种类型的培训班、辅导班等。

1979 年 8 月，省一轻工厅情报检索培训班、学习班

第一届日语业余学习班

1983年7月，武汉大学图书馆学系函授专修科（80）级济南地区学员毕业典礼

1985 年，武汉大学 82 级图书馆学专业毕业典礼

1985 年，图书馆学专业班开学典礼

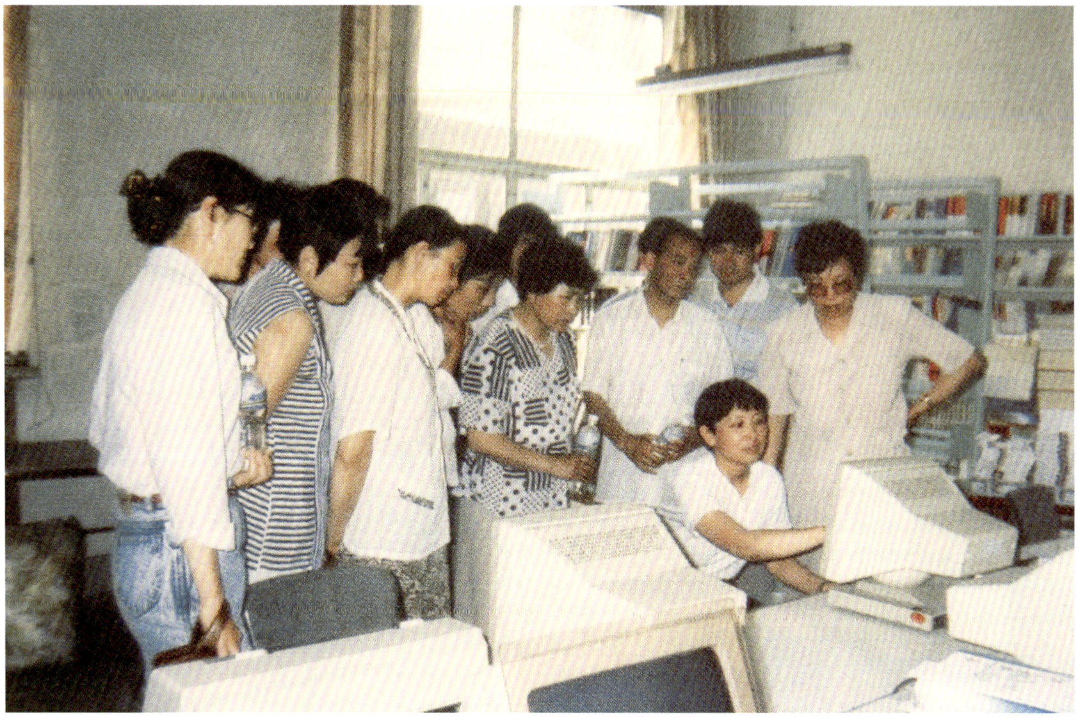

全省公共图书馆馆长自动化学习班

公共图书馆馆长学习班

2003 年 11 月，全省公共图书馆网络安全和数据库建设研讨会在莱芜举办

九、馆庆剪影

1989年正值建馆八十周年，本馆举办了隆重的庆典活动。

1989年11月，山东省图书馆建馆八十周年纪念大会会场

1989年11月，副省长宋法棠（左）、馆长王佑臣（右）参观“题词书画展览”

1989年11月，苏毅然、宋法棠等领导参观“珍善本展览”

1989 年 11 月，向从事图书馆工作三十年以上的老同志颁发荣誉证书

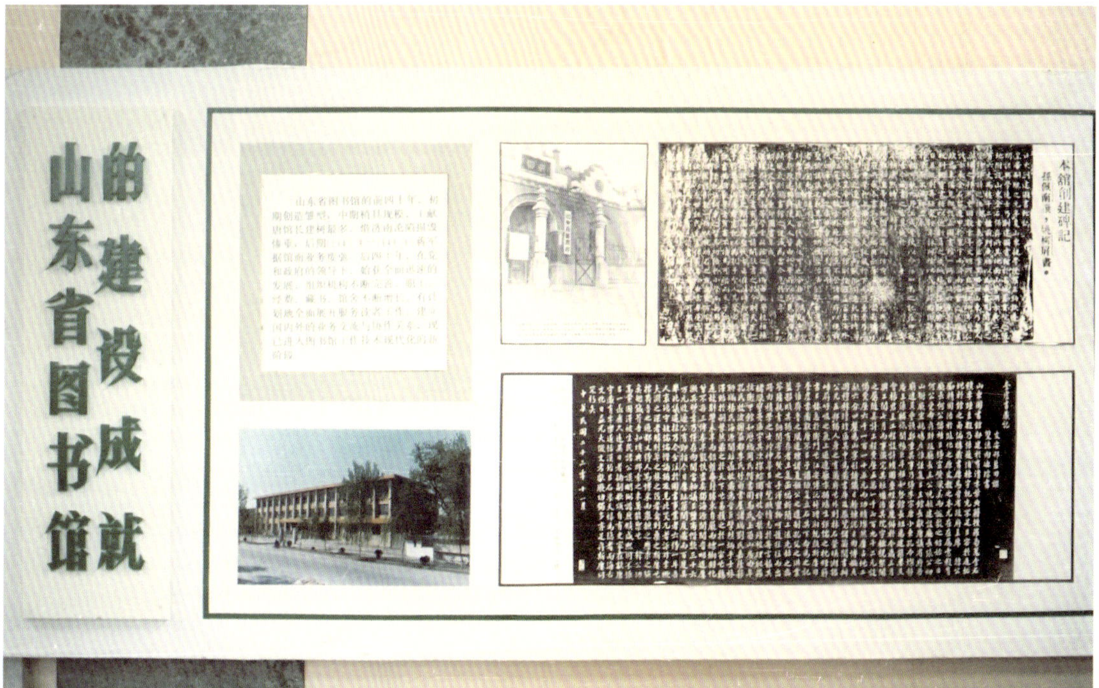

建馆八十周年展览

1999年11月，本馆举办建馆九十周年庆祝大会。

1999年11月，山东省图书馆建馆九十周年庆祝大会

1999年11月，山东省人大常委会主任赵志浩参加本馆建馆九十周年庆祝大会，图为赵志浩在签名

1999年11月，在本馆建馆九十周年庆祝大会上，副厅长章永顺为省图书馆聘请的顾问戚其章先生颁发证书

山东省图书馆馆史图录

下册

Xiace

山东省图书馆　编著

国家图书馆出版社

第四章 时代华章

Shidai Huazhang

时代华章

Shidai
Huazhang

一、春风化雨 亲切关怀

春洒细雨，滋生万物；春飏和风，生机蓬勃。党和政府、各级领导对图书馆的关怀支持，如春风春雨之惠泽，给予本馆巨大鼓舞和动力。

2014 年 6 月 26 日，文化部原副部长周和平（右三）在原山东省文化厅副厅长陈鹏（左一）陪同下视察省修复中心

2012年4月24日，文化部党组副书记、副部长杨志今（右一）视察省修复中心

2013 年 8 月 5 日，山东省委常委、宣传部部长孙守刚进行群众路线调研

2007年12月16日，山东省委常委、宣传部部长李群视察我省文化共享工程镜像站

2014 年 1 月 29 日春节前，山东省文化厅厅长徐向红（右一）到馆视察

2010年7月12日上午，山东省“县级数字图书馆推广计划”全覆盖启动仪式在本馆隆重举行。国家图书馆馆长周和平（左二）、山东省文化厅厅长亢清泉（左三）等领导出席启动仪式

2016 年 11 月 9 日，山东省文化厅厅长王磊到本馆尼山书院视察

二、世纪新馆 焕发新姿

新馆建设

1994年4月10日，省计委批准了经省工程咨询院评估确定的山东省图书馆新馆建设项目可行性报告。同年7月，评审确定设计方案，11月，位于二环东路的新馆一期工程（综合阅览楼）破土动工。2000年，新馆一期工程收尾工作完成。2002年9月，书库楼和办公楼竣工，同年年底验收合格，交付使用。

1995年7月28日，山东省图书馆新馆工程施工评标会

1996 年 5 月 20 日，馆长王瑞成（左一）与新馆基建领导班子研究设计方案

馆长王瑞成亲临现场指导施工

新馆开馆

新馆建成后，本馆即着手进行搬迁工作。2002 年 10 月 8 日，新馆开馆典礼在新馆知识广场举行。全体员工以更加奋进昂扬的精神状态投入到工作中，各项业务工作蒸蒸日上，创造了新的辉煌！

1998 年 7 月，图书开始往新馆搬迁，图为副馆长赵炳武（左一）与大家一起搬运图书

2002 年 10 月 8 日，新馆开馆典礼主席台——吴官正、王修智、朱正昌、杨传升、莫振奎、蔡秋芳、李殿魁等出席

奎虚厅

TIME
CAR STAR
ERDOGAN'S WAY
MACLEAN'S
Newsweek
AFGHANISTAN
ISLAM

外文阅览室

书画阅览室

中文报刊部

山东地方文献资料中心

册府琳琅古籍展厅

三、拓展领域 多元服务

本馆始终坚持“读者第一，服务至上”的工作理念，不断加强和完善文化阵地建设，充分发挥现有资源优势，通过藏、借、阅、查、展等多种形式为广大读者提供优质的服务。另外，积极响应“全民阅读”的思想理念，各类阅读推广活动亮点纷呈，收到了良好的社会效益，扩大了图书馆的社会影响力。

为更好地为聋哑读者服务，外借员工学习哑语

读者使用目录查询机查询书目

工作人员在认真整理书架

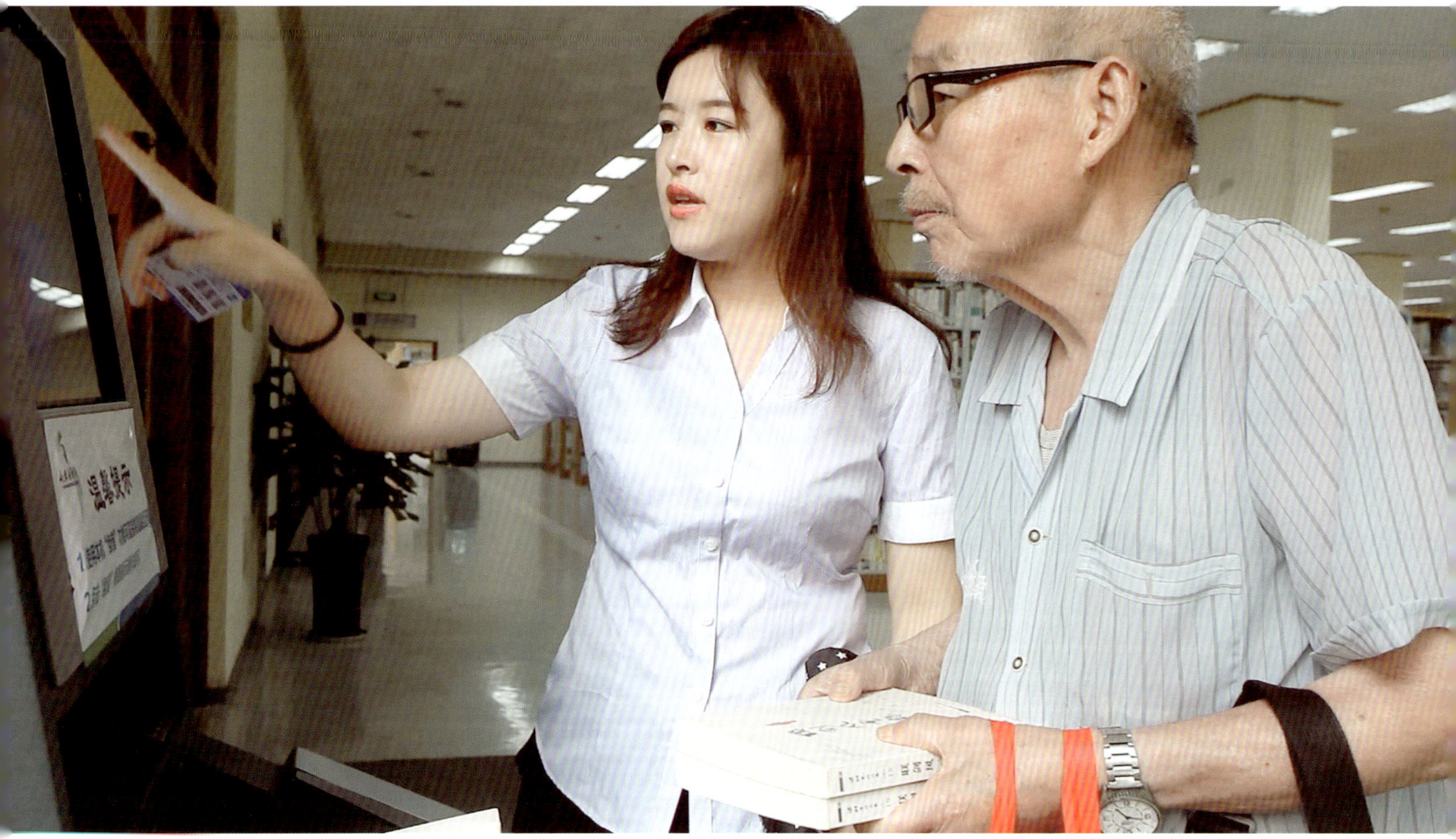

社科外借室工作人员帮助老年读者使用自助借还机

暑期自修室

“两会”服务

2002年4月，本馆派出服务组到“两会”现场为代表提供信息服务

2003 年 3 月 25 日至 4 月 3 日，本馆派出服务组到“两会”现场为代表提供信息服务

文化下乡

本馆参加山东省文化三下乡活动的送书车

2003 年 7 月 16 日，本馆向长清区图书馆赠送三下乡文库

2003 年 8 月 10 日，本馆为临邑县图书馆送书

2005 年 12 月 17 日，文化三下乡活动现场，本馆为基层群众赠送图书

图书流通站、分馆建设

2004年8月1日，本馆外借部在“八一”建军节为某部队图书流通站送书，图为正准备出发的图书流动借阅车

2008年9月26日，少儿馆捐书助学暨成立馆外流通站仪式

2018 年 11 月，山东省图书馆山东省历山监狱图书流通站揭牌仪式

2018 年 11 月 27 日，山东省图书馆山东省纪委监委机关分馆开馆

2018 年 11 月 27 日，山东省图书馆山东省委省直机关工委分馆开馆暨揭牌仪式

四、读者活动 亮点纷呈

为倡导全民读书，共建阅读型社会，本馆每年都举办主题鲜明、丰富多彩的读者活动，其中“大众讲坛”“书海灯谜会”“读书夏令营”“全省读书朗诵大赛”等活动，每年举办一次，已经成为本馆的品牌活动，为广大市民奉上了一道道丰盛的文化大餐，使得本馆真正成为“文化的殿堂、读者的家园、群众的客厅”。

文化广场

2003年6月29日，省直文艺院团宣传“三个代表”文艺演出现代京剧专场在新馆知识广场举办。图为演员演出时的情景

2003 年 9 月 28 日，山东省暨济南市庆祝中华人民共和国成立 54 周年广场文艺晚会在新馆知识广场举办，图为演出现场

2004 年 9 月 26 日，山东省庆祝新中国成立 55 周年暨“十佳文化广场”颁奖广场文艺调演在本馆知识广场举行，本馆知识广场被评为“十佳文化广场”

公益讲座

本馆面向社会大众开展了一系列的公益讲座，其中“大众讲坛”已成为知名的服务品牌。大众讲坛自 2006 年 3 月 25 日正式开讲以来，莫言、王蒙、马瑞芳、刘大钧等专家学者都曾做客“大众讲坛”。截至 2018 年，大众讲坛已举办 400 期讲座，并于 2010 年荣获文化部“第十五届群星奖”。

2006年10月7日，台上台下挤满观众，聆听山东大学易学与中国古代哲学研究中心主任、博士生导师刘大钧教授揭示《周易》的奥秘

2007 年 9 月 16 日，著名作家莫言讲座后欣然为“大众讲坛”题词

山东大学文学与新闻传播学院教授、博士生导师马瑞芳（左上），山东省作家协会主席、著名作家张炜（右上），著名作家、中国作协副主席王蒙（下）

“大众讲坛”出版物

读书朗诵大赛

2008年4月23日，著名表演艺术家徐少华在第三届读书朗诵大赛颁奖仪式暨汇报演出现场，带领观众朗诵儒家经典《论语》

2013 年 4 月 14 日，第八届读书朗诵大赛儿童选手风采

2014 年，第九届读书朗诵大赛颁奖仪式暨汇报演出现场，著名表演艺术家薛中锐“献声”朗读

2016 年 4 月 24 日，第十一届全省读书朗诵大赛为获奖选手颁发证书

喜乐灯谜会 浓情元宵节

2016 年 2 月 22 日，第十届书海灯谜会，一位老读者现场书写灯谜

2017 年 2 月 10 日，第十一届书海灯谜会猜谜现场

读书夏令营

2014 年 7 月 2 日，第九届读书夏令营传拓技艺体验活动

2016 年 7 月 12 日，第十届读书夏令营 3D 打印制作

换书大集

2015 年 5 月 30 日，首届换书大集之选书活动在本馆奎虚厅举行

2015年12月26日，第三届换书大集之选书活动在本馆奎虚厅举行

2018 年 12 月 22 日，第八届换书大集现场

馆长拜大年

2016年农历正月初一，党委书记、馆长冯庆东应读者要求合影留念

特殊儿童服务

2016 年 5 月 31 日，“听见，最美的声音”六一特殊儿童关爱行活动

2017 年 8 月 11 日，“七彩假期　快乐童年”牵手儿童夏令营活动

2018 年 7 月 9-27 日，“爱·圆梦泉城——关爱农村困境儿童行动”公益夏令营

2018 年 5 月 31 日，“绘出·最美的未来！——关爱特殊读者群体公益行”活动，画家在现场和孩子们一起作画

真人图书馆

2015 年 9 月 20 日，真人图书馆活动现场

长途跋涉后的返璞归真
读书做笔记(60本)
爱智以求真　尼采读书会　电台主持人　自救与自教

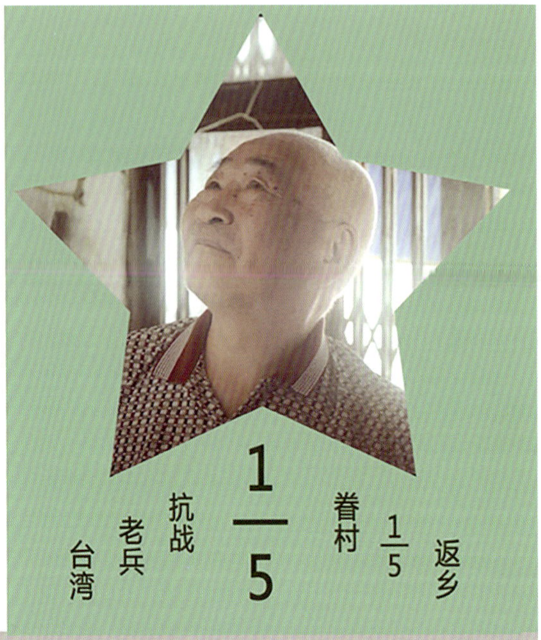
台湾
老兵
抗战
1/5
眷村
1/5
返乡

特殊母亲
基爱中心
饿了母爱是灶
长大时母爱是操劳
倒不下的妈妈
病了母爱是药
智障服务
社工
冷了母爱是袄

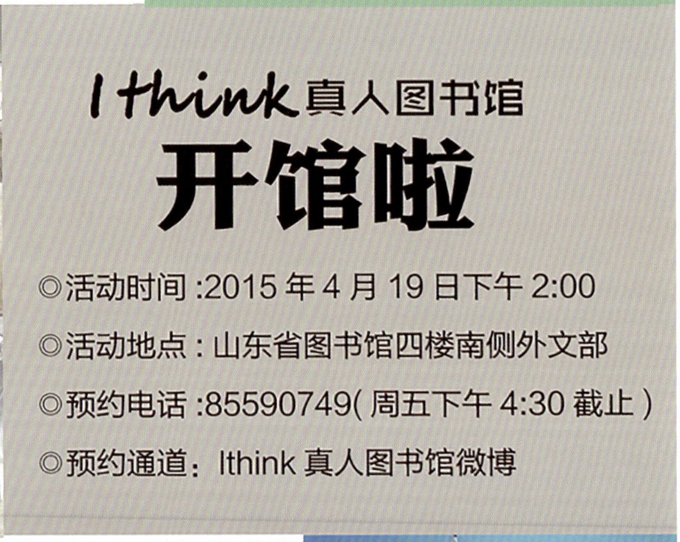
I think 真人图书馆
开馆啦
◎活动时间 :2015 年 4 月 19 日下午 2:00
◎活动地点 : 山东省图书馆四楼南侧外文部
◎预约电话 :85590749(周五下午 4:30 截止)
◎预约通道：Ithink 真人图书馆微博

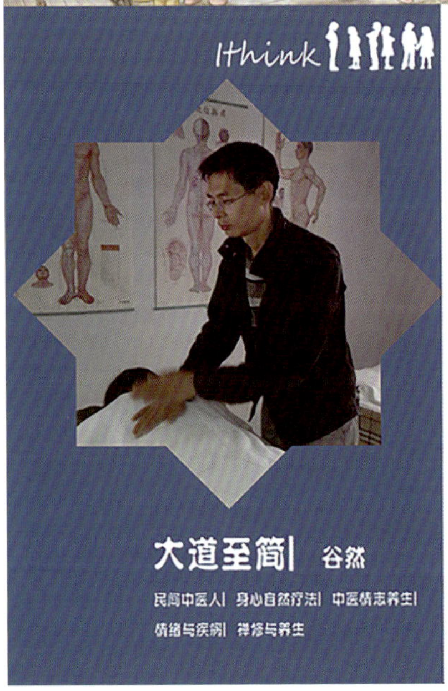
Ithink
大道至简| 谷然
民间中医人| 身心自然疗法| 中医情志养生|
情绪与疾病| 禅修与养生

I'm A
Drummer
RM帝国独立音乐厂牌
坚持自己
初心
创业 | 鼓手 | 任性 | 90后
Ithink

不平凡的世界
海外志愿者
交流生
俄罗斯
旅行
公益
梦想
青春
Ithink

真人图书馆活动海报

展览

2004 年 3 月 27 日，邵华将军和观看毛泽东遗物展的小同学们在一起

各界群众观看毛泽东遗物展

2005年10月17日，伊朗艺术展在本馆举办，图为展厅一角

2008年，四川大地震发生后，本馆与山东省美术家协会共同举办“大爱无疆——山东省抗震救灾艺术创作展”

2012年9月28日，台湾“新党主席”郁慕明先生观看“《论语》回故里——历代《论语》珍本展”

五、以评促建 助推发展

2004年11月13日，本馆第一次参加文化部全国公共图书馆评估定级，顺利被定级为一级图书馆。

在2009、2013、2017年全国公共图书馆第四、第五和第六次评估定级工作中本馆相继荣膺“国家一级图书馆”称号，在众多方面取得了新成绩、新突破，迈出了新步伐。

2003年2月27—28日，“全省公共图书馆评估定级研讨会”在烟台召开，文化部社会文化图书馆司图书馆处处长张小平做专题报告

2004年11月13日，文化部评估检查组在本馆外借部

本馆工作人员在整理2013年评估所需材料

2017 年 12 月 14 日，评估组莅临本馆开展实地评估督导工作，图为评估组视察地方文献阅览室

六、捐赠义举 福泽千秋

“巍巍高山，积于寸土；浩浩大海，源于涓流”，百年的宏富馆藏与社会各界的厚爱是分不开的。经过几代同仁不懈努力，又承蒙社会各界关爱，大批捐赠图书入藏本馆，从而大大丰富了本馆的文献收藏。百年来的各种大型捐赠可谓举不胜举。

1996年10月，石景宜先生赠书仪式在本馆举行，中为石景宜先生，左为石夫人，右为本馆副馆长肖军

2001 年 3 月，本馆历史文献部工作人员与屈万里先生亲属屈士钊（左）一起查看其捐献的屈万里遗物

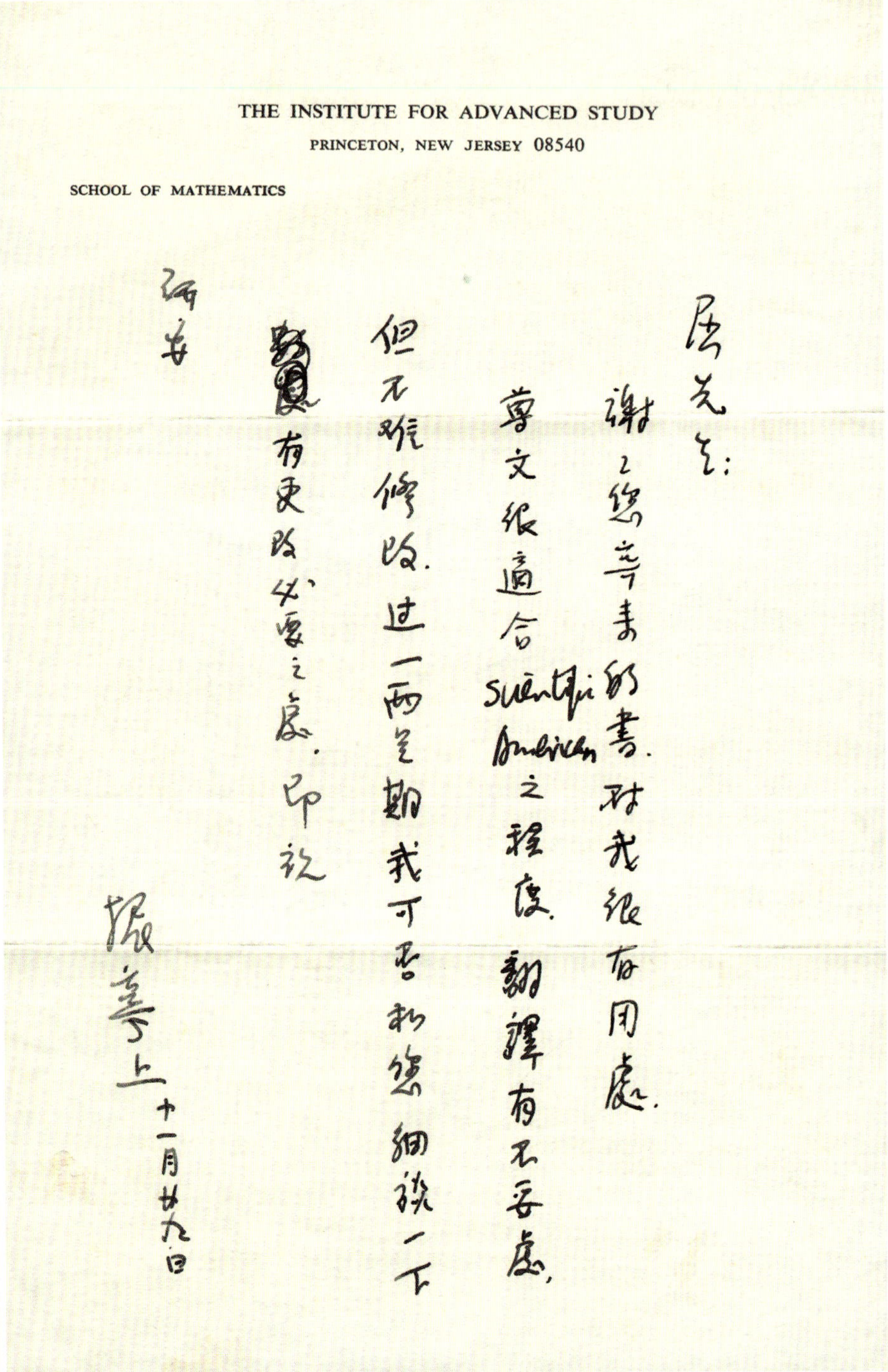

THE INSTITUTE FOR ADVANCED STUDY
PRINCETON, NEW JERSEY 08540

SCHOOL OF MATHEMATICS

屈先生：

谢谢您寄来的書．对我很有用處．

尊文很適合 Scientific American 之程度．翻譯有不妥處，

但不能修改．过一两星期我可否和您细谈一下

[illegible]有更改必要之處．即頌

研安

振寧上 十一月廿九日

杨振宁致屈万里手札

优游
屈万里(1907—1979)，字翼鹏，山东鱼台人.享誉海内外的著
名学者。民国时期先后就职于鱼台县立图书馆、山东省立图书馆、
中央图书馆、中央研究院历史语言研究所。1949年迁往台湾后，
历任台湾大学中文系主任、“国立中央图书馆”馆长、“中央研究
院”院士、“中央研究院历史语言研究所”所长。曾先后赴美国普
林斯顿大学、加拿大多伦多大学、新加坡南洋大学讲学。

屈万里纪念室

2003年1月22日，省委党校原副校长王海天向本馆捐赠党史资料1700余册，图为副馆长赵炳武（左）向王海天先生（右）颁发收藏证书

2003年12月30日，本馆举办地方文献专家座谈会，图为王海天在地方文献资料中心王海天捐赠专架前留影

2004年9月23日，省委宣传部原部长、省人大常委会副主任苗枫林（左）向本馆捐赠图书

2008年1月11日，山东省政协副主席王修智将其编著的《齐鲁历史文化丛书》《山东革命文化丛书》等书籍713册捐赠给本馆

2013年2月4日，本馆老干部王佩玲捐赠图书《古今诗词三种》抄本，
馆长李西宁颁发“收藏证书”

七、对外交流 共谋发展

20世纪80年代以来，日本、澳大利亚、美国、韩国、牙买加等国家和地区的文化代表团和图书馆同仁先后访问本馆，同时本馆也先后派团到美国、日本、澳大利亚等国家和地区考察访问，进行学术交流。通过考察访问，加强了馆际之间的合作与交流，开拓了思路，促进了我省图书馆事业的发展。

2000年6月26日，越南群众文化考察团参观本馆新馆

2003 年 11 月 5 日，澳大利亚南澳州州长麦克·兰恩一行访问本馆

2018年7月4日，牙买加客人访问本馆

2018年9月至2019年1月，“一山一水一圣人——山东省图书馆珍贵文献展”在南澳州州立图书馆开展，本馆馆员现场展示古籍修复、雕版印刷、传拓、书法技艺

第五章 再铸辉煌

Zaizhu Huihuang

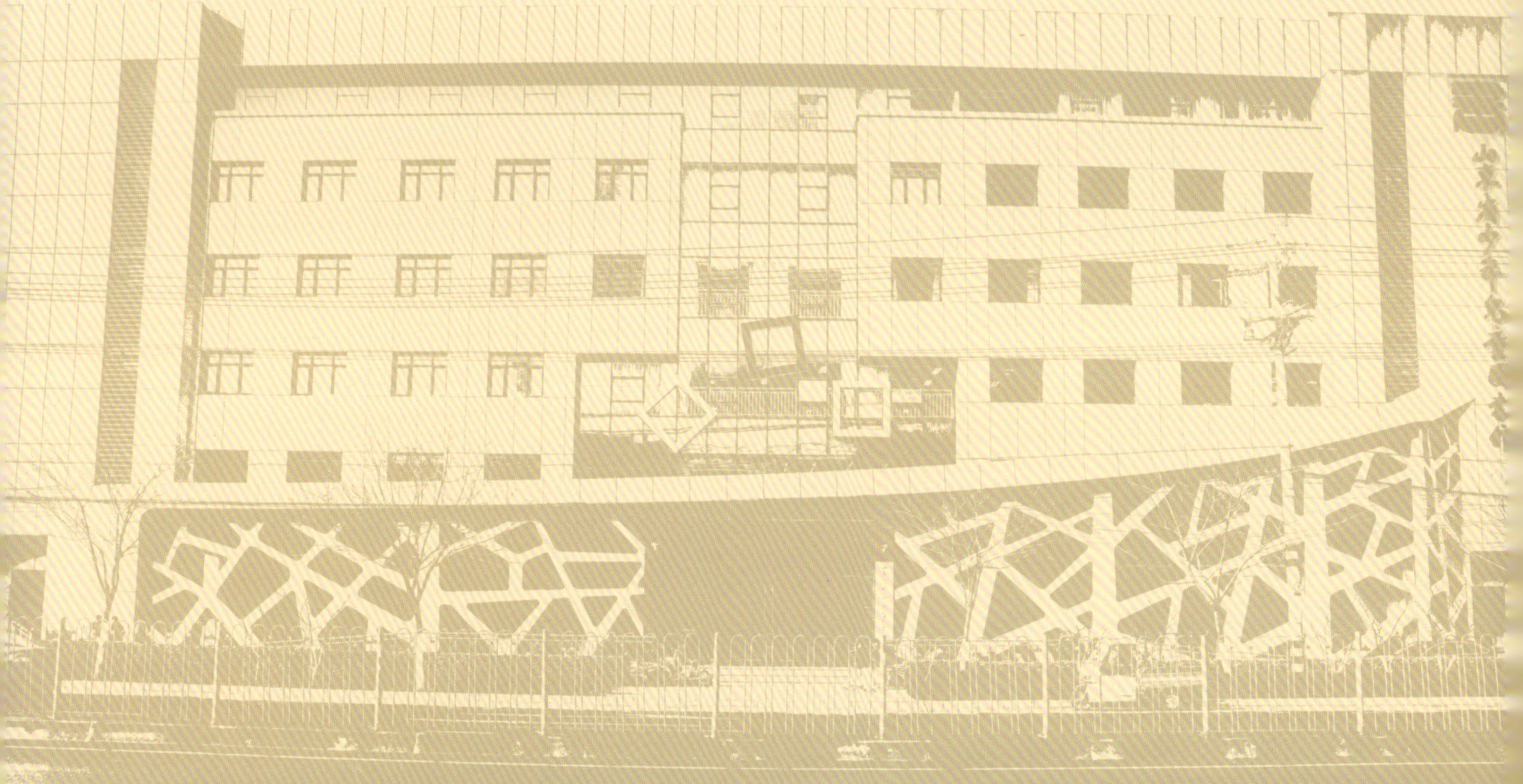

再铸辉煌

Zaizhu
Huihuang

一、科技创新 共享共建

本馆以公共电子阅览室建设、边疆万里数字文化长廊、“光明之家”盲人数字图书馆等重点公共数字文化工程为抓手，大力推进公共数字文化建设，取得了显著成效，成为全国唯一示范省。2013 年 9 月，山东省公共电子阅览室综合管理平台建设获山东省人民政府颁发的首届山东省文化创新奖。

“光明之家”盲人服务

2013 年 4 月 20 日，山东省首个“光明之家·视障数字阅览室”在本馆建成并开始面向全省视障读者提供服务

2018年10月28日，山东省盲人数字阅读推广工程暨光明使者志愿者团队成立仪式在本馆举行。该活动旨在为盲人朋友点燃知识之灯，借助知识的力量，为他们的工作和生活供给正能量。活动现场，“光明之家视障文化服务”微信公众号同步上线

2018年，本馆采购了110余部无障碍电影，并配备了专用无障碍电影播放机，让视障读者也能够和其他人一样“看电影”

海疆数字文化长廊

2015 年 11 月 17 日，边疆万里数字文化长廊建设经验交流会在威海举行

2016 年，“八一节公共文化服务海疆行活动”中，本馆为崆峒岛边防派出所赠送书籍、电子资源等

2018年8月底，馆长刘显世对本省海疆数字文化长廊建设情况进行调研

全省覆盖 服务基层

2006年，山东省文化信息资源共享工程与党员远程教育中心合作共建，实现了山东省全覆盖，为群众提供文化服务

2007年3月24日，央视《焦点访谈》栏目的“共享欢乐”专题详细介绍了山东省文化信息资源共享工程建设

基层群众利用电子阅览室享受到丰富多彩的文化大餐

2009年3月，阳谷县支中心工作人员利用公共电子阅览室无线上网卡向菜农传授蔬菜种植技术

2015年2月，第三支驻利比里亚维和警察防暴队依托文化共享工程开展丰富多彩的警营文化活动，筑基队伍红色灵魂

为了更好地进行共享工程资源建设，本馆成立专业摄制团队，拍摄制作了以地方特色为选题的各类视频资源

2017 年 11 月 30 日至 12 月 1 日，本馆举办山东省公共电子阅览室及公共文化云平台培训班

二、古籍保护 守望文明

为保护祖国珍贵遗产，国家启动“中华古籍保护计划”，2007年10月15日，山东省人民政府下发《关于进一步加强古籍保护工作的意见》，2008年6月7日“山东省古籍保护中心”成立。十余年来，古籍保护工作取得了阶段成果，山东省图书馆（山东省古籍保护中心）先后获得“全国古籍重点保护单位”“国家古籍保护工作先进单位”等六项荣誉。

2007年12月11日，山东省文化厅副厅长李宗伟在全省公共图书馆古籍保护工作会议上讲话，第一期“全省古籍普查培训班”开班

古籍普查现场 1

古籍普查现场 2

2011 年 9 月 24 日，南京大学图书馆古籍部修复专家邱小刚（前排右一）在本馆指导古籍修复工作

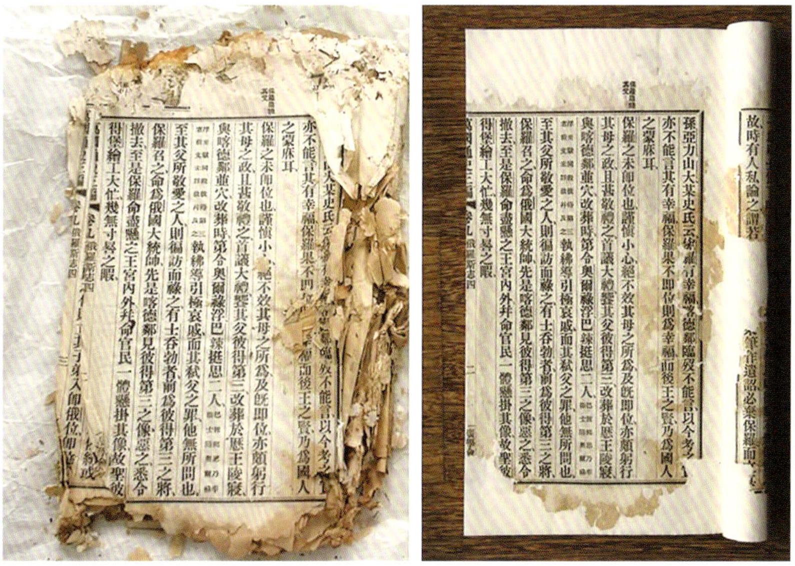

古籍修复前后对比

2014年8月18日，国家图书馆古籍馆研究馆员、国家级非物质文化遗产项目古籍修复传承人杜伟生老师为学员授课

2014年11月26日，国家图书馆副馆长、国家古籍保护中心副主任张志清（左二）向潘美娣老师（左一）颁发传习所指导老师聘书

2012 年 6 月 9 日，本馆举办第一届“品珍鉴奇”民间收藏古籍鉴宝活动

2018 年 7 月 16 日，山东省古籍保护中心主任、山东省图书馆馆长刘显世向“2018 年中华古籍普查文化志愿服务行动·山东行”活动志愿者授旗

2018 年 9 月 9 日至 2019 年 1 月 20 日，“一山一水一圣人——山东珍贵古籍展”在南澳州州立图书馆隆重展出

参观展览的小学生

2012年11月17日，孔子第79代嫡孙、中华大成至圣先师孔子协会会长孔垂长先生（前排左三）、于曰洁女士（前排右四）与山东省古籍保护中心办公室工作人员合影

三、尼山书院 以文化人

为落实习近平总书记视察山东重要讲话精神，充分发挥山东省图书馆在传承文明、教育群众、引领风尚中的重要作用，2014年5月起，山东省图书馆创新推进“图书馆＋书院”模式，按照“六个一”的标准和“五个板块”的内容开办尼山书院，位于本馆大明湖国学分馆，许嘉璐先生被聘为首任尼山书院山长。

2013年3月15日，山东省文化系统率先实施“大师引进工程”，许嘉璐先生被聘为山东省图书馆名誉馆长

2013 年 6 月，许嘉璐先生（左三）视察山东省图书馆大明湖分馆，与馆领导班子合影

2014年5月20日，第三届尼山世界文明论坛首场“明湖高端对话”在本馆大明湖国学分馆举行

2014年9月3日，山东省尼山书院理事会成立大会上，副厅长李国琳代表省文化厅与山东大学儒学高等研究院签署战略协议

尼山书院拓宽服务领域，创新服务方式，通过经典诵读、国学普及、礼乐教化、道德实践、情趣培养等文化体验活动，打造了国学公开课、明湖会讲、国学夏令营、射艺公益课堂等品牌活动，增强了公共文化设施的利用率和对群众的吸引力、凝聚力。

传承经典 普及国学

2014年11月25日，中央民族大学哲学与宗教学学院教授牟钟鉴讲《孔子是中华民族的精神导师》

2017年4月22日，浙江省儒学学会执行会长、知名学者吴光讲《王阳明的生平及其思想主旨》

2018年6月16日，清华大学国学研究院教授陈来讲《朱子其人其学》

强化体验 化育人才

2014 年，国学体验夏令营在府学文庙举行结业式

2015 年 6 月 25 日，读者参观尼山书院抗战受降展

2016 年，尼山书院设古琴公益课，以满足读者需求

2016年6月10日，中央电视台新闻联播以《把传统文化传下去 让国学精粹活起来》为题报道尼山书院

2016年7月17日，孩子们体验木版雕刻印刷

2016年11月26日的“明湖会讲”上，李西宁、黄玉顺、陈寒鸣、李玲、郭萍等学者共同探讨大陆儒学的新创获

2017 年 10 月 27 日，尼山书院主办的第二届全国礼射大会在临沂天上王城景区举办

四、少儿分馆 启迪成长

山东省少年儿童图书馆，位于济南市英雄山路231号，建筑面积近6000平方米，自2016年1月1日起试运行，年接待读者30万人次，是全省最大的专门为0—16岁儿童、青少年及其家长提供文献借阅、阅读推广与指导、教育培训等服务的省级公益性公共文化服务机构。

山东省少年儿童图书馆外景

试运行当日盛况

阅读活动 丰富多彩

山东省少年儿童图书馆以打造“优秀儿童文献资源收藏传播与阅读推广基地、青少年素质教育与实践基地、数字化科技展示与体验基地、中小学生课外文化活动与才艺展示基地”为发展目标，为推动儿童早期阅读、亲子阅读、家庭阅读做出了大量的探索与实践。

“会说话的绘本”之亲子英文绘本沙龙活动中，志愿者 Sherry 老师为孩子们讲读英文绘本

“会说话的绘本”之绘本故事会，故事志愿者为孩子们带来优质的绘本活动

2017年11月26日，少儿馆工作人员为济南安安特殊儿童康复中心的自闭症儿童讲读绘本故事

2018年10月16日，少儿馆工作人员走进一方幼儿园，为小班的小朋友讲读绘本故事

2018 年 5 月 17 日，由少儿馆的小读者组成的绘本戏剧社，经过半年的排练，表演的绘本剧《我的情绪小怪兽》，在舜玉大舞台为社区居民演出

2018 年 7 月，“绘本动起来”绘本戏剧主题活动，妙妙老师以戏剧表演的方式带孩子表演《是谁嗯嗯在我头上》，孩子们放飞自我，投入其中

2013 年 5 月 24 日，少儿馆到济南市章丘区东八井小学送书

2018 年 10 月 31 日，少儿馆到山东省未管所参加育新文化节并送书

五、党群工作 凝心聚力

山东省图书馆不断加强组织建设，认真开展党建工作，为完成各项任务提供坚强有力的思想组织保证。充分发挥工、青、团、妇的生力军和突击队作用，通过开展红红火火的群团工作，增强全馆职工凝聚力，激发干事创业的积极性，营造馆内昂扬奋进的良好氛围。

党建工作

山东省图书馆落实党建责任，加强学习型领导班子建设，扎实推进主题教育活动，党风廉政建设常抓不懈，完善支部建设，巩固基层党建坚强堡垒，充分激发和调动年轻党员干事创业的热情和激情。

2013年8月5日，山东省委常委、宣传部部长孙守刚一行到本馆调研，就党的群众路线教育实践活动召开座谈会，面对面听取省直文化系统、基层文化单位代表意见建议，对省文化厅、省图书馆教育实践活动进行具体指导

2015年6月19日，山东省文化厅副厅长胡上山在本馆为部分单位党员领导干部讲授以《认真学习“三严三实”、自觉践行“三严三实”》为题的专题党课

2016 年 3 月 25 日，本馆党员代表参加省文化厅直属机关第七次党员代表大会

2016年6月21日，山东省文化厅副巡视员付俊海到本馆督导“两学一做”学习教育开展情况

2017 年 3 月 6 日，山东省图书馆召开 2017 年党风廉政建设工作会议

2018年12月19日，本馆党委书记、馆长刘显世带领馆党委班子来到山东书城参观以“勇立潮头走在前列”为主题的山东省庆祝改革开放40周年主题摄影展

2016 年 7 月 6 日，本馆第一党支部和第三党支部党员参观沂蒙红嫂纪念馆

2018年11月1日，本馆第二党支部深入燕山街道和平北社区开展“党员进社区，书香暖人心”主题党日活动，图为党员在养老中心整理内务

2018 年 10 月 29 日至 30 日，本馆党委开展“参与安全出行，助力文明交通”志愿服务行动，组织本馆志愿服务队到济南市二环东路和山大北路路口协助交通管理，维持交通秩序

工会工作

2015年，山东省图书馆在省直文化系统率先改选工会组织，由分管副馆长兼任工会主席，组建文体兴趣小组，举办职工读书会、技能大赛、棋牌赛等活动，营造团结活泼、凝心聚力的良好氛围。

2017年本馆春节联欢会，馆领导与部分演出人员合影

2018 年 7 月 17 日，馆工会组织职工义务献血

2018年9月，本馆参加第十一届省直文化系统运动会，获得团体总分第三名、“精神文明奖”和“优秀组织奖”等三个奖项

2018 年职工技能大赛

共青团工作

山东省图书馆团总支高度重视青年的理想信念教育和思想道德建设，开展“青年志愿者”创建活动。以共青团员为主力的中文图书外借部连续多年被评为省级“青年文明号”。

2015 年 5 月 14 日，全体团员宣誓

2017 年 1 月 17 日，本馆“青年文明号”一行走进黄集乡，向当地贫困青少年捐赠书包、文具、精选图书和御寒衣物等

青年团员自编自演的影子戏《图书馆员》参加省直文明单位第八协作区2018“不忘初心、牢记使命”迎七一文艺汇演

2018 年 4 月 10 日，馆党委书记、馆长刘显世给团员讲团课

妇女工作

山东省图书馆妇委会不断加强组织和制度建设，通过开展讲座、集体参观学习、技能培训、关心慰问等方式，激发女职工干事创业的积极性，提高女职工工作能力和艺术修养，增强女职工的幸福感、获得感和归属感。

2016年三八节前夕，妇委会组织女工学习衍纸画，丰富女工精神生活

2017 年本馆春节联欢会，妇委会组织女工表演旗袍秀

2018年7月，本馆妇委会联合尼山书院承办省妇联主办的“爱·圆梦泉城——关爱农村困境儿童行动”公益夏令营活动

本馆妇委会代表探望生育女职工

六、不忘初心 砥砺前行

山东省图书馆致力于打造提供公共文化服务的重要窗口，推进全民阅读、提升公民文明素质的重要阵地，传承中华优秀传统文化、“让古籍里的文字活起来”的现代书院，提升理论学术水平、促进文明薪火相传的思想重镇。多项工作走在全国同行业前列。

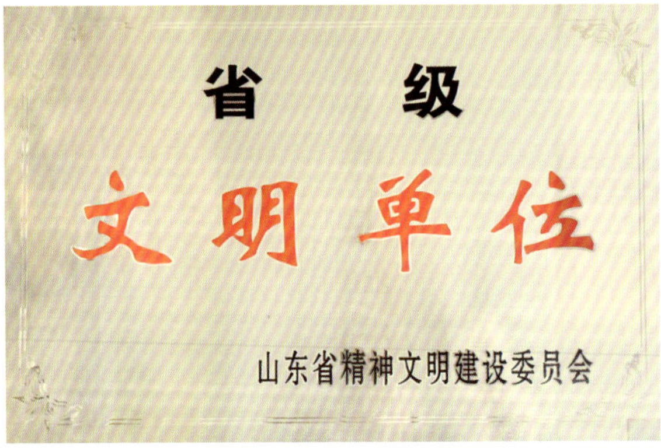

省级精神文明单位

巾帼文明示范岗

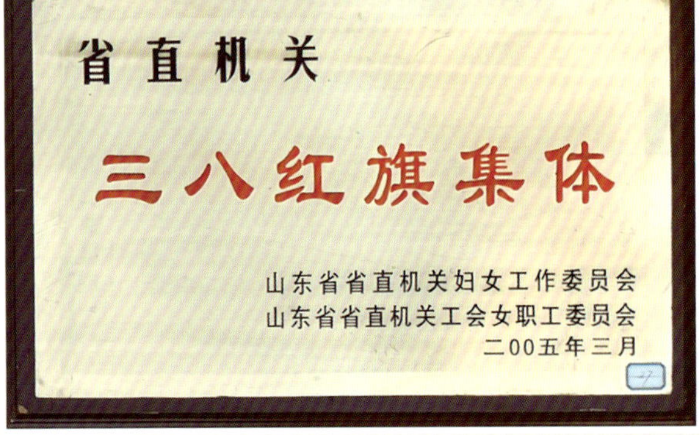

三八红旗集体

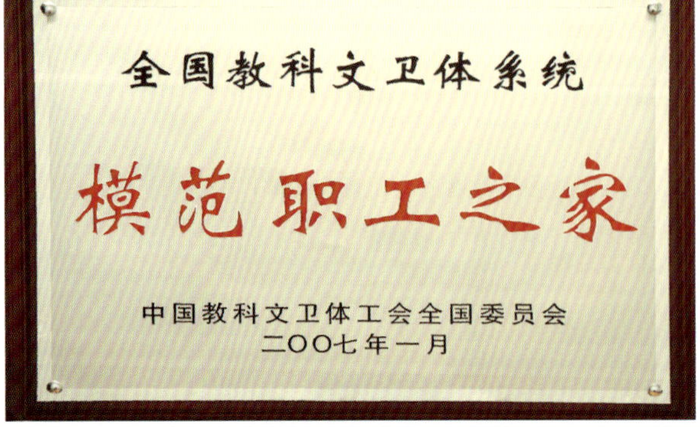

模范职工之家

群星奖

第三届文化部创新奖

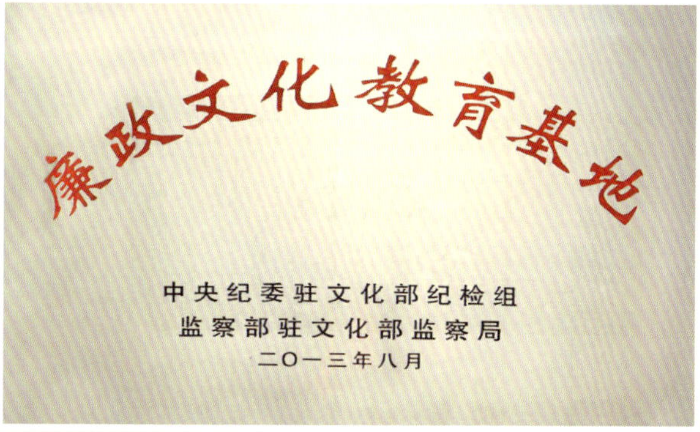

廉政文化教育基地

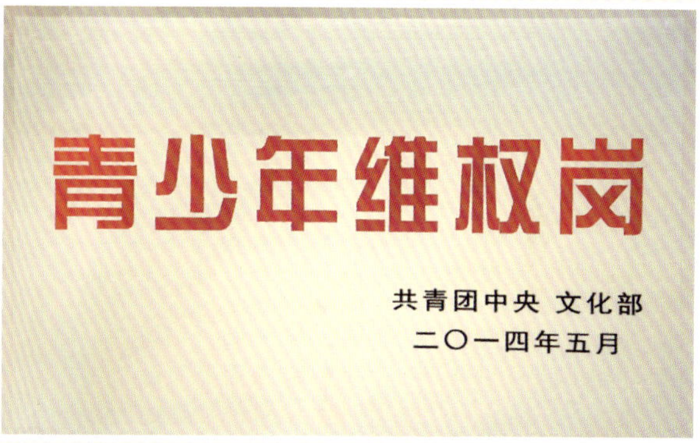

青少年维权岗

山东省五四红旗团支部

山东省关心下一代教育基地

第二届山东省文化创新奖

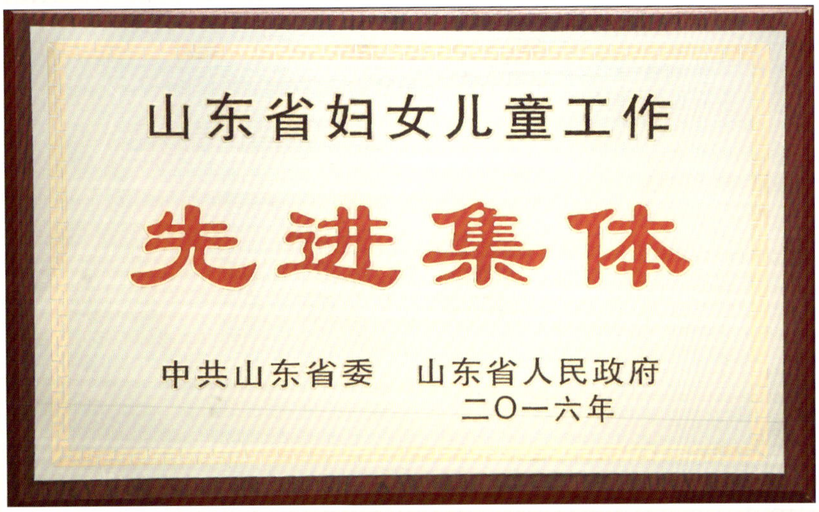

先进集体

敬老文明号

2020 年，山东省图书馆领导班子

2020 年 7 月 6 日，山东省图书馆全体工作人员合影

山东省图书馆全体工作人员合影名册

2020年7月6日

第七排	黄小峰	樊伟	孙鹏	牟南水	谢雨	李栋	李尧	刘斐	刘新勇	陈浩	孟宪刚	于博	陈帅	成纪君	纪超	张志国	周浩	田东方	刘国梁	王国庆	王珂	王振	刘军	宋仪品	张冠武	刘磊	辛镜之	任维旭	韩雷	刘曜檀			
第六排	宋林	王学昊	鲁巍伟	田昕承	张晓辉	王玮	吕晓吾	李关勇	韩热	赖大邃	冯大庆	鹿贺	于竹军	任蒙	王增增	周韬	王斌	李继海	周宁	张永恒	高永生	吴建彬	李磊	朱男	徐泳	刘阳	李鑫	万广	王彬	白兴勇			
第五排	季玲	王瑜潇	李江	刘昕凤	苏丽	包玉	谭怡	戚露露	马清源	朱军	韩杰	孙跃	付景收	高峰	于晓峰	胡兵	王立国	贾闯	陈可生	王阳阳	孙进	蔡廷建	张方文	张莎莎	李晓婷	王萌	刘晓倩	崔维梅	刘菲菲	陈玉强			
第四排	吕俊平	赵巧云	蔡郁	唐桂艳	王慧	仲海燕	徐宏伟	肖芙蓉	申志文	孙慧云	郎秀丽	杨洁	毕晓乐	翟晓乐	张丽叶	孙卿	马杰	孟姗姗	马兰芳	石晖	张海梅	姜璐	尚红梅	秦鑫鑫	司玉芹	王喜玲	刘芸	李洪梅	张昳琛	郭丽娜	任静	杨娜	党安柳
第三排	弭希苒	聂洁梅	孙茜	蔡小晶	公瑾	焦雅慧	陆健	郃庭柳	江寰	侯妍妍	周争艳	王小溪	张灵慧	王玲环	丁晶莹	王建萍	王保平	夏福莉	刘雁	王妮	王孟媛	朱冬梅	王辰玮	孙美霞	董智慧	方钦玲	赵葳	孙爱秀	叶蕊	杜庆俊	宋媞	孙晓明	隋冬
第二排	刘婷婷	王轩	王力文	张秋菊	雷辉	马安宁	宿晓晓	陈霞	王一涵	谷傲	宋卓然	李翠翠	王璐	张茜	朱莉	王易	许天骄	杨林玫	邱芙蓉	张晓梅	胡培培	张逸洁	张珺	赵素素	刘欣艺	黄萱	陈瑛	丁红	于晓燕	高天磊	杨红		
第一排	张铁柱	李超	孙振东	吴金敦	杜云虹	林卫东	于青	韩淑举	王玉梅	吕承睿	刘显世	李西宁	周玉山	周兵	陶嘉今	孙延清	韩真	常安军	孙绍俊	王文刚	金晓东												

附录

Fulu

附 录

Fulu

附录一

山东省图书馆大事记

光绪三十一年（1905 年）

11 月，宋恕上书山东巡抚杨士骧，提出了建设“海岱大图书馆”和在大明湖畔“宜设阅报室”的设想。

光绪三十四年（1908 年）

年底，山东提学使罗正钧上书巡抚袁树勋，力陈创办图书馆的必要性，并提出了可行性方案。

宣统元年（1909 年）

农历正月二十五日，山东巡抚袁树勋上《奏东省创建图书馆并附设金石保存所以开民智而保国粹折》。

二月二十日，朱批“学部知道”。

三月二十日，山东提学使罗正钧主持在大明湖西南隅（今大明湖公园遐园）依宁波天一阁旧制兴建图书馆。

九月二日，荣成孙葆田撰《山东创建图书馆记》。

九月，图书馆工程竣工。主要建筑有海岳楼、宏雅阁等，罗正钧题额曰“遐园”。

十二月十三日，《山东官报》第 32 期公布《山东图书馆章程》。

十二月十六日，图书馆落成，山东巡抚孙宝琦题写馆名“山东图书馆”。安徽歙县张百城出任第一任坐办。

十二月二十日，《山东官报》第 33 期公布《山东图书馆附设金石保存所暂行章程》。

宣统二年（1910 年）

六月，保厘东主持于馆西偏北建筑博物馆。

八月，抚部院批译学馆学生王英俌禀遵故父命将所藏书籍捐入图书馆，共 164 种。

十月，博物馆落成，“购集博物标本、理化器械及各种动物，分别布置”。

宣统三年（1911年）

是年，保厘东编纂成本馆第一部书本式目录——《山东图书馆辛亥年藏书目录》，收书9.1万卷。

1912年

是年，《山东图书馆辛亥年藏书目录》由本馆石印出版。

1913年

7月，时任山东行政公署内务司科长姚鹏图主持将旧藩库所藏铜器、磁器、玉器、书画全部移交本馆。

9月，改为馆长制，光绪癸卯科状元潍县王寿彭任馆长。

是年，岱北观察使夏继泉以沾化古刹经典1872册送馆。

1914年

3月，安徽歙县刘宝泰继任馆长。

8月，接受山东高等学堂图书110箱及山东通志局征求之本省县志府志若干。

9月20日，黄炎培参观本馆及附设的博物馆。

1915年

冬，改称“山东公立图书馆”。

1916年

4月，南通袁绍昂编成《山东图书馆重编书目》。分经、史、子、集、丛书、科学、别录、山东艺文八类九卷，共收书13万卷。

8月11日，《山东图书馆章程》1册及藏书目录8册报送教育部备案。

11月12日，教育部“咨各省区请通饬各省县图书馆……亟宜参照山东图书馆办法，于本地艺文刊本广为搜集，即未出版者，亦宜设法借抄藏庋”。

1917年

1月，印行《山东图书馆重编书目》。

10月，刘宝泰去职，莒县庄陔兰继任馆长。

1918年

3月，教育部公布《中国全国图书馆调查表》，本馆藏汉文书籍103472卷，日文书籍

626册，西文书籍432册，每季阅览人数1600余人。

是年，滕县陈名豫、胶县赵文运先后任馆长职。

1920年

2月9日，日照丁麟年来馆主事。

1922年

7月，山东历史博物展览会在本馆开展。蔡元培、梁启超、胡适、陶行知、黄炎培、张伯苓等名人到会参观。

1925年

6月7日，山东教育界同仁组织成立图书馆协会。丁麟年任理事。

6月8日，美国图书馆学专家鲍士伟在济南考察。下午在馆内与本地教育界人士举行公宴并进行交流。

1928年

3月，接收政府移交马惠阶家藏书籍286种6875册，内有宋元旧椠以及抄校善本三四十种，为本馆收藏善本之始。

5月，济南发生“五三”惨案。日军炮火横飞，本馆损失惨重，馆藏中西文书籍仅剩62770册。

1929年

夏，改称“山东省立图书馆”，隶属于省教育厅。

8月2日，日照王献唐任馆长。

8—12月，进行全面整顿工作，清查馆藏书籍、字画、古物，按类归架；修缮房屋，设置三个阅览室、四个展室。

11月18—25日，在王献唐带领下，“海源阁藏书清查委员会”去聊城检视海源阁劫余书籍。

1930年

1月1日，重新对外开放。

1月，“山东省名胜古迹古物保存委员会”成立，王献唐任委员。

3月18日，“山东图书馆协会”成立，会址设在本馆内，本馆被推选为常务委员。

4月18日，山东图书馆协会在本馆举行成立大会，王献唐任主席。

4月，“山东全省图书委员会”成立，聘请蔡元培、傅斯年、袁同礼、何思源、王献唐等为委员。

3—4月，拟定本馆起运及代为保管海源阁书籍办法。

3—5月，收得滕县、泰安等地汉画像石35方。

7月20日，晋军占济，赵正印接收本馆，王献唐卸职。

8月20日，王献唐重新执掌本馆工作。

9月，省政府会议决定拨付30余万元作为“山东全省图书委员会”之基金。

11月7日—12月12日，参与中央研究院历史语言研究所城子崖龙山文化遗址发掘。

12月26日至月底，海源阁杨氏将50余箱劫余藏书运往济南，存于东兴里杨氏所置宅内。

12月，馆长王献唐与海源阁主人商洽，拟定将其藏书入馆办法。

是年，山东省政府指令，准予本馆免收阅览费。

1931年

3月，《山东省立图书馆季刊》创刊，出版第1集第1期。

1—3月，拟定购藏海源阁书籍协议大纲。

5—6月，潍县高氏秦汉砖瓦，售于日人，本馆急谋挽救，经省教育厅电请青岛市政府严查扣留，派员交涉，运抵本馆金石保存所收藏。

7月，举办“秦汉砖瓦展览会”（首日参观者数万人）和“善本图书展览会”。编印《砖瓦图书为甚么要开会展览？》《到图书馆去！》等小册子，呼吁民众“共同努力，为自己中华民族的文化图生存、谋发展”。

1932年

1月，创办罗泉楼、汉画堂。

9月，购得潍县陈氏藏砖瓦石刻等藏品。

秋，史学家吕振羽来本馆参观馆藏历代出土文物。

是年，王献唐与本馆编藏部同仁合力完成《山东省立图书馆图书分类法》。

是年，接受河南扶沟柳堂藏书1033种14674册。

1933年

8月，编印《山东省立图书馆概况》。

同月，购得蔡邕书一字石经，唐人写本《鹖冠子》，海源阁藏《经典释文》。

1934年

3月，开始筹建新的藏书楼——奎虚书藏。

10月12日，上海中国国际图书馆主办世界图书馆展览会，本馆参与。

11月21日，“山东省立图书馆藏书楼建筑委员会”成立。

1935 年

10 月，奎虚书藏竣工，傅增湘署额。

1936 年

10 月，《济南市政统计》刊载山东省立图书馆 1934 年度阅书阅报人数按职业分类统计表和每月份合计人数统计表。

12 月 13 日，举行奎虚书藏落成典礼，并出版《山东省立图书馆季刊》第 1 集第 2 期《奎虚书藏落成纪念专集》。

1937 年

9 月，《山东省立图书馆善本书目甲编》编成。

10 月 12 日，因抗战爆发，华北危急，王献唐将馆藏善本、古物及书画装成 10 巨箱，派编藏部主任屈万里、工人李义贵历四日运抵曲阜大成至圣先师奉祀官府保存。

10 月 23 日，将书籍 2 箱运往曲阜。

12 月 20 日，将书籍、古物 19 箱运往曲阜。

12 月 27 日，从第一次所运 10 箱书籍中选其半南下，其余留大成至圣先师奉祀官府。

同日，日军侵占济南，山东省立图书馆于此前后惨遭焚劫。玉佩桥以东的海岳楼、宏雅阁等建筑全部焚毁，绝大部分书籍荡然无存。

1938 年

5 月，日伪政府拆除本馆破屋颓垣，修葺所余房舍，并搜集图书，派教育厅科员程仲宏担任本馆管理员，馆内暂分保管、阅览、陈列三部。

6 月 20 日，伪教育厅科员袁惠亭到本馆查看，布告各界收回本馆失物办法。

6 月 29 日，袁惠亭会同程仲宏前赴维持会、警察局点收所存古书 876 种及文庙祭品，运回本馆保存。

7 月，组织图书古物审查委员会，聘于丹绂等 7 人为委员，皆为义务职，审查本馆搜集的散佚图书，并拟购新书。

11 月 24 日，王献唐、屈万里、李义贵三人载书播迁，行程凡 7000 余里，终将图书、文物存放乐山大佛寺天后宫中。

1939 年

3 月，日伪政府拟修复本馆并建抱璧堂，提请省政第十九次会议审批，照案通过。

9 月 19 日，辛铸九被任命为馆长。

9 月 25 日，重新对外开放。

5—9 月，于海岳楼旧址改建抱璧堂。

9 月，汉画堂、罗泉楼、古物陈列室等各处门窗安置齐全，普通阅览室及报刊室实行开放阅览。

10 月 20 日，《山东省公报》第 11 期公布由 9 月 29 日伪省政第七十六次会议通过的《山东省立图书馆整理委员会组织规则》，共 12 条。

10 月，梁咸中验收新建的抱璧堂。

12 月 20 日，伪山东省立图书馆委员会召开成立大会，并举行第一次会议。

1940 年

3 月 28 日，伪山东省立图书馆委员会召开第三次会议，议决选购图书、金石等六件。

3 月 31 日，《文教月刊》第 1 卷第 3 期载《山东省立图书馆委员会组织规则》，并委员会名单、职员名单。

3 月，伪教育厅派督学王惠如、指导员袁惠亭到馆整理前济南乡村师范学校运送本馆收存的 12 箱书籍，该批书籍原寄存于本市洪家楼天主堂内。

1941 年

11 月 11 日，修正《山东省立图书馆组织暂行规则》。

12 月 27 日，修正《山东省立图书馆委员会组织规则》。

1942 年

6 月 20 日，接收齐鲁大学图书馆运至本馆保存的书籍，并接收齐鲁大学图书馆职员。

是年，购得安刻书谱原石 28 方，并建碑亭存放。

1943 年

9 月，举办奖学助赈书画古物展览会。

1944 年

是年，辛铸九、苗兰亭、张蔚斋募集巨款 300 万元买下聊城海源阁古籍 50 箱，藏于道德总社楼上。

1945 年

9 月，国民党军队进入济南，把“山东挺进军前进指挥部”设在本馆。

10 月，李延年来济，本馆成为国民军第十一战区副长官部，工作人员不得在馆内办公，只好寄居在民众教育馆。

同月，山东省政府政务厅任命罗象临代理本馆馆长。

12月27日，济南、青岛、德州地区受降典礼在本馆大阅览室举行，日本细川忠康中将偕其高级参谋来降。

1946年

2月，副长官部撤除，本馆又成为国民党联勤总部第四兵站总监部的104号仓库，所有楼下各室均满贮危险物品，门禁森严。济南解放之前，未再开馆。

同月，要求将党政接收委员会所有接收书籍古物等物件拨归本馆保存，并获通过。

3月11日，请求归还班荆里书籍。

5月，奉教育厅令将齐鲁大学存放本馆之书悉数归还，腾出书架，拟陈列海源阁书。归还齐鲁大学中文书籍89473册。

初夏，接收由辛铸九、苗兰亭、张蔚斋捐赠的海源阁藏书。

8月，海源阁书籍点查完毕，共32000余册。

同月，编辑《海源阁善本书目》及《海源阁善本书选志》，两个多月后编成。

是年，整理日侨遗济文物，共计书籍4395册，其他仪器古物标本等56种。

1947年

1—6月，购置书籍27种563册及山水画一轴，王筠著述书版10种333片；又购得丁以诚绘“袁简斋先生小像”及朱彝尊《烟雨归耕图》各一轴。

4月，王献唐为本馆所存曲阜大成至圣先师奉祀官府之图书字画古物致山东省政府教育厅函，厅长李泰华回函。

1948年

2月15日，点查海源阁书籍，计2300余种32236册。其中善本书590余种10068册；普通本1700余种22168册。善本书以明本最多，清本次之，其余为元本及抄本；普通本则清本居多，明本、抄本次之。

9月24日，济南解放，本馆被文管会接收。流泽等军代表主管本馆。

1949年

3月20日，正式开馆，同时开放4个阅览室。

4月5日，在南关劝业场开辟第二阅览室。

4月20日，在天桥区商埠开辟第三阅览室。

7月，组织读书小组，至12月共发展478个小组，2669人。

同月，组织编写《山东省立图书馆图书分类新法》。

1950年

1月，《山东省立图书馆图书分类新法》（草稿）（简称《山东法》）出油印本，这是中华人民共和国成立之初编制最早的图书分类法之一。

3月，开展“爱护图书运动月”宣传活动。

4月，在皇亭开辟第四阅览室。

12月25日，保存川中的图书，文物完璧归里，王献唐受到文化部表彰。

是年，济南市七家村祁蕴璞家属将祁先生治学所遗中外文史地参考书籍1736册及地图11份全部捐赠给本馆。

1951年

1月10日，停止借书。进行馆藏清点，至2月4日清点完毕。

1月，开始编印《全国主要期刊重要资料索引》，初为油印，从第8期起改为铅印。

同月，《山东省立图书馆图书分类新法》（修订本）铅印出版。

2月，创建集体借书阅览站。

10—11月，编制外文著者统一译名表。

1952年

11月，推行爱国主义工作竞赛运动。

下半年，撤销馆外设立的三个阅览室，在借书室附设工农文库。

是年，改称“山东省图书馆”，隶属山东省人民政府文化事业管理局。

是年，阅览室开始按职业发阅览牌，用卡片盒介绍新书，实行直线形书码。

1953年

1月，组织农村、工厂两个临时工作组调查创建阅览站的经验，协助工农群众建立阅览站。

春，编辑《山东省图书馆馆刊》，并起草编辑委员会及图书审查委员会工作简则。

4月，编辑《图书馆工作简讯》第1期，推广农村阅览工作经验。

5月，试验建立两个无人管理阅览站。

7月下旬，实行休息日开放阅览制度。

1954年

4月，文化部派员来馆视察工作。

6月，在5451工地建立图书室，至9月底共举办工地露天阅览68次，读者4031人；建立读书小组127个，读者1235人；建立工地阅览站32处，读者3176人。

9月，因奎虚书藏续建工程施工，普通阅览室及儿童阅览室暂停阅览。

10月25日—11月4日，文化部图书馆工作人员培训班来馆参观。

10月，内部交流刊物《工作与学习》创刊。

年底，奎虚书藏续建工程完工，新增加建筑面积664平方米，设置报纸杂志阅览室、科学技术阅览室和普通阅览室。

是年，首次向读者推行本馆编制的读书计划。

是年，开始地方性参考资料的辑录工作，如《山东省的矿产》等。

1955 年

1月，普通阅览室实行闭架阅览，并另开辟报刊阅览室。

春，组织召开济南市公共图书馆、铁路工会图书馆及大专院校图书馆会议，研究加强联系、改进工作的问题，并成立联合学习的组织。

5月，普通阅览室、报刊阅览室和借书室实行夜间开放，闭馆时间推迟至晚上8时半。

8月，普通阅览室、儿童阅览室、报刊阅览室普遍实行读者登记持证阅览制度。

同月，实行检索分类卡、填索书单查找图书的办法。

同月，终止《全国主要期刊重要资料索引》（已编辑18期）的编印工作，转交上海图书馆编印。

12月，编辑《山东省图书馆读书计划》。

1956 年

春，采编工作采用简化汉字，制定了《简化汉字四角号码排列表》。

夏，对现行分类法体系进行修订，把马克思列宁主义著作作为单独一类列于各类之首，把综合性的“总类”移到最末位（000类）。

夏，报刊阅览工作由开架改为闭架。

6月，举行“欢迎儿童读者月”活动。

8月，开辟科学研究室和科学阅览室，建立辅助书库。

秋，积压8年的旧书50余万册整理完毕。

10月9日，沈从文和余庠来到本馆，拜访了副馆长宋景周。

是年，制定《山东省图书馆图书外借办法》及《山东省图书馆室内阅览办法》。

1957 年

2月14日，制定《山东省图书馆馆际互借试行办法》。

4月28日，山东省图书馆工作、业务学习委员会创办《业务学通记》。

是年，《业务参考资料》创刊。

是年，北京大学在本馆设立了函授工作站，开设图书馆学专业，进行函授工作。

1958 年

2月，蔡放同志任馆长。

6月，接受海源阁第四代主人杨承训捐献的海源阁文物及文献资料37种85件。

是年，在“大跃进”的影响下，实行开门办馆，主动把书送到厂矿、农村去。

1959年

春，协助济南与淄博举办公社图书管理人员训练班。

4月30日，《好馆员》创刊出版。

1960年

3月，至各县市征集毛泽东主席著作早期版本及革命文献。

5月，北京大学图书馆学系山东实习队来本馆实习。

同月，进行本馆读者读书效果调查活动。

6月，山东省县市图书馆训练班结业。

1961年

8月，梁度世同志任馆长。

是年，《业务参考资料》停刊。

1962年

8月，杨敬夫捐赠海源阁文物37种85件，入藏本馆。

同月，制定《山东省图书馆各项规章制度》。

12月，阅览部制定《山东省图书馆编目规则》。

是年，路大荒先生的《蒲松龄集》由上海中华书局出版。

是年，对古籍大书库及外借书库藏书进行清点，共计：大书库藏书98900种332377册，外借书库藏书49068种79350册。

1963年

11月11日，举办本省县市图书馆及部分文化馆馆长训练班，为期两个月。

1964年

5月，组织人员去天津图书馆参观学习。

9月，李笃忱同志任馆长。

1965年

10月，携带中、外文图书深入淄博厂矿，进行展览借阅。

是年，编写《农村图书室管理员手册》《业务参考资料》《怎样办农村图书室》等辅导材料。

1966 年

是年，外借工作停止。

1969 年

是年，为了搞“备战演习”，部分人员与图书转移到邹平县的董家。

1970 年

是年，为了搞“备战演习”，部分人员与图书疏散到齐河县的华店。

1971 年

7 月 1 日，外借、阅览部门正式发证恢复开放。

11 月，改为法定休息日（星期日）上班、轮流休息的工作制度。

是年，为了搞“备战演习”，部分人员携图书拉练到长清、泰安、肥城等县。

1972 年

1 月 18 日，改变机构编制，设立五个组：办事组、采编组、阅览组、借书组（儿童借书在内）、宣传联络组。

5 月，创办业务资料《图书工作情况交流》，上半年印发两期。

是年，书库楼开始动工。

1973 年

10 月 22 日—11 月 22 日，举办地市县图书馆（室）干部业务学习班。

10 月，编印《怎样办好农村图书室》一书。

是年，受“文革”影响，对当时认为没有参考价值的连环画、中华人民共和国成立前的儿童读物、陈旧课本、基督教的宣传小册子等，报领导批准，作为废纸送造纸厂销毁。

1974 年

是年，书库楼投入使用。

11 月，刘健飞同志任馆长。

1975 年

6 月，讨论关于改用《中国图书馆图书分类法》（以下简称《中图法》）（第一版）的计划。

是年，33 位同志两次深入梁山、泰安等地进行业务辅导，帮助筹建图书馆。

1976 年

5 月 25 日，山东省图书馆工作经验交流会在泰安召开，参加会议的有全省各市、县图书馆的代表共 94 人。

8 月，改用《中图法》分编图书，组织全馆同志认真学习该分类法。

1977 年

春，卢松安将平生所藏 980 余种 1064 部 3534 册易庐易藏书籍捐赠给本馆。

6—7 月，11—12 月，分别在掖县、惠民、茌平、兖州分四片举办了推广《中图法》学习班。

8 月 12—18 日，召集济南、青岛、淄博等 8 个县市图书馆座谈，形成了“关于山东省县市图书馆使用《中图法》的意见”。

10 月中旬，开始对报刊库、中外文书库和工作室进行调整。

是年，在阅览室建立中文新书版本书库，在借书室分设社科图书、科技图书两个服务窗口。

是年，为了保证馆藏质量，提存受“四人帮”影响的书籍 1726 种。

1978 年

5 月 21 日，举办全省善本古籍编目工作会议。

7 月，举办全省古籍整理培训班。

10 月，派人到全省各地进行善本书普查。

年底，提交《山东省图书馆新建阅览楼设计任务书》，并由省文化局向省计委上报了《扩建省图书馆阅览楼的报告》。

是年，制定《山东省图书馆中文图书采购条例》。

是年，制定《山东省图书馆中文书刊采购标准》。

1979 年

6 月 19 日，山东省图书馆学会正式成立，并召开第一次科学讨论会。

6 月 21 日，山东省文化局批转省委宣传部同意“成立山东省图书馆学会的请求报告”的批文。

夏，“易庐易藏”接收入馆，本馆成为海内外易籍的最大收藏单位。

9 月 18 日，山东省图书馆学会理事会通过《山东省图书馆学会章程》。

是年，决定将图书馆服务重点转移到为科学研究服务方面来，确定 17 个重点科研项目为服务重点，增发“重点科研项目借书证”。

是年，文化部部长沈雁冰为本馆题写馆名“山东省图书馆”，署名“沈雁冰”。

是年，专设业务秘书，增设书目参考部、特藏部，扩大外文阅览阵地，开辟科技借书处。

是年，延长开放时间，由每周开放40个小时延长至48个小时，除星期二、四下午学习外，做到了全周天天开放。

是年，本馆主持的古籍善本编目的全省普查工作基本结束，著录工作全面展开，特藏部编辑出版《山东省古籍善本联合目录》（甲编），收录善本947部。

1980年

1月16日—3月底，借书室换发中文借书证，实行押金办证借阅。

3月，开办武汉大学图书馆学系山东函授站。

7月22—25日，山东省图书馆学会举行第二次科学讨论会。

11月，协助省文化局主持召开了全省42县市图书馆馆长工作学习座谈会。

是年，对部室机构进行调整，设六部、一室、一厂。

1981年

1月，本馆主编的《社会主义精神文明文献索引》创刊。

9月，《山东图书馆季刊》创刊，由本馆与山东省图书馆学会联合主办。

同月，综合阅览楼工程正式开工。

10月，建立山东方志专藏，编印《山东省地方志联合目录》。

是年，建立图书馆学资料室，收藏期刊40种，图书500册。

是年，恢复古籍修复工作。

1982年

3月，举办以“五讲四美”为中心内容的文明礼貌月活动，阅览部制定了《文明服务公约》。

6月22—28日，山东省图书馆学会召开第二次会员代表大会暨第三次科学讨论会。

年底，完成《中国古籍善本书目》我省部分的丛书、经部的校核工作。

1983年

3月，首次进行职称评定工作。

5—6月，举办全省图书馆专业干部业务研讨会两次，共有72名基层图书馆业务骨干参加。

8月，综合阅览楼工程竣工。

9月1—7日，参加华东地区六省一市图书馆协作会议，参与制定《华东地区省级图书馆协作会简章》。

10月4—7日，与山东省图书馆学会在济南联合召开关于使用《中图法》的座谈会。

1984年

9月3日，综合阅览楼搬迁工作完成，正式对读者开放。

9月，建立文献缩微复制室。

10月，王佑臣同志任馆长。

1985年

1月26—30日，山东省图书馆学会在青岛召开图书馆改革研讨会。

3月28日，馆党支部改为党总支，下设两个支部。

3月，调整组织机构，部室扩充为13个，即：采编部、阅览部、报刊部、外文部、图书保管部、书目参考部、特藏部、业务辅导部、图书馆学研究室、缩微复制部、办公室、人事保卫科、印刷厂。

5月，声像资料室成立。

是年，开始采用《〈中国图书馆图书分类法〉期刊分类表》对中文期刊进行分类，取消了传统的四角号码排架法。

1986年

3月，中文图书总目录室建成开放，囊括了1949年后的全部中文图书卡片目录。

6月24—28日，山东省图书馆学会在济南召开第三次代表大会暨第四次科学讨论会。

7月27日—8月初，美籍华人、美国哥伦比亚特区大学图书馆高级编目部主任沈已尧在本馆就图书馆的现代化问题作学术报告。

12月1—3日，山东省首届市（地）县公共图书馆业务竞赛在本馆举办。

是年，中文现刊阅览室正式对外开放，并实行开架阅览。

是年，特藏部开始对“易庐易藏”图书进行分编整理。

1987年

2月，阅览部第二借书室文学教育类图书7万余册实行开架借阅。

同月，中文期刊开始提供外借服务。

9月27日—10月11日，馆长王佑臣受文化部图书馆事业管理局派遣，赴英国考察访问，进行学术交流。

9月，外文部研制的《科技文献收集与服务》获得1987年省科学技术进步三等奖。

12月25—27日，全省公共图书馆工作会议在济南召开。

是年，古籍编目采用新的《古籍著录规则》。

1988年

8月，引进微机设备，与山东大学计算机系合作研制开发业务自动化管理系统，并于年内完成《外文书刊计算机管理系统》，获得1988年度山东省文化厅科技进步二等奖。

12月中旬，与山东大学图书馆学系联合举办首届图书馆学高等教育“专业证书”教学班。

年底，本馆大型图书馆自动化管理系统项目被列入山东省1989年科技计划项目。

是年，海源阁藏书2260种32000余册全部按《〈全国古籍善本书总目〉分类表》分编完毕。

1989年

1月底，山东省图书馆工会成立，并建立工会委员会。

3月，咨询服务部成立，主要职能为开展经营和有偿服务活动。

10月，山东省少年儿童图书馆工作者协会成立。

同月，山东省青年图书馆工作者协会成立。

12月10日，隆重举行建馆八十周年庆典活动，中顾委委员谭启龙、苏毅然，省人大常委会副主任林萍，副省长宋法棠等出席了典礼，举办了“建馆八十周年展览”“珍善本书刊展览”和“题词书画展览”。

1990年

3月1日，采编部改用《中图法》（第三版）分编图书。

3月24日，“外文图书编目计算机管理系统”“声像资料计算机管理系统”通过鉴定。

5月7—10日，本馆在泰安市主办华东区省级图书馆第六次协作会议。

6月，举办首届图书馆服务宣传周活动。

9月30日—10月10日，本馆在潍坊市图书馆新馆举办“馆藏国外最新科技书刊展览”“馆藏潍坊地方文献展览”。

是年，经山东省新闻出版局批准，《山东图书馆季刊》开始向国外发行。

是年，完成《山东省图书馆馆藏海源阁书目》的编辑工作，收录古籍2300余种。

1991年

年初，向山东武警总队直属中队赠书，并先后在武警中队、济南童鞋厂建立了图书流通站。

1月，任宝祯同志任馆长。

3月，调整内部机构，撤销图书馆学研究室、采编部，设立采访部、编目部，将人事科更名为政工科，业务辅导部更名为研究辅导部，缩微复制部更名为技术部。

6月12—13日，承办山东省第二届公共图书馆业务竞赛，并获团体总分并列第一。

7月，为纪念建党70周年，举办“馆藏革命文献展览——巍峨的丰碑　壮丽的篇章”，展出珍贵图书264种，早期革命报刊18种。

10月，参加由文化部图书馆司在武汉举办的全国41个省、自治区、直辖市、计划单列市图书馆业务知识竞赛活动，获得团体总分第二名。

1992年

4月，在滕州召开全省公共图书馆辅导会议。

4—5月，为解决书库饱和、馆舍紧张的矛盾，对中外文图书约120多万册进行打捆搬迁，异地保存。

11月，王瑞成同志任馆长。

是年，新馆的考察、选址、论证、提出项目建议等工作全部完成，选址在济南高新技术开发区，并已经批准立项。

1993年

9月，山东省图书馆学会在青岛组织召开华东六省一市图书馆学会第七次协作会。

12月，举办毛泽东100周年诞辰纪念活动，编辑出版《毛泽东思想研究文献索引》，举办“毛泽东著作版本展”和“毛泽东书法艺术欣赏”讲座。

同月，特藏部出版《易学书目》，收录馆藏和知见易经文献约2810种。

是年，新馆建设经过咨询评估，开始进行建筑设计招标工作。

是年，收到陈立夫捐赠的《四书道贯》及《在台丛稿》等珍贵资料。

1994年

年初，收到香港爱国人士石景宜捐赠的各类图书856种6645册。

11月，位于二环东路的新馆一期工程（综合阅览楼）破土动工。

是年，为国家重点文化建设项目《四库全书存目丛书》《续修四库全书》《中医古籍孤本丛书》等提供版本咨询，并整理编辑所用底本。

是年，开办畅销新书借书室。

是年，基本完成全省古籍善本的缩微拍摄任务。

是年，在全国图书馆期刊工作研究会和北大所编《中文核心期刊要目综览》上，《山东图书馆季刊》被评为核心期刊。

1995年

4月，石景宜第二次向本馆捐赠图书，共1575种4770册。

11月30日，创办《工作简报》，用以宣传政策、通报馆内大事。

是年，购入ILAS5.0图书馆集成管理软件，组建微机——终端多用户系统，并于年底利用该系统在中文编目和中文报刊部实现了自动化管理。

是年，基本完成馆藏中华人民共和国成立前旧期刊的抢救拍摄任务，共拍摄缩微资料186种19万拍。

是年，本馆主编的《山东方志资料丛编》资料摘录工作基本完成，开始参加《中国古籍总目》的核查编纂工作。

1996 年

3 月，肖军同志任馆长。

4 月 16 日，书刊借阅证简化办理手续，敞开办理。

11 月，开展工作纪律作风的整顿工作，全馆工作纪律和工作秩序得到根本改观。

年底，新馆规划办公室成立，新馆开馆的规划工作全面展开。

是年，书目参考部与天津良策传播有限公司合作建立“今日电脑·图书馆”计算机专题阅览室。

是年，特藏部引进息洋 GCS 编目系统，开始古籍善本编目建库工作。

是年，台湾净空法师向本馆捐赠佛教图书 195 种 571 册。

1997 年

1 月 30 日，函授培训部正式成立。

1 月，原隶属于阅览部的借书室独立，成立外借部，下设第一借书室、第二借书室。

4 月，外借部、阅览部等对外服务部门开展优质服务活动，狠抓服务质量，使用文明用语，严禁服务忌语，统一挂牌着装，严格考勤，注意台前形象，受到读者称赞。

4—6 月，举办 3 期全省市（地）县图书馆自动化管理馆长培训班。

5 月，函授培训部组建的“山东省图书馆教育培训中心”获得“办学许可证”，取得社会力量办学的合法身份。

6 月，王运堂同志任馆长。

7 月，检索系统实现与济南 169 公众多媒体信息港（联网）的连接。

11 月，组织召开山东省图书馆学会第四次会员代表大会，选出了新一届理事会。

12 月 9—10 日，承办山东省第三届公共图书馆业务竞赛。

是年，书目参考部建立光盘数据检索系统。

是年，计算机系统进行升级扩充，购进 HP 专用服务器，中文采编、外文、报刊、第二借书室、畅销书借书室、特藏等部门基本实现了计算机管理。

1998 年

4 月，接受书画家邱希高捐赠明清书画珍品 140 种 300 件。

8 月 1 日，外借部第一借书室实现计算机管理。

年底，组织全馆论文征集活动，76 名同志提交论文。

是年，实现中文机读目录的计算机检索。

是年，中文连续出版物、西文连续出版物、特藏善本书及 1975 年以后中文图书的书目数据库建设基本完成。

是年，特藏部更名为历史文献部。

1999 年

2月16日，中共中央政治局委员、山东省委书记吴官正视察本馆。

2月，与三联公司合作在书目参考部建立“百灵——山东省图书馆电子阅览室”。

3月，新馆藏书设备、阅览设备进行公开招标，中标厂家9个。到年底，总计800多万元的设备大部分已安装调试完毕。

5月18—19日，由山东省图书馆学会承办的华东地区图书馆学会协作会在泰安市召开，主题为“21世纪中国图书馆发展之路”。

8月，引进ILAS Ⅱ网络版管理系统，组建了由两台HP服务器和11台微机工作站组成的局域网。

10月1日，对外服务窗口实现全年开放。

10月6日，山东省少年儿童图书馆（内称“少儿部”）试开馆。

10月14—18日，承办第六届全国省、自治区、直辖市及较大城市图书馆馆长联席会议。

12月29日，举行建馆九十周年庆祝大会，省人大常委会主任赵志浩、省政协主席韩喜凯、副省长邵桂芳等出席了典礼，举行了优秀读者座谈会，举办了“馆藏珍品展”，出版纪念馆庆专集、书目，山东省少年儿童图书馆举行了揭牌仪式。

是年，编辑出版《易庐易学书目》和《山东省图书馆馆藏海源阁书目》。

2000 年

3月28日，新馆二期工程开工。

5月，少儿部在省妇联的支持下，为山东省少年管教所建立“山东省少儿图书馆少年管教所分馆”。

6月26日，以越南文化通讯部副部长武洪文为团长的越南群众文化考察团一行5人参观本馆。

6月，大明湖馆网络布线改造完工并投入使用。

7月7日，韩国汉城（今首尔）麻浦图书馆馆长郑渊毅、汉城南山图书馆馆长李相烈等来馆参观。

12月，被全国知识工程领导小组评为“读者喜爱的图书馆”。

是年，新馆一期工程收尾工作完成，结算审定总值77521867.47元。

2001 年

年初，新馆计算机网络工程全面展开。至年底，一期建设基本完工，千兆馆域网系统正式建成。

2月19—26日，培训部和计算机中心联合举办计算机应用技术学习班，本馆23人参加了培训。

4 月 18 日，在泰安召开全省公共图书馆馆长联席会。

9 月 28—29 日，在新馆举办山东省第四届公共图书馆业务竞赛。

10 月 24 日，综合阅览部老年人阅览室开放。

11 月，成立山东省图书馆职代会。

是年，被文化部评为“最受读者欢迎的图书馆”。

2002 年

2 月 16 日，《人民日报》头版头条发表题为“泉城：正月里书香飘”的报道，介绍读者踊跃来馆阅读的情况。

2 月 28 日，馆藏书目数据实现在线检索。

3 月 21 日，教育培训中心接受市成教局评估，首次被评为一类办学单位。

5 月 18 日，“全国助残日”之际，建立“山东省少年儿童图书馆济南特殊教育中心分馆”。

6 月 28 日，与济南交警合办“新世纪读书日”活动。

6 月 15—21 日，台湾汉学研究中心主任庄芳荣先生来馆参观访问。

7 月 18 日，山东省图书馆网站（www.sdlib.com）正式开通。

9 月 22 日，《海右书城——山东省图书馆藏书票》印竣。与济南市邮政局联合发行《山东省图书馆新馆开馆纪念封》。拍摄完成《山东省图书馆》VCD 一张。出版《屈万里书信集·纪念文集》《绘图本聊斋志异》。

10 月 8 日，举行新馆开馆典礼，中共中央政治局委员、山东省委书记吴官正等领导同志参加了庆典仪式。“屈万里纪念室”揭牌。

10 月 21 日，“全国文化信息资源共享工程山东省分中心”在本馆成立。

10 月，原馆址改称“大明湖分馆”。

11 月 2 日，日本山口县知事二井观成一行在省文化厅副厅长李宗伟的陪同下参观新馆。

12 月 30 日，书刊外借等 12 个对外服务窗口日开放时间延长至 10.5 小时。

是年，被省直机关评为“省直精神文明单位”，被文化部评为“全国文化先进集体”。

2003 年

1 月 2 日，《大众日报》评出 2002 年反映山东“经济发展和社会进步巨大成就”的 22 件大事，“山东省图书馆新馆开馆”名列其中。

1 月 22 日，省委党校原副校长、党史研究专家、教授王海天捐赠山东党史资料 1298 种 1708 册。

2 月 1 日，省委副书记王修智、省委常委宣传部部长朱正昌、副省长蔡秋芳等领导在省文化厅厅长张长森陪同下来馆视察工作，看望春节期间坚守岗位的员工。

2 月 27—28 日，在烟台组织“全省公共图书馆评估定级研讨会”。文化部社图司图书馆处处长张小平做专题报告。

4月1日，《山东省图书馆文明服务公约实施办法》公布实施。

4月6日，获“省直机关职业道德建设十佳单位”称号。

5月13日，为预防“非典”，购买二台Icy-c系列高效快速臭氧发生消毒器，对图书及阅览室进行消毒杀菌。

5月26日，开始实施《山东省图书馆关于对老年读者、残疾人读者服务的若干意见》。

5月28日，与企业联办的第一个社区服务性分馆——省图书馆泺源分馆开放。

6月16日，编辑出版的《屈万里书信集·纪念文集》《中小型图书馆实用手册》获2003年度山东省文化艺术科学优秀成果一等奖。

6月25日，“山东省图书馆文献编目中心”成立。

6月27—29日，由山东省文化厅主办、本馆承办、省直六大文艺院团参加的“省直文艺团体宣传‘三个代表’重要思想文艺演出”在本馆知识广场举行，拉开知识广场“读书求知”消夏系列活动的序幕。副省长蔡秋芳、省文化厅厅长张长森以及邢玉斗、李宗伟、周艺、李华文、李国琳等厅领导与3000余市民一起观看27日的歌舞专场表演。

7月25日，中国图书馆学会派员来山东进行企业图书馆调研。

8月8—10日，全省图书馆馆长联席会在德州召开。省文化厅副厅长李宗伟，社文处处长李军，馆长王运堂、副馆长赵炳武以及全省17个市图书馆馆长参加会议。

9月23日，山东省科学院退休学者阎长荣受北京市民王一麟委托，向本馆捐赠72幅日伪时期山东道县地图。

10月15日，文化部副部长周和平来馆视察。

11月5日，澳大利亚南澳州州长麦克·兰恩率南澳州政府代表团一行13人在省外事办有关领导的陪同下来馆参观访问，省文化厅副厅长邢玉斗及本馆领导参加接待。

11月15日，向济南钢铁集团赠送价值7万元的图书，支持企业图书馆建设。

11月21日，被山东省档案局评为“省一级机关档案工作规范化目标管理单位”。

12月1—4日，华东少图协2003年年会暨学术研讨会在本馆召开。

12月26日，“山东省图书馆信息网络技术研究与应用”通过山东省科技成果鉴定。

12月28日，“图书流动服务车”正式启用，首次进入历下区佛山苑小区，为居民提供图书借阅服务。

12月30日，山东地方文献中心开放，“齐鲁名人文库”开始向社会征集文献。

2004年

1月9日，山东省图书馆学会召开理事会，进行评估动员，要求加强馆际合作。

1月10日，“山东地方文献资源库”正式对外开放。

1月15日，原中国科学院文献情报中心副主任、国杰老教授研究院图书情报所所长、博士生导师辛希孟教授来本馆为中层干部及部分青年职工做《图书馆社会形象、职业定位及馆员的职责和作用》专题报告。

2月4—6日，本馆首届“隆力奇”杯“书海灯谜会”在知识广场隆重举行。

2月7日，召开全省馆藏文献联合目录会议。年内联合目录达44万条。

2月8日，文化部社图司司长张旭在省文化厅副厅长李宗伟陪同下来本馆视察工作。

2月26日，中文图书外借部被共青团山东省委、省直机关工委评为“省级青年文明号”。

3月2日，馆藏11种善本入选《中华善本再造》。

3月10日，大明湖分馆奎虚书藏楼改造工程动工。年内，改造工程基本完成。

3月27日—4月11日，由中共济南市委、市总工会、团市委主办，山东省图书馆、韶山毛泽东同志纪念馆承办的“毛泽东遗物展”在本馆举行，邵华将军参加了开幕式，共有11.5万名干部群众参观了展览。

4月7日，办公自动化网络系统正式运行。

4月30日，贯彻落实为未成年人道德建设服务的精神，办公室制定《山东省图书馆未成年人服务工作措施》。

5月14—25日，副馆长赵炳武到澳大利亚南澳洲州立图书馆等地参观访问。

5月16日，“康复阅览室”正式对外开放。

5月18日，“全国图书馆联合编目中心山东省分中心”挂牌。

5月18—19日，“2004年全国图书馆联合编目中心工作会议”在本馆召开。国家图书馆副馆长陈力出席会议并参观新馆。

5月20日，“山东省图书馆信息网络研究与应用”项目获2003年度山东省科学技术奖二等奖。

6月3—4日，山东省图书馆学会2004年学术年会在青岛召开。

6月17日，与济南市报刊发行局签订邮政发行杂志合同。自2005年开始，《山东图书馆季刊》交邮局发行。

7月4日，由中共济南市委宣传部、市教育局、团市委主办，济南市新华书店、山东省图书馆承办的“济南市青少年消夏书市——优秀图书展销”在本馆艺术展厅举行。

9月15日，历史文献部恢复古籍修复室，对《光绪十五年省城街巷全图》等进行揭裱。

9月23日，省委宣传部原部长、省人大常委会主任、本馆名誉馆长苗枫林向本馆赠送《中国用人史》一书。

9月26日，“山东省庆祝建国55周年暨‘十佳文化广场’颁奖广场文艺调演”在本馆知识广场隆重举行。

10月19日—11月2日，馆长王运堂赴美国考察数字图书馆建设。

10月21日，参加中国图书馆学会与民进中央宣传部、国家科技图书文献中心和济南钢铁集团总公司等单位共同主办的“企业图书馆振兴与学习型企业建设论坛”暨“企业图书馆振兴行动示范馆开馆仪式”。在济钢建立分馆，提供信息服务。

10月30日，加强为政府决策服务，参考咨询部编辑《信息摘报》。年内试刊3期，正刊2期。

11月13日，文化部全国公共图书馆评估专家组来到本馆进行评估定级检查。评估专家组由文化部社会文化图书馆司副司长刘小琴担任组长。

11月22日，获得“山东省职业道德建设十佳单位”荣誉称号，同时被授予“山东省富民兴鲁劳动奖状”。

12月15日，安作璋先生授权本馆对其著作进行数字化加工，并捐赠了《安作璋先生文集》等著作。

12月15—16日，举行建馆九十五周年庆祝活动：山东省图书馆发展战略座谈会、《山东省图书馆志》首发式、“山东省图书馆数字资源加工中心”正式成立暨揭牌仪式、馆藏明清进士墨宝展、离职与退休老同志座谈会等。

12月31日，制定《关于新馆与分馆实行读者证“一卡通”管理、本馆统一ILAS登录口令及借阅工作量统计路径的规定》，自2005年1月1日起实行。

2005年

1月17日，全省公共图书馆辅导工作会议在济宁市图书馆召开。

1月21日，省人大常委、著名画家刘克训将自己最新出版的《刘克训画选》赠予本馆齐鲁名人文库。

2月22—24日，“三箭”杯“书海灯谜会”在知识广场举行。本次活动历时3天，由省文化厅主办、本馆和历城区政府承办、三箭集团提供赞助，主会场设在新馆艺术展厅，分会场设在大明湖分馆。

3月21—22日，全省公共图书馆馆长联席会在东营市召开。

4月23日，首届“爱书人杯”儿童经典诵读大赛决赛在本馆报告厅举行。

4月26日，中文报刊部购买北京私人收藏家收藏的民国期间报纸共计9种160册。

5月11日，全国人大代表十余人在省文化厅副厅长李宗伟的陪同下就“山东文化产业”“非物质文化遗产”这两个主题来本馆参观调研。

5月28日，据“鲁文明委[2005]7号”文《山东省精神文明建设委员会关于命名表彰2004年度省级文明单位、文明村镇和文明机关的决定》，本馆获得2004年度“省级文明单位”荣誉称号。

6月15日，成立“外来务工人员文化中心”。

6月22日，新加坡“茂桥读书会”成员10余人在会长刘福祥的带领下，来本馆交流读书体会。

7月1日，成立学术研究委员会、自动化建设委员会、文献资源建设委员会、读者工作委员会、科学管理委员会五个研究性质的图书馆专门委员会。

7月5日，鲁文教[2005]10号文《关于公布2005年度山东省艺术科学重点课题立项项目的通知》，经专家初评、复评，由本馆推荐的16项课题有14项获得“2005年度山东省艺术科学重点课题”。本馆同时荣获“2005年度山东省文化艺术科学工作组织奖”。

7月18日，在中国图书馆学会2005年年会上，山东省图书馆学会和山东省图书馆分获“2004年全民阅读活动最佳组织奖”和“2004年全民阅读活动先进单位”荣誉称号。

7月26日，伊朗驻华文化参赞阿杰高利博士在省外办同志的陪同下参观本馆，并达成与本馆合作举办伊朗文化艺术展览的意向。

同日，阅览部举办首届青少年读书夏令营活动。

8月7日，奥中文化交流协会主席汉斯先生在省文化厅外事处处长文善常的陪同下到本馆参观。

8月26日，山东文化市场网络管理监控中心在本馆揭牌。

9月6日，在大众日报、大众网联合举办的山东省百行百业社会信誉评价活动中荣获“百姓口碑最佳荣誉单位”称号。

10月17—21日，伊朗综合艺术展在本馆举行。

10月19日，参加第五次全省民族团结进步宣传月三下乡活动。

10月22—26日，中韩现代美术邀请展暨学术研讨会在本馆举行，副省长陈延明出席开幕式。

10月28日，馆长王运堂被人事部、文化部授予“全国文化系统先进工作者”荣誉称号，随山东代表团在北京人民大会堂接受表彰。

11月4日，省委宣传部、省社科联在青岛召开全省社会科学普及教育基地试点工作会议。本馆被命名为首批“山东省社会科学普及教育基地”。

12月22日，“山东省图书馆地方文献中心”邀请各界专家学者在一楼会议中心举办了“利在当代　惠泽后人——山东地方文献资料征集整理座谈会”。

2006年

1月1日，“网上图书馆”服务平台正式开通。

同日，山东文化市场网络管理监控中心正式启动运行，该中心是一个面向全省的网络监控平台，可以对全省网吧进行监控管理。

1月，大明湖分馆奎虚书藏楼（侵华日军山东战区签降旧址）被济南市委宣传部命名为“市级爱国主义教育基地”。

2月10—13日，由省文化厅主办、本馆与济南时报共同承办的第三届元宵节“书海灯谜会”隆重举行。主会场设在艺术展厅，分会场设在大明湖分馆。

2月22日，韩国政府议员一行8人来本馆参观。

3月8—10日，全省公共图书馆馆长联席会在日照市召开。

3月23日，副省长张昭福在省府办公厅副秘书长司安民及省文化厅厅长杜昌文、副厅长李宗伟的陪同下来本馆视察。

3月25日，本馆与齐鲁晚报联合举办的“大众讲坛”在本馆报告厅开讲，邀请山东大学文学与新闻传播学院教授、博士生导师马瑞芳带来名家讲座系列第一讲《〈聊斋〉中的三界》。

4月27日，副馆长赵炳武主持召开学术委员会会议，研究2004、2005年学术成果奖励方案及百年馆庆出版事宜，并划分了学术研究小组。

5月1日，《山东省图书馆读者服务规范（试行）》正式实施。

5月1日—6月5日，大明湖分馆举行宣传“八荣八耻”图片展，共有千余名青少年及家长观看了展览。

5月13日，文化部副部长周和平、社会文化图书馆司副司长刘小琴、全国文化信息资源建设管理中心主任张彦博一行5人在副省长张昭福、省文化厅厅长杜昌文的陪同下来本馆视察。

5月16—17日，山东省图书馆学会2006年学术年会在烟台市召开。本届年会主题是“图书馆事业发展趋势展望”。

6月3日，文化产业发展座谈会在本馆召开，会议由省文化厅厅长杜昌文主持。

6月3—5日，在“山东省图书馆首届读书节”期间，推出“十佳文明读者”评选活动。

6月8日，省文化厅机关党委在本馆召开省直文化系统精神文明单位创建经验座谈会。

6月15日，由本馆与首都图书馆、济南时报共同举办的“相约文博会——北京·济南城市生活百年回顾展”在本馆艺术展厅举行。

6月29日—7月2日，为庆祝建党八十五周年暨红军长征胜利七十周年，由省文化厅主办的“庆七一省直文化系统职工才艺展”在本馆艺术展厅举行。

7月20日，本馆与齐鲁晚报联合举办了“大众讲坛专家研讨会”。

8月8日，省委书记、省人大常委会主任张高丽，副省长张昭福在省文化厅厅长杜昌文的陪同下来本馆视察。

8月18—25日，馆长王运堂代表山东省图书馆学会参加了在韩国召开的国际图联年会。

9月5日，以中宣部副部长欧阳坚为组长的中央未成年人思想道德建设督查组在省、市有关领导的陪同下，视察了山东文化市场网络管理监控中心。

9月6—12日，由济南市委宣传部、济南市委党史研究室、本馆联合举办的“济南市纪念红军长征胜利70周年大型图片展览”在本馆举行。

9月28—29日，由山东省文化厅主办，本馆承办的山东省第五届公共图书馆业务竞赛在本馆报告厅举行，共有来自全省各地图书馆的十八个代表队参加此次竞赛。通过决赛，本馆代表队荣获团体一等奖，三名参赛队员张秋菊、黄小峰、邱芙蓉荣获个人优胜奖一等奖。

10月7日，“大众讲坛”邀请到山东大学博士生导师、中国周易学会会长刘大钧教授来本馆举行《周易浅谈》的公益讲座。

10月30日—11月5日，“纪念孙中山先生诞辰140周年书画精品展”在本馆艺术展厅举行。

11 月 13 日，省政协副主席周鸿兴受全国人大常委会副委员长、民革中央主席何鲁丽女士委托，向本馆捐赠《何思源文集》六套。

11 月 13 日，省人大常委会原副主任、省民革荣誉主任委员严庆清及省文化旅游联谊会会长王彦善分别向本馆捐赠金版《孙子兵法》《齐鲁海外名人传记丛书》。

11 月 16 日，赵炳武同志任馆长、馆总支书记。

12 月 3 日，省文化厅厅长杜昌文、副厅长李宗伟与北京中华民族促进会的专家、学者在本馆进行座谈，并就“中华文化网”建设达成初步合作意向。

2007 年

1 月，被文化部授予“公共设施管理先进单位”荣誉称号。

同月，继续荣膺“省级文明单位”称号。

同月，中国教科文卫体工会授予本馆“全国教科文卫体系统模范职工之家”荣誉称号。

1 月 20 日，山东省作家协会主席张炜做客本馆“大众讲坛”，做了题为《时代、生活与创作》的讲座。

1 月 27 日，山东大学副校长、文学与新闻传播学院院长陈炎教授做客本馆大众讲坛，做了题为《儒家、道家与日神、酒神》的报告。

2 月 3—4 日，本馆与北京大学信息管理系联合举办的“图书馆学系馆科研合作座谈会”在本馆举行。

2 月 10—12 日，由省文化厅主办，本馆、济南时报共同承办的第四届知识广场“书海灯谜会”在艺术展厅举行。

3 月，经馆长办公会研究决定，副馆长李西宁任本馆学术委员会主任委员，副馆长李勇慧任馆资源建设委员会主任委员。

3 月 7 日，参加在莱州市举行的 2007 年全省文化下乡集中示范活动。

3 月 24 日，中央电视台“焦点访谈”以《共享欢乐》为题，介绍山东省文化共享工程的效果和成绩。

3 月 29 日，“山东省反腐倡廉书画展”在本馆隆重举行。

3 月 30—31 日，山东省公共图书馆馆长联席会在青岛召开。

4 月，被国家文献缩微中心授予“全国图书馆文献缩微工作先进集体”称号。

4 月 4 日下午，省委副书记姜大明，省委常委、宣传部部长李群，在省文化厅厅长杜昌文的陪同下视察了本馆。

4 月 23 日，本馆和齐鲁晚报联合举办的第二届“全省读书朗诵大赛”颁奖仪式暨汇报演出在报告厅举行。

5 月 24 日，澳门图书馆暨资讯管理协会一行 15 人参观本馆。

6 月 1 日，本馆与驻济近 30 所高校图书馆正式实现了馆际互借。

6 月 1 日起，启动“走进图书馆——中小学生接待日”活动，每周六上午为少年儿童参观接待日。

7月14日，“大众讲坛”邀请省政协副主席、山东师范大学副校长王志民教授做题为《齐国故都文化与世界足球起源》的讲座。

8月3日，被文化部列为57家古籍保护工作试点单位之一。

9月4日，召开“新农村网上图书馆”资源采购方案专家论证会。

9月5日，全国古籍保护工作部际联席会议办公室选派专家督导组到我省督导古籍保护试点与古籍普查工作。

9月15日，“大众讲坛”邀请到央视百家讲坛《说慈禧》的主讲人——哈尔滨师范大学人文学院历史系教授隋丽娟，为读者讲述慈禧不同寻常的一生。

9月16日，“大众讲坛”邀请著名作家莫言举办了题为《千言万语，何若莫言》的讲座，真情倾诉他的心路历程。

9月23日，著名学者傅佩荣教授应邀做客“大众讲坛”，从一个台湾学者的视角为读者讲述孔子。

10月1日，新版网站建设基本完成，并开始试运行。

11月25日，“群星奖”服务奖授牌仪式在本馆会议室举行。此前，在文化部主办、湖北省政府承办的第八届中国艺术节上，本馆被文化部授予“全国第十四届群星奖”服务奖荣誉称号。

12月10—16日，全省第一期古籍普查工作会议暨培训班在济南举行。

12月16日，山东省文化信息资源共享工程镜像站暨网上图书馆开通仪式在本馆多功能报告厅举行。省委宣传部部长李群出席了开通仪式。至此，我省已建立了较为完善的省、市、县、乡、村五级网络。

12月18—19日，山东省第二届小剧场话剧节活动在本馆报告厅上演了上海现代人剧社的话剧《很久很久以前》。

2008年

1月9—11日，由中国图书馆学会主办、山东省图书馆学会承办的“中国图书馆学会2008新年峰会”在本馆召开，来自全国各地的30余位图书馆、图书馆学界代表参加了会议。

1月11日，省委原副书记、省政协副主席王修智将其编著的《齐鲁历史文化丛书》《山东革命文化丛书》等713册书籍捐赠给本馆。省文化厅厅长杜昌文、省政协科教文卫体专职副主任刘同林等领导出席了赠书仪式。

1月13日，文化部副部长周和平在省文化厅厅长杜昌文、副厅长李宗伟等领导的陪同下到馆视察了我省文化信息资源共享工程建设情况。

1月20日，《人民日报》头版以《健全网络设施　整合信息资源　方便群众使用——山东成为文化信息资源共享示范省》为题，报道了我省文化信息资源共享工程建设取得的成绩。

1月21日，本馆与山东大学图书馆文献资源共建共享合作协议签字仪式在山东大学东校区新校图书馆三楼会议室举行。

2月，本馆护卫队被省公安厅通报表彰为“二〇〇七年度先进护卫队”。本馆被济南市消防安全委员会授予“二〇〇七年度消防安全工作先进单位”称号。

2月20—21日，第五届“书海灯谜会”在本馆多功能展厅举办，同时在大明湖分馆设立了少儿、老年专场。

2月20日，本馆和济南书法家协会联合举办书画笔会，济南市书协主席张仲亭、副主席荆向海等著名书法家8人参加了笔会。

2月26日，省政府法制办处长刘鲁平一行三人在省文化厅副厅长李国琳、科教法规处处长司兆德陪同下，到本馆座谈《山东省公共图书馆管理办法》起草工作。

4月，省机构编制委员会下发鲁编办[2008]26号文批示，同意本馆挂“山东省古籍保护中心”牌子，承担全省古籍普查登记和古籍综合信息数据库建设，开展古籍业务培训、学术研究等工作。

同月，本馆团总支被共青团山东省省直机关工作委员会授予“2005—2007年度山东省省直机关十佳标兵团（总）支部”荣誉称号。共青团山东省直文化系统委员会授予本馆团总支“2006—2007年度省直文化系统先进团组织”称号，同时授予朱莉“2006—2007年度省直文化系统优秀团干部”，张茜、刘曜檀“2006—2007年度省直文化系统优秀团员”称号。

4月23日，第三届“全省读书朗诵大赛”颁奖典礼暨汇报演出在本馆报告厅举行。

5月22—24日，文化部在本馆召开文化共享工程工作会议。

6月5—7日，山东省古籍保护中心举办“山东省入选首批《国家珍贵古籍名录》珍品联展暨《中华再造善本》珍品展”。

7月，省直机关工会工作委员会授予本馆“2006—2007年度工会工作先进单位”，并授予赵炳武“支持工会工作的领导干部”、李勇慧“优秀工会干部”称号。

7月15日，老挝领导干部培训班赴鲁考察团一行30余人在省外办有关领导陪同下到本馆参观学习。

7月15—18日，由中国图书馆学会、国家图书馆、山东省文化厅联合主办，山东省图书馆学会、本馆、烟台市文化局承办的2008“志愿者行动”山东省基层图书馆馆长培训班在烟台举办。

7月22日，通过专家评审、读者意见汇总、员工意见汇总，最终选定由青岛读者张德胜设计的7号作品为本馆百年馆庆正式徽标。

7月29日，“第四届暑期读书夏令营”开营。

9月20日，团总支开展全省文化系统向地震灾区捐献图书活动。

10月7日，首届“鲁图杯”老年书画大赛获奖作品展在本馆展厅举行。我省著名书画家陈梗桥、李百均教授在开幕式上为广大老年书画爱好者做了精彩的讲座。

10月14日，馆长赵炳武随省文化厅领导一行参加了支援北川灾区捐赠仪式。

10月20日，山东省第1—22届社会科学优秀成果奖获奖作品捐赠仪式暨新闻发布会在本馆举行。

10月29日，本馆工作人员赴青岛接收王献唐师友信札。

10月31日—11月4日，由山东省纪律检查委员会、山东省监察厅、山东省文化厅联合举办的“纪念党的纪律检查机关恢复重建30周年书画展”在本馆艺术展厅举办。

11月21日，召开学习实践科学发展观解放思想大讨论座谈会。省文化厅厅长、厅学习实践活动领导小组组长杜昌文同志，省文化厅办公室主任、厅学习实践活动领导小组成员田承河同志，省文化厅学习实践活动第二指导检查组组长黎明同志，社文处副处长冯庆东同志及全馆中层主要负责人以上干部参加了座谈会。会议由馆长、馆学习实践活动领导小组组长赵炳武同志主持。

11月30日—12月13日，由国家古籍保护中心举办，本馆和山东省古籍保护中心承办的第三期“全国古籍鉴定与保护高级研修班”在本馆举行，共有全国公共图书馆、博物馆及高校图书馆的80余名学员参加此次培训。

12月1—2日，本馆主办的“第二届全省地方文献工作研讨会”在淄博市召开。来自全省各市、县公共图书馆馆长、专家等70余人参加了会议。

12月3日，全国古籍保护工作专家委员会主任李致忠先生正式接收本馆唐桂艳同志为学生，并举行了隆重的拜师仪式，省文化厅副厅长李宗伟出席拜师仪式并讲话。

12月28日，经山东省新闻出版局批准，《山东图书馆季刊》更名为《山东图书馆学刊》（双月刊）。原刊号由CN37—1024/G2改为CN37—1467/G2。

2009年

1月11—12日，省文化厅和省古籍保护中心组织专家召开首批“山东省古籍重点保护单位”暨《山东省珍贵古籍名录》评审会，共评出24家省级古籍重点保护单位和3810部省珍贵古籍。

2月20日，省文化厅召开首届“山东省文化创新奖”颁奖大会，网络管理监控中心实现的“全省网络监控模式”获“创新奖”。

3月17日，省文化厅厅长亢清泉来本馆进行调研。

3月26日，召开2009年度资源建设和读者服务工作会议。

3月28日，“大众讲坛”邀请哈佛大学哈佛燕京图书馆善本室主任、研究员沈津做了题为《哈佛的中国珍宝》的讲座。

3月30日—4月3日，文化部派专家组来我省考察13家申报第二批“全国古籍重点保护单位”和“国家级古籍修复中心”的古籍保护单位的工作情况。

4月7日，百年馆庆新闻发布会在本馆会议室举行。

4月20日下午，省委副书记、省长姜大明主持召开省政府常务会议，审议并原则通过由本馆起草的《山东省公共图书馆管理办法（草案）》。

5月9日，“建馆百年”庆典活动隆重举行。

同日，开通“中国国家数字图书馆山东分馆暨文化共享工程进万家”平台。

同日，国家图书馆、省文化厅和本馆达成共同建设“中国国家数字图书馆山东分馆”合作协议。

同日，百年馆庆省馆馆长座谈会在本馆会议室召开，文化部副部长周和平发表讲话。省文化厅厅长亢清泉、副厅长李宗伟及参加本馆馆庆活动的公共图书馆馆长参加了座谈会。

同日，由本馆与齐鲁晚报联合举办的第四届“全省读书朗诵大赛”颁奖典礼暨汇报演出在本馆报告厅举行。来济参加本馆百年馆庆活动的文化部社会文化司副司长刘小琴、国家图书馆馆长詹福瑞、全国文化信息资源建设管理中心主任张彦博等领导应邀出席颁奖典礼，并为获奖选手颁奖。

5月20日，举行“百年馆庆优秀读者座谈会”。

6月9日，国务院下发国发[2009]28号《关于公布第二批国家珍贵古籍名录和第二批全国古籍重点保护单位名单的通知》，我省523部古籍入选第二批《国家珍贵古籍名录》、7家单位被评为第二批全国古籍重点保护单位。

6月11日，参加“全省文化遗产保护工作会议”，并被授予“全国古籍重点保护单位”。

6月24—25日，百年馆庆系列活动——“王献唐屈万里路大荒学术研讨会”在济南召开。

6月27日上午，台湾东吴大学图书馆馆长、教授丁原基做客“大众讲坛”，为广大读者做题为《先师孔德成》的讲座。

6月29日，辛铸九的后人将他的手稿、信札及老照片等一宗物品捐献给本馆。

8月5日，在省文化厅工会举办的省直文化系统迎全运乒乓球比赛中，本馆荣获团体第一名，并获得“优秀组织奖”。

9月6日，邀请北京大学教授王余光为青年职工举行专业知识培训讲座。

9月8日，开始试行中文书刊网上预约服务。

9月24—25日，由山东省文化厅举办的“文化信息资源共享工程知识与技能竞赛”在本馆报告厅举行。全省17个市支中心和省分中心共18支代表队、54名队员参加了竞赛。

9月29日，举办“新中国六十年馆藏读者喜爱的图书”展，向共和国六十华诞献礼。

同日，“庆国庆　迎全运——省直文化系统第三届职工才艺作品展”在本馆报告厅举行。

10月10日，济南地区图书馆“通借通还”服务协议在本馆签订，标志着本馆正式启动与济南地区图书馆“一卡通”服务模式的探索服务。

10月14日，面向社会全面征集与全运会相关的各种文献资料，建立“第十一届全运会文献资料专藏”，进行专题保存。

10月23—25日，由文化部全国文化信息资源建设管理中心举办的首届全国文化信息资源共享工程知识与技能竞赛在杭州萧山举行。我省分中心代表队最终取得了亚军的优异成绩。

11月7日，上海世博会主题演绎顾问吴建中先生做客“大众讲坛”，举行世博专题讲座《中国的机遇　世界的盛会》，向山东人民介绍世博会158年的历史以及2010年上海世博会的基本构成和筹备情况。

11月15日，文化部办公厅下发《关于公布国家级古籍修复中心名单的通知》，决定在本馆与国家图书馆等12家具备较好修复条件的“全国古籍重点保护单位”设立“国家级古籍修复中心”。

11月23日，以上海图书馆副馆长周德明为组长的文化部全国公共图书馆第四次评估和文化共享工程督导组一行5人莅临本馆，对包括本馆在内的3家副省级以上公共图书馆及全省文化共享工程工作情况展开评估和督导工作。

同日，被山东省省直机关文明委授予“省直文明单位”称号。

12月1—3日，全国古籍保护工作专家委员会主任李致忠先生接受山东省古籍保护中心邀请，来山东讲授《中华古籍总目编目规则》《四部分类法的应用及其类表的调整》以及《中国书籍的起源与装帧形式的演变》。

12月7日，第三届文化部创新奖颁奖仪式在深圳举行，由本馆参与完成的“山东省文化信息资源共享工程创新运行应用模式研究”等19个项目获得创新奖。

2010年

1月20日，山东省图书馆学会被省社科联授予“全省社科普及周活动先进集体”“2008—2009年度先进省级社会团体”等荣誉称号。

同月，顺利通过“省直文明单位”复查考核。

同月，“山东省古籍保护与修复中心”被评为“国家级古籍保护与修复中心”。

2月22日，山东省委、省政府召开全省科技奖励大会，由本馆完成的“山东省文化信息资源共享工程创新运行应用模式研究”项目，荣获2009年度山东省科技进步二等奖。

2月27日，举办第六届元宵节“书海灯谜会”。

3月1日，山东省推荐申报第三批《国家珍贵古籍名录》和第三批“全国古籍重点保护单位”专家评审会在本馆举行。

3月5—9日，由本馆、上海图书馆和宁夏摄影家协会联合主办的西部畅想曲之“塞外江南　魅力宁夏”摄影展在本馆举办。

3月6日，省少儿图书馆在济南安安特殊儿童康复中心建立图书流通站，这是少儿馆建立的省内第一所专为自闭症儿童及其家庭服务的图书流通站。

4月22日，“2010书香齐鲁”全民阅读促进活动启动仪式在本馆举行。

4月23日，由本馆与齐鲁晚报联合举办的第五届“全省读书朗诵大赛”颁奖典礼暨汇报演出在本馆报告厅隆重举行。

5月4日，省文化厅、本馆联合省政协共同启动“数字图书馆进政协”项目。

5月8日，全省公共图书馆工作会议在本馆报告厅隆重召开。

5月24日，全国第十五届群星奖获奖名单出炉，本馆报送的“大众讲坛”公共文化项目获得公共文化服务项目奖。

5月，开展向玉树灾区捐款活动，共募集善款10390元。

6月11—12日，为迎接文化遗产日，本馆举办了“古籍修复技艺展暨中国书史展”。

6月30日，著名作家王蒙先生做客“大众讲坛”，为济南市民讲述《〈红楼梦〉中的政治》。

6月，李西宁同志任馆长、馆总支书记。

7月12日，全国“县级数字图书馆推广计划”山东省全覆盖启动仪式在本馆隆重举行，我省在全国第一个实现了“县级数字图书馆推广计划”的全面覆盖。

9月12日，由中国图书馆学会、闻一多基金会、山东省文化厅联合主办，本馆承办的第二届“闻一多杯”全国少年儿童书法、绘画大赛作品评选工作圆满结束。

同日，在“全省社科普及周总结暨社科普及工作经验交流会议”上，山东省图书馆学会被山东省委宣传部、山东省社会科学界联合会联合授予“2010年社科普及周活动先进集体”荣誉称号。

9月18日，修复宋刻本《文选》专家论证会在本馆召开，省文化厅副厅长李宗伟、国家古籍保护中心办公室主任陈红彦等相关领导，以及古籍研究与保护领域专家出席了会议。

10月30—31日，中国图书馆学会阅读文化研究委员会工作会议在本馆召开。

11月11日，《山东地方史文库》赠书仪式在本馆报告厅举行。全国人大常委会财经委员会副主任韩寓群、省政府副秘书长司安民、省文化厅厅长亢清泉、省教育厅厅长齐涛等领导出席了捐赠仪式。韩寓群和山东师范大学教授安作璋代表《山东地方史文库》编委会向山东省各级图书馆捐赠图书。

12月1日，在省文化厅团委组织的“文化使命、青春溢彩”省直文化系统青年才艺展演中，本馆选送的节目获得银奖。本馆团总支荣获优秀组织奖。

12月7日，“山东数字图书馆建设研讨会”在本馆召开。国家图书馆副馆长魏大威等8位在数字图书馆技术和信息技术方面的国内知名专家应邀出席。

2011年

1月13日，荣获全国文化信息资源共享工程网页设计竞赛活动优秀组织奖。

2月7日，省文化厅厅长亢清泉到本馆看望节日值班的职工。

3月1—3日，山东省公共图书馆馆长联席会在枣庄市召开。

3月4日，文化部督导组来我省对共享工程暨公共电子阅览室建设试点工作进行督导检查。

3月12日，“大众讲坛”举办讲座《孔子在海外：全球史视野下的儒学传播》，由美国伊利诺伊大学历史系教授周启荣主讲。

4月23日，第六届“全省读书朗诵大赛”颁奖典礼暨汇报演出在本馆报告厅举行。

4月27日，山东龙口籍台胞王助臣将收集整理的影印清康熙版《黄县志》八卷和《黄县琅琊王氏族谱》十卷，无偿捐赠给本馆。

5月6—9日，承办庆祝建党九十周年书画名家六人联展。

5月10日，荣获全国图书馆联合编目中心“数据质量监督奖”。

5月27日，本馆与驻济16所高校签订图书馆数字资源共建共享合作协议。

6月1日，青少年电子阅览室向读者免费开放。

6月25日，特邀中共山东省委党史研究室主任常连霆做客“大众讲坛”，为读者做题为《血肉联系与钢铁长城——山东抗日民主根据地党群（军民）关系的历史考察与经验启示》的专题讲座。

7月16日，台湾汉学研究中心副主任吴英美一行来本馆交流参观。

9月23日，馆长李西宁随山东代表团赴法国巴黎，在中国文化中心开设“山东书架”。

9月25—27日，山东省第六届公共图书馆业务竞赛在本馆报告厅举行。

9月，中文图书外借部被省团工委授予“省级青年文明号”称号。

10月12日，山东省政协副主席齐乃贵向本馆赠送《辛亥革命在山东》。

10月12—14日，我省代表队荣获第二届全国文化共享工程知识与技能竞赛亚军。

10月17—19日，文化部专家组来我省检查“国家级古籍修复中心”及“全国古籍重点保护单位”工作。

10月19—20日，承办抗震救灾重建监督检查工作图片展全国巡展。

10月26—27日，由文化部主办的2011年中国图书馆年会暨中国图书馆学会年会在贵阳隆重开幕，山东省图书馆学会荣获“年会论文征文组织奖”，本馆白兴勇同志荣获“青年人才奖”。

12月4日，进行首批志愿者的招募面试工作。

12月10日，举行馆藏未编碑帖等金石文献整理专家论证会。

12月25日，参加2012年全国“三下乡”活动启动仪式。

12月28日，参加“我的兄弟姐妹”——省暨济南市慰问进城务工人员文化进工地活动。

同日，召开微博服务讨论会。

2012年

1月11日，举行“册府琳琅”展厅揭牌仪式，“文明的守望”系列展之“海源遗珍”暨“《文选》蝶变”大展同时开幕，文化厅副厅长李宗伟为仪式揭牌。

1月13日，山东移动数字图书馆开通仪式在本馆中厅会议室举行，文化厅副厅长李宗伟、社文处副处长冯庆东出席。

2月1日，副省长张建国来本馆视察工作，省委宣传部副部长、省文化厅党组书记徐向红，省文化厅副厅长李宗伟等陪同视察。

2月4日，举办第七届“书海灯谜会”，第三届读者迎新春书画交流展同时开幕。

2月13日，省文化厅副厅长李宗伟来本馆出席“文化方舟”栏目建设工作会，省文化厅办公室主任王廷琦、副主任王炳春，山东文化传媒有限公司董事长包海岩，《中国文化报》山东记者站站长常会学等参加会议。

2月25日，“山东公共图书馆讲座联盟成立大会”暨“大众讲坛合作签约仪式”在本馆一楼报告厅举办，省文化厅副厅长李宗伟、国家图书馆副馆长张志清、《齐鲁晚报》副总编许志杰、山东大学儒学高等研究院副院长颜炳罡、省文化厅社文处副处长冯庆东等出席成立大会及签约仪式。

3月24日，国家图书馆副馆长陈力、业务管理处处长高红等一行到本馆调研民国文献保护工作情况，并参加民国文献工作座谈会。

4月24日，“文化方舟·山东省文化信息资源共享工程有线电视平台”开通暨《中国文化报·艺彩山东》创刊仪式在本馆举行，文化部副部长杨志今，副省长张建国，全国文化信息资源建设管理中心主任张彦博，文化部社文司副司长张永新，中国文化报社总编辑宋合意，省政府副秘书长司安民，省委宣传部副部长、省文化厅党组书记徐向红，省委宣传部副部长刘为民，山东广电网络有限公司董事长刘保聚，省广播电视电影局局长刘长允，省文化厅副厅长李宗伟等出席。

5月24日，本馆首台24小时自助图书馆试开通。

5月31日，举办“滩区娃娃看省城”活动，邀请来自郓城县黄集乡义和庄小学30余名师生到济南来欢度六一。

6月8日，全省古籍保护工作会议在本馆召开，省文化厅副厅长李宗伟、社文处副处长冯庆东出席。

6月8—9日，“文明的守望”第二展——第二批《山东省珍贵古籍名录》珍品联展在本馆“册府琳琅”展厅举办。

6月10日，举办“品真鉴奇”鉴宝活动。

7月3日，第十五期全国古籍修复技术培训班在本馆举行开班仪式，省文化厅副厅长李宗伟、国家图书馆副馆长张志清出席。

7月6日，本馆“走进十艺节·24小时自助图书馆”在十艺节筹委会正式开通，省委宣传部副部长、省文化厅党组书记、十艺节省筹委会副秘书长兼办公室主任徐向红，省文化厅副厅长、十艺节省筹委会办公室副主任兼外演及演艺产品交易部部长李国琳，省文化厅办公室主任、十艺节省筹委会办公室副主任王廷琦等出席开通仪式。

7月11日上午，省委党校原常务副校长李新泰同志捐书仪式在本馆报告厅举行，省委宣传部副部长、省文化厅党组书记徐向红，省文化厅办公室主任王廷琦出席。

7月17日，文化部信息中心主任洪永平等一行到本馆调研工作。

8月18日，2012年“春雨工程”全国文化志愿者边疆行之“蓝靛金箔中国画·桑皮纸绘画作品展”在本馆开幕。

8月21日，本馆少儿部被团省委授予“青少年维权岗”荣誉称号。

9月26—28日，本馆主办的“《论语》回故里——历代《论语》珍本展”在曲阜成功举办。

10月13日，“大众讲坛”邀请到台湾慈济大学宗教与人文研究所教授兼所长林安梧做题为《从〈论语〉看廿一世纪的人类文明之可能发展》的讲座。

10月24日，山东近代建筑艺术摄影大赛新闻发布会在本馆举办。

11月15日，文化部科技司科技处来本馆进行国家文化创新工程项目验收。

11月17日，本馆主办的首届国际《论语》知识大赛圆满落幕，孔子第79代嫡长孙孔垂长出席颁奖仪式。

2013年

1月12日，朝鲜对外展览总局向本馆捐书8种。

2月10、14、16、24日，举办“同享文化暖春　共促亲子成长”活动，向春节期间不能与留守儿童团聚的父母或不能与父母团聚的儿童开展服务，通过视频互动、亲情电话等方式联通亲情，搭建爱的桥梁。

3月11日，启动规范服务示范岗评选活动。

3月23日，“百馆千场讲座迎十艺”活动启动。

4月15日，美国著名中国问题专家、哈佛大学教授、《邓小平时代》作者傅高义先生在本馆做题为《邓小平与中国道路》的演讲，并向本馆赠送《邓小平时代》。

4月20日，“光明之家·视障数字阅览室”开通。

同日，天津市古文化研究会副会长孙桂林向本馆捐赠《中华乐安孙氏总谱》八函三十二卷。

6月5日下午，本馆名誉馆长、全国人大常委会原副委员长许嘉璐莅临本馆视察工作，省文化厅厅长徐向红、副厅长李宗伟等陪同视察。许嘉璐先后视察了总馆和大明湖分馆，馆长李西宁做了工作汇报，许嘉璐向馆领导班子作重要指示。

6月30日，举办真人图书馆首场借阅活动。

7月4日，文化部第七评估组抵达本馆开展评估工作。

7月5日，举办山东省古籍保护成果展及馆藏精品展。

7月15日，省委宣传部副部长、省文化厅厅长徐向红来馆进行群众路线教育实践活动调研。

8月5日，省委宣传部部长孙守刚同志到本馆进行群众路线教育实践活动调研。省委宣传部副部长、省文化厅厅长徐向红，省委宣传部副部长王红勇等陪同调研。

8月15日，“中国人民抗日战争胜利山东战区受降旧址”揭牌仪式和“抗日战争文献文物征集座谈会”在大明湖分馆奎虚书藏楼举办。省委宣传部副部长、省文化厅厅长徐向红，省文物局副局长高述群、由少平出席座谈会。

9月21日，“以诗歌的名义”——中国十艺节·济南诗歌朗诵会暨诗歌峰会在本馆举办。

10月20日，台湾著名漫画家蔡志忠来馆参观。

10月24日，“边疆万里数字文化长廊”暨山东省“万里海疆·万里书香”活动启动仪式在威海举行。

11月8日，山东省图书馆学会、山东省图书馆主持中图年会“书香世界 阅读天堂——图书馆阅读创新案例推介会”，省文化厅副厅长李国琳参加并为获奖代表颁奖。

2014年

1月4日，台湾文创媒体艺术推广协会理事长刘盈希女士、副理事长陈光陆先生到本馆进行文化交流访问。

1月24日，文化部公共文化发展中心培训指导处来本馆调研公共电子阅览室管理信息平台建设情况。

2月13日，由省文化厅主办，本馆、济南市文广新局和济南市图书馆承办的现代公共文化服务体系建设培训暨全省图书馆馆长会议在济南市图书馆召开。

2月19日，国务院法制办、文化部公共文化司、文化部政策法规司组成的公共图书馆立法调研组，来本馆调研公共图书馆立法情况。

3月12日，举行《齐鲁儒学珍本丛刊》书目选择讨论会。

3月14日，省文化厅、孔子基金会主办，本馆、山东电视台《新杏坛》、《齐鲁晚报》、《儒风大家》杂志承办的“2014名家新作讲谈会”举办。

3月31日，召开“明湖高端对话”及国学图书馆筹备工作协调会。

4月14日，省委宣传部副部长、省文化厅厅长徐向红视察大明湖分馆，召开尼山书院建设座谈会。

同日，文化部港澳台办公室视察大明湖分馆，商谈山东与港澳书画交流活动事宜。

4月25日，省委宣传部副部长、省文化厅厅长徐向红带队到本馆进行安全生产大检查。

同日，山东省古籍重点保护单位暨第三批《山东省珍贵古籍名录》专家评审会召开，省文化厅副厅长李国琳、国家图书馆副馆长张志清等出席。

4月26日，《济南“五三”惨案史料汇编》首发式暨民国文献整理出版座谈会在本馆举办，省文化厅副厅长李国琳、国家图书馆副馆长陈力等出席。

4月28—30日，国家古籍保护中心专家考察省内图书馆、博物馆所藏雕版。

5月10日，“2014鲁台高等教育高峰论坛”在本馆举办。

5月19日，共享工程山东省分中心启动国家公共文化数字支撑平台建设。

5月20日，“明湖高端对话”第一场——信任与伦理：文明对话的共同责任。尼山世界文明论坛主席、山东大学儒学高等研究院院长许嘉璐，美国世界地缘政治学家威廉·恩道尔（William Engdahl）出席。尼山世界文明论坛副主席，凤凰卫视董事局主席、行政总裁刘长乐主持。

5月21日，“明湖高端对话”第二场——多元信仰与共同伦理之中国经验。尼山世界文明论坛副主席、中国佛教协会副会长学诚，尼山世界文明论坛副主席、中国道教协会副会长张继禹，中国基督教协会副会长兼总干事（代）阚保平出席。

5月22日，“明湖高端对话”第三场——儒家伦理与巴哈伊伦理。北京大学哲学系教授、宗教文化研究院院长张志刚，中国人民大学教授、孔子研究院院长张立文，台湾慈济大学教授、宗教与文化研究所所长林安梧，巴哈伊国际社团驻联合国办公室首席代表巴尼·杜加尔（Bani Dugal）出席。

同日，海峡两岸孔庙文化研讨会在本馆召开，孔子第79代孙孔垂长出席。

6月30日，尼山书院道德讲堂开讲，由山东电视台《天下父母》栏目总导演、中国老龄事业发展基金会孝文化传播委员会副主任、山东省亲情教育系列活动办公室主任、著名传统文化讲师吕明晰先生，做了题为《实现中国梦，从我做起》的讲座。

6月30日，荣获2014年全国盲人阅读推广优秀单位。

7月1日，荣获全国图书馆联合编目中心年度“分中心组织管理奖”。

7月12日，2014年春雨工程——文化共享志愿者西藏行·文化共享工程藏语资源建设中心揭牌暨设备资源赠送仪式，在文化共享工程西藏分中心举办，副馆长周玉山出席。

7月16日，文化部“艺彩流金——感悟齐风鲁韵书画交流笔会”在尼山书院举办。

7月18日，国家图书馆“《省级公共图书馆业务规范》起草组工作会议”在尼山书院召开。

7月25日，山东省文化信息资源共享工程中心与山东边防总队、蜂鸟网山东站共同启动全国“边疆万里数字文化长廊——海疆文化风”摄影大赛活动。

7月28日，省文化厅“援疆援青工作座谈会”在尼山书院召开，省委宣传部副部长、省文化厅厅长徐向红，省文化厅副厅长李国琳等出席。

8月，山东省少年儿童图书馆被共青团中央、文化部授予“青少年维权岗”荣誉称号。

9月3日，山东省尼山书院理事会成立大会、山东省文化厅与山东大学儒学高等研究院关于共同推进尼山书院建设战略协议签订仪式、尼山书院网站开通仪式，在尼山书院举行。全国人大常委会原副委员长、本馆名誉馆长许嘉璐，国家图书馆副馆长张志清，省委宣传部副部长、省文化厅厅长徐向红，省文化厅副厅长李国琳，省文物局副局长高述群等出席活动。李西宁馆长任秘书长。

同日，全国人大常委会原副委员长、本馆名誉馆长许嘉璐在尼山书院做主题演讲，尼山书院国学讲堂正式开讲。

同日，国家图书馆副馆长、国家古籍保护中心副主任张志清向尼山书院颁发“中华优秀传统文化实践基地试点单位”牌匾。

9月20—22日，“山左先贤与齐鲁典籍研讨会暨中国历史文献研究会第35届年会”在本馆召开，省文化厅副厅长李国琳出席开幕式。

9月27—29日，举办“册府千华——山东省藏国家珍贵古籍名录特展”。

10月24日，山东省“光明之家”盲人数字图书馆开通仪式暨盲人数字图书馆建设与服务座谈会在本馆举办，中国盲协主席李伟洪、省残联巡视员牟顺娥、省盲协主席汤建泉、省文化厅副厅长李国琳等出席开通仪式。

11月22日，山东省“边疆万里数字文化长廊”暨“万里海疆·万里书香”数字文化工程建设推进会在威海召开。

11月25日，尼山书院国学公开课开讲，牟钟鉴先生开讲第一课——《孔子是中华民族的精神导师》。省委宣传部副部长、省文化厅厅长、尼山书院理事长徐向红，省委宣传部副部长王红勇，省文化厅副厅长李国琳等出席。

11月26日，“弘扬中华优秀传统文化，建设现代新型书院”会讲在尼山书院举行。原山东省政协副主席、山东师范大学副校长、齐鲁文化研究院院长王志民，国家图书馆副馆长、国家古籍保护中心副主任张志清，山东大学儒学高等研究院副院长颜炳罡，大连图书馆馆长、白云书院院长辛欣参加会讲。

11月26日，国家级古籍修复记忆传习中心山东传习所挂牌仪式举行，国家图书馆副馆长张志清、馆长李西宁共同揭牌。

12月18日，举行“山左文献捐赠”签字仪式。

12月，冯庆东同志任山东省图书馆馆长、党委书记。

2015年

2月28日，“全国文化信息资源共享工程——中国驻利比里亚维和警察防暴队服务点”授牌仪式在山东省公安边防总队举行。

3月26日，召开“大众讲坛”九周年讲座联盟工作研讨会。

4月10日，许嘉璐到尼山书院听取尼山书院、乡村儒学、社区儒学及山东大学儒学高等研究院工作汇报，省委宣传部副部长、省文化厅厅长徐向红主持。省文化厅副厅长李国琳汇报尼山书院、乡村儒学、社区儒学工作；王学典汇报儒学高等研究院工作。高述群、王炳春、刘显世、巴金文、杜泽逊、黄玉顺、冯庆东、李西宁等参加。

4月19日，第十届“全省读书朗诵大赛”颁奖典礼暨汇报演出。

5月11—15日，“春雨工程”新疆喀什地区图书馆骨干培训班在济举办。

5月25日，澳大利亚南澳州政府发展部副首席执行官 Alex Reid、南澳州州立图书馆馆长 Alan Smith、澳大利亚艺术品修复中心主任 Andrew Durham 来本馆参观访问。

6月13—14日，《经典阅读推广教材》审稿会在尼山书院举行。

6月14日，全国文化厅（局）长传统文化继承与发展高级研讨班参观尼山书院并现场授课。

7月8日，全省加强儒学人才高地建设联席会议第一次会议在尼山书院召开。

7月28日，“2015年春雨工程——文化志愿者边疆万里数字文化长廊行”旗帜交接暨“边疆万里数字文化长廊——海疆文化风”网络摄影作品巡展开幕仪式举办。

8月17—19日，南澳州州立图书馆副馆长 Geoff Strempel 访问本馆。

9月14日，国家图书馆研究院院长汪东波、副院长申晓娟等来本馆调研法人治理工作进展。

10月13—16日，南澳州州立图书馆理事长 James Bruce，馆长 Alan Smith，副馆长 Shane Cathcart、Geoff Strempel 参访本馆。

10月14日，许嘉璐视察尼山书院，听取相关工作汇报。

11月17—18日，边疆万里数字文化长廊2015年建设经验交流会在威海召开，我省“双线立体”建设和服务模式在会上作为重点经验推广。

12月8日，尼山书院“国学进机关”启动仪式举行。

2016年

1月，山东省国家公共文化数字支撑平台特色应用系统“悦享”山东省公共文化互动社区网站版上线运行。

1月19日，山东省古籍保护中心通过省文物局专家评审，获“纸质文献修复资质”。

1月20日，文化部“国家级古籍修复中心”督导组来本馆督导山东省古籍修复中心工作。

1月27日，鲁版图书阅读推广暨首届“奎虚图书奖”评选工作座谈会在本馆召开，山东人民出版社等省内16家出版社和主要新闻媒体出席。

2月8日，举办馆长大拜年活动。

2月22日，举办第十届“书海灯谜会”。

3月17日，2016年山东省公共图书馆馆长联席会议在淄博召开。

3月18—20日，由山东省图书馆学会、本馆主办，淄博市图书馆承办的“第二届全省图书馆新媒体、新技术、新服务展示交流会”在淄博召开。

4月7日，澳大利亚南澳州州立图书馆馆长 Alan Smith，澳大利亚著名儿童作家 Phil Cummings 应邀做客省少年儿童图书馆，带来有关儿童阅读、图书馆阅读推广的精彩讲座。南澳州政府发展部副首席执行官 Alex Reid、本馆馆长冯庆东等出席活动。

4月20日，省少年儿童图书馆到山东省未成年犯管教所开展“青春·阅读季”赠书活动。

4月24日，由省文化厅主办，省图书馆学会、本馆、山东广播电视台广播经济频道承办，17市图书馆协办的第十一届“全省读书朗诵大赛”圆满落幕并举行颁奖典礼，首届“奎虚图书奖——我最喜爱的鲁版书”颁奖典礼同步举行。

4月，省文化厅、省公安边防总队联合举办第二届“边疆万里数字文化长廊——海疆文化风”摄影及微视频大赛。

5月11日，省文化厅、省教育厅联合在济南市特教中心举办山东省“光明之家·视障数字阅览室”设备发放仪式暨技术人员培训会议。

5月31日，全国公共图书馆服务宣传周期间，本馆联合山东人民广播电台为济南特教中心的60多位视障儿童举办“听见，最美的声音——六一特殊儿童关爱行活动”。

6月1—3日，由国家图书馆主办、本馆承办的全国媒体监测与舆情分析培训班在本馆举办。

6月10日，中央电视台新闻联播头条《把传统文化传下去，让国学精粹活起来》，报道了尼山书院传承优秀中华传统文化的经验和做法。

6月11日，举办“文明的守望系列展览第九展：潘美娣及其弟子修复成果展”。

6月24日，省图书馆学会第六次会员代表大会在本馆召开。

7月22日，尼山书院理事会在尼山书院举行仪式，聘请韩国安东大学副校长、历史学教授、著名历史学家李润和，韩国韩世大学教养部教授、韩中人文协力委员会秘书长金镇宝为特聘理事。

8月6日，由齐鲁晚报、本馆、山东广播电视台绿色之声主办的“山东首届少儿口才之星大赛”成功举办。

8月30日，由共青团山东省委、省文明办、省民政厅、省水利厅、省残联主办的“青春志愿行　共筑中国梦——第二届山东省青年志愿服务项目大赛”决赛在东营市举行。本馆参赛志愿服务项目“知识河流——向弱势群体提供知识援助”荣获此次大赛银奖。

9月20—25日，由省文化厅、西藏自治区文化厅主办的“春雨工程”西藏日喀则公共文化业务骨干培训班在济南开班，来自西藏日喀则地区文化系统的25名业务骨干参加培训。

9月29日，由省文化厅主办、本馆承办的山东省第七届公共图书馆业务竞赛决赛在本馆举行。

10月28—31日，本馆与济南市文联、济南市摄影家协会联合举办“纪念红军长征胜利八十周年大型摄影展”。

10月，山东省国家公共文化数字支撑平台云管理系统、资源共享系统、网络分发系统、应用集成系统、评估管理系统5大基础软件系统上线试运行。

11月9日上午，省文化厅党组书记、厅长王磊到尼山书院、本馆总馆，实地调研本馆服务与事业发展和尼山书院建设情况。

11月12日，尼山书院“孔子公开课”光盘首发式暨“孟子公开课”首讲在尼山书院举办。

11月17日，省文化厅副厅长李国琳，公共文化处处长刘显世、调研员吴红、副处长张亚宾一行四人到本馆，实地调研本馆事业发展，听取工作汇报。

11月26日，尼山书院举办明湖会讲，纪念习近平总书记视察曲阜讲话三周年，深入贯彻习总书记关于传统文化的系列重要讲话精神。

11月30日，中文外借部RFID自助借还改造工作完成，本馆中文图书全面实现自助借还，提升了外借工作服务水平。

12月16—17日，山东省图书馆、山东省古籍保护中心举办庆祝“中华古籍保护计划”十周年系列活动。

2017年

1月16日，由本馆和齐鲁小记者团共同主办的2017年“成长的足迹”冬令营，在本馆开营。

1月18日，台湾辅仁大学等师生参访团来馆，就古籍保护修复等进行交流访问。

2月10日，启动第二届“奎虚图书奖——我最喜爱的鲁版书”评选活动。

2月21日，全省公共图书馆馆长联席会在本馆召开。

3月7日，省文化厅党组成员、省纪委驻文化厅纪检组组长郭景华、省纪委驻文化厅纪检组副组长孙德强、省纪委驻文化厅纪检组正处级检查员宋晓辉一行到本馆，调研党风廉政建设情况。

3月12—14日，文化部公共数字文化工程考核组莅临我省，对2016年度公共数字文化工程的建设情况进行实地考核。

3月31日，中国图书馆学会公共图书馆分会基层图书馆工作委员会第一次工作会议在本馆举行。中国图书馆学会副理事长、公共图书馆分会主任刘小琴，省文化厅副厅长李国琳，省文化厅公共文化处调研员吴红等出席会议。

4月17日—5月6日，澳大利亚南澳州州立图书馆工作人员 Andrew 和 Sharon 到本馆交流调研。

4月20日，邀请澳大利亚南澳州州立图书馆信息技术专家 Andrew Piper 和教育干事 Sharon Morris 做“南澳州州立图书馆公共文化服务的经验介绍”主题讲座。

4月23日，第十二届“全省读书朗诵大赛”颁奖典礼在本馆隆重举行。同时，举行第二届奎虚图书奖颁奖典礼暨获奖作品分享会。

5月4日，本馆职工参加省直文化系统“我的青春我的梦——培育职业精神　爱岗敬业奉献”主题青年演讲比赛，并取得优异成绩。

5月10日，南澳文化代表团南澳州州立图书馆副馆长 Geoff Strempel 先生一行三人到省少年儿童图书馆进行参观交流，并赠送图书。

5月23日，本馆在山东省第二女子监狱举行图书流通站揭牌仪式，并为流通站配送图书700余册。

6月1日，本馆联合山东人民广播电台为济南特教中心的听力障碍儿童举办“看见最美的世界”特别活动，为特教中心的孩子们送上节日的美好祝福。

6月7日，2017年山东省古籍保护工作会议在济南召开，会议对2016年度全省古籍保护先进单位和先进个人进行了表彰，公布了第一批山东省“省级古籍修复站”名单。

6月14日，由本馆发起的山东省公共图书馆数字资源共建共享联盟及“光明之家”视障文化服务联盟正式成立。

6月，本馆民国文献整理出版项目——《山东省政府公报》正式出版。

7月1—31日，举办“铭记历史　再铸辉煌——纪念中国共产党成立96周年中国革命人物展”展览。

7月12日，由中国古籍保护协会主办、山东省古籍保护中心承办的2017年“中华古籍普查文化志愿服务行动·山东行”活动启动仪式在本馆举行。

7月29日，本馆、上海师范大学与山东公安边防总队“警地共建图书室”揭牌仪式在灵山岛“海疆边防书屋”举行。

7月31日，本馆会同省政协办公厅、省新闻出版广电局、联合日报社等单位负责同志，及热心公益事业的政协委员代表，一起走进中国人民解放军驻济32125部队，为部队官兵送上图书、购书券以及全民阅读卡等文化产品。

8月1日，中国古籍保护协会会长刘惠平一行到本馆视察“中华古籍普查文化志愿服务行动·山东行”相关工作。

8月11日，本馆联合共青团山东省委、省青年志愿者协会举办的“七彩假期 快乐童年”走进图书馆夏令营开营，来自临沂、菏泽等地的70名“牵手儿童”在本馆参加系列文化活动。

9月18日，启动珍贵古籍元刻本《周易经传集程朱解附录纂注》修复项目。

9月19—23日，副馆长、尼山书院理事会秘书长李西宁率领尼山书院国乐团参加“第四届韩中儒学人文交流对话会暨韩中文化音乐交流会”。

10月1日，山东省文化信息资源共享中心开展“走进图书馆——我和五星红旗合个影”爱国主义教育活动，邀请广大青少年走进图书馆，收看祖国发展历程和国庆庆典相关视频。

11月16日，本馆与山东政法学院共同签署《共建美育教育基地建设协议书》，并举行基地揭牌仪式。

12月14—17日，以国家图书馆馆长助理汪东波为组长的文化部第六次全国公共图书馆评估第六评估组，莅临本馆开展实地评估督导工作，省文化厅副厅长李国琳、公共文化处处长刘显世等陪同。

12月23日，“书画同源 知行合一——2018全国书画名家新年邀请展”在本馆隆重开幕。

2018年

2月28日—3月5日，尼山书院举办“新六艺”民俗文化体验周活动。

3月2—4日，举办“逛书海、猜灯谜”第十二届“书海灯谜会”活动。

3月16日，省图书馆学会六届二次常务理事会召开，审议并通过了《山东省图书馆学会分支机构管理办法》《山东省图书馆学会分支机构学术活动管理办法》。

3月23日，刘显世同志任本馆党委书记、馆长（共享中心主任、古籍保护中心主任）。

4月9日，印发《山东省图书馆馆长办公会制度》《山东省图书馆中层干部例会制度》《山东省图书馆中层以上干部离岗报备审批制度》等文件。

4月22日，由山东省文化厅主办、本馆承办、各市图书馆协办的第十三届“全省读书朗诵大赛”颁奖典礼举行。

5月5日，举办第七届换书大集活动。

6月1日，尼山书院在“2018年中国图书馆年会——中国图书馆年会·中国图书馆展览会”中承办“现代图书馆弘扬传承中华优秀传统文化的责任与使命”分会场活动。

6月8日，全省古籍保护工作会在本馆召开，全省古籍保护培训班、“一山一水一圣人”展览同步举办。

6月9日，举办“古籍修复技艺进校园”活动。

6月26日，“山东省图书馆省机关事务局数字分馆”正式启动。

7月10日，启动“山东省图书馆首届文创产品设计大赛”。

8月—9月，“童音诵古韵，经典有新声”首届全省少儿诗词诵读大赛举办。

9月7日，“一山一水一圣人——山东省图书馆珍贵文献展”在南澳州州立图书馆开幕，文化厅副厅长李国琳、本馆副馆长李勇慧参加仪式。

9月15日，中国首部儒学现实题材故事片《乡村儒学》山东首映式在本馆奎虚书藏楼举行。

9月27日，“山东省图书馆省人大机关分馆”正式开馆。

9月28日，发布“山东省图书馆佛经专藏数据库”，发布馆藏《永乐南藏》的1600余部佛经，共204592拍587764页。

10月17日，全国（北部区）文化志愿服务交流研讨班来本馆交流座谈。

10月18日，2018年度中华古籍普查文化志愿服务行动总结座谈会在本馆召开。

10月28日，我省盲人数字阅读推广工程启动暨“光明使者”志愿者团队成立仪式举行，“光明之家”微信公众号同时上线服务。

10月，本馆被授予第三届“山东省敬老文明号”称号。

同月，在全国公共图书馆“十佳绘本馆”评选活动中，少儿馆荣获“2018年十佳绘本馆”称号。

同月，在华润怡宝杯2018“我最喜爱的童书”阅读推广活动中，荣获“阅读推广贡献奖”。

11月3日，举办本馆首届文创大赛颁奖典礼，获奖作品展览同时开幕。

11月7日，国务院参事调研组来本馆参观调研。

11月13日，省直机关工委副书记魏春明带领省级文明单位考核组来本馆考察。

11月19日、11月26日、12月3日，分别举行三场“馆员论坛”。

11月22日，省图书馆学会六届二次理事会暨六届三次常务理事会在滨州召开，表决通过了《山东省图书馆学会六届理事会理事长、副理事长、秘书长任职情况的议案》。馆长、党委书记刘显世同志当选为省图书馆学会六届理事会理事长。

11月28日，“山东省纪委监委机关分馆”“山东省直机关工委分馆”开馆。

11月30日，由中国图书馆学会阅读推广委员会主办，中国图书馆学会阅读推广委员会藏书与阅读推广专业委员会承办的2018年“发现图书馆阅读推广特色人文空间”活动中，本馆“图书馆＋书院”公共文化服务模式获二等奖。

12 月 10 日，“讲好山东故事、传承优秀文化”全省首届青少年读书故事会启动报名。

12 月 19—20 日，举办“齐鲁风　翰墨情——纪念改革开放四十年书画展”。

12 月，“会说话的绘本”儿童阅读推广服务项目在“全国公共图书馆未成年人服务案例征集评选”活动中获一等奖。

附录二

离休干部名录

B

毕健（1917.1—2009.1），女，汉族，山东省文登市人。1938 年 3 月参加革命工作，1940 年 5 月加入中国共产党，1983 年 11 月离休，离休前任副馆长。

C

程远涛（1925.5—2020.2），男，汉族，山东省禹城市人。1948 年 10 月参加革命工作，1982 年 4 月退休改离休，离休前任馆员。

陈洪太（1931.2—2011.12），男，汉族，山东省费县人。1948 年 11 月参加革命工作，1995 年 11 月加入中国共产党，1991 年 5 月离休，离休前任副研究馆员。

G

葛炎明（1934.10—1993.10），女，汉族，河北省故城县人。1948 年 2 月参加革命工作，1948 年 2 月加入中国共产党，1988 年 12 月离休，离休前任副研究馆员。

H

何同举（1926.12—2014.4），男，汉族，山东省桓台县人。1948 年 10 月参加革命工作，1956 年 10 月加入中国共产党，1982 年 4 月退休改离休，离休前任馆员。

黄玲（1924.5—2001.3），女，汉族，江苏省徐州市人。1949 年 1 月参加革命工作，1983 年 3 月退休改离休，离休前任编目员。

J

金惠仙(1919.2—1991.6),女,回族,江苏省镇江市人。1948年10月参加革命工作,1982年4月退休改离休,离休前任馆员。

L

李庭芳(1926.10—1997.1),女,汉族,山东省莱阳市人。1949年6月参加革命工作,1951年3月加入中国共产党,1985年6月离休,离休前任图书馆印刷所副所长。

刘华玉(1926.5—2017.4),女,汉族,山东省栖霞市人。1946年2月参加革命工作,2003年12月加入中国共产党,1983年3月退休改离休,离休前任编目员。

刘健民(1926.12—1999.9),女,汉族,山东省滕州市人。1941年2月参加革命工作,1949年5月加入中国共产党,1983年11月离休,离休前任采编部副主任。

M

牟钧(1926.7—),女,汉族,山东省日照市人。1944年3月参加革命工作,1950年10月加入中国共产党,1988年12月离休,离休前任副研究馆员。

S

孙监芝(1928.2—1996.11),女,汉族,山东省烟台市人。1947年6月参加革命工作,1946年9月加入中国共产党,1983年3月退休改离休,离休前任会计。

孙琴(1931.9—2016.5),女,汉族,浙江省平湖市人。1949年4月参加革命工作,1985年12月加入中国共产党,1992年5月退休改离休,离休前任副研究馆员。

T

陶振纲(1925.4—2003.4),男,汉族,江苏省徐州市人。1948年12月参加革命工作,1984年8月加入中国共产党,1990年12月离休,离休前任书目参考部主任、研究馆员。

W

王华成(1925.9—2017.11),女,汉族,山东省沂水县人。1948年11月参加革命工作,

1880年1月退休改离休，离休前任出纳。

王杰（1928.9—2001.7），男，汉族，山东省青州市人。1949年3月参加革命工作，1988年12月离休，离休前任副研究馆员。

王可（1924.9—1996.7），女，汉族，辽宁省海城市人。1946年11月参加革命工作，1985年4月离休，离休前任教务员。

王敏（1932.6—2016.12），女，汉族，吉林省四平市人。1948年3月参加革命工作，1950年5月加入中国共产党，1988年12月离休，离休前任副研究馆员。

王佩玲（1933.1—　），女，汉族，山东省济宁市人。1949年7月参加革命工作，1985年12月加入中国共产党，1988年12月离休，离休前任副研究馆员。

王益林（1927.1—2005.8），女，汉族，江苏省淮安市人。1949年9月参加革命工作，1983年3月退休改离休，离休前任馆员。

王蕴（1922.1—2004.1），女，汉族，山东省安丘市人。1949年4月参加革命工作，1980年12月退休改离休，离休前任馆员。

Y

杨旭（1910.12—1994.8），男，汉族，黑龙江省宁安市人。1948年9月参加革命工作，1983年3月退休改离休，离休前任翻译。

于先知（1924.7—　），女，汉族，山东省临清市人。1948年11月参加革命工作，1982年4月退休改离休，离休前任采编部主任。

Z

张春田（1928.10—　），男，汉族，河北省盐山县人。1947年12月参加革命工作，1949年3月加入中国共产党，1989年3月离休，离休前任副馆长、研究馆员。

张兰亭（1912.6—1988.11），男，汉族，山东省沂水县人。1946年3月参加革命工作，1984年12月退休改离休，离休前任行政组副组长。

赵彬（1936.4—2019.4），男，汉族，山东省济南市人。1948年11月参加革命工作，民盟盟员，1996 年 5 月离休，离休前任采访部副主任、研究馆员。

赵楠（1928.11—1996.6），男，汉族，四川省犍为县人。1949 年 8 月参加革命工作，1983 年 8 月加入中国共产党，1990 年 12 月离休，离休前任副研究馆员。

周泓（1929.12—2011.11），女，汉族，湖北省武汉市人。1945 年 7 月参加革命工作，1984 年 11 月退休改离休，离休前任馆员。

庄红雨（1929.2— ），男，汉族，山东省潍坊市人。1948 年 9 月参加革命工作，1954 年 9 月加入中国共产党，1990 年 12 月离休，离休前任研究辅导部主任、研究馆员。

庄惠秋（1924.11—2009.11），女，汉族，山东省莒南县人。1941 年 1 月参加革命工作，1945 年 2 月加入中国共产党，1988 年 12 月离休，离休前任阅览部副主任、副研究馆员。

附录三

退休职工信息表

统计时间截至 2019.12.31

标识号	姓名	性别	出生年月	退休时职务名称	专业技术职务
1	白玉霞	女	1957.01		馆员
2	蔡士强	男	1953.12	物业科科长	
3	曹美荣	女	1938.06	报刊部副主任	副研究馆员
4	曹玉岩	女	1939.05	老干部科副科长	馆员
5	程国华	男	1954.04	培训部主任	副研究馆员
6	崔国光	男	1950.02		研究馆员
7	丁同地	男	1944.08		副研究馆员
8	冯殿举	男	1930.04	外文部副主任	副研究馆员
9	高桂英	女	1950.01		高级工
10	葛广生	男	1958.02	管理七级	
11	韩素芬	女	1932.09		馆员
12	韩孝坤	男	1949.07		副研究馆员
13	洪玉兰	女	1957.10		馆员
14	胡桂英	女	1933.07	老干部科副科长	
15	黄善培	男	1954.08	管理八级	
16	贾声祥	男	1956.05		副研究馆员
17	贾素娥	女	1943.01		馆员
18	贾秀丽	女	1955.11	少儿部主任	研究馆员
19	姜风祥	男	1954.02	保卫科副科长	
20	姜　力	女	1959.11		馆员
21	孔繁坤	男	1942.01	政工科科长	馆员
22	孔祥凤	女	1957.06		馆员
23	李宝玉	女	1953.12		副研究馆员
24	李福贵	男	1947.10	季刊编辑部主任	研究馆员

标识号	姓名	性别	出生年月	退休时职务名称	专业技术职务
25	李福生	男	1955.11		馆员
26	李　钢	男	1953.10		馆员
27	李黄河	女	1956.12		馆员
28	李　杰	女	1942.04	报刊部副主任	副研究馆员
29	李鲁闽	男	1955.05	老馆改造办主任	
30	李秋丽	女	1954.09		副研究馆员
31	李　群	女	1957.03		研究馆员
32	李长江	男	1956.12		馆员
33	李长玲	女	1964.01		馆员
34	李　贞	女	1955.01	财务科科长	高级会计师
35	刘凤琴	女	1940.03		馆员
36	刘海燕	女	1958.10		副研究馆员
37	刘　军	女	1958.11		副研究馆员
38	刘希民	男	1952.07		馆员
39	刘晓博	男	1953.11		副研究馆员
40	刘义山	男	1943.04	副馆长	副研究馆员
41	刘　勇	男	1959.12		副研究馆员
43	刘玉廷	男	1929.02	副馆长	研究馆员
44	牟连芳	女	1950.12		馆员
45	穆立国	男	1956.10		馆员
46	彭合珍	女	1954.11		馆员
47	任宝祯	男	1938.06	馆长	研究馆员
48	孙守俭	男	1958.04		副研究馆员
49	唐建丽	女	1957.03		馆员
50	唐书元	男	1955.05	分馆保卫科科长	
51	万小华	女	1938.11	阅览部副主任	副研究馆员
52	王爱华	女	1960.08		馆员
53	王春红	女	1959.05		副研究馆员
54	王　淦	女	1959.11		馆员
55	王　健	女	1946.07		副研究馆员
56	王明秀	女	1958.04		馆员
57	王　堑	男	1951.05	保卫科科长	副研究馆员

标识号	姓名	性别	出生年月	退休时职务名称	专业技术职务
58	王晓鸣	女	1957.08		副研究馆员
59	王玉连	男	1944.11		馆员
60	王运堂	男	1946.10	馆长	研究馆员
61	王作义	男	1946.11		馆员
62	肖　军	男	1940.02	馆长	副研究馆员
63	辛玉美	女	1956.03	办公室副主任	馆员
64	徐　瑛	女	1945.06	外文部副主任	副研究馆员
65	铉　玲	女	1941.05	采编部副主任	副研究馆员
66	阎荣凯	男	1953.07		馆员
67	杨　刚	男	1958.05	资源建设部主任	副研究馆员
68	杨锡梅	女	1954.10		馆员
69	杨向明	男	1958.09	外文部主任	研究馆员
70	姚宗琴	女	1957.07		馆员
71	于贵杏	女	1946.04		中级工
72	于　虎	男	1959.08	网络监控中心主任	副研究馆员
73	张建伟	男	1958.12		馆员
74	张洁如	女	1947.01	缩微部主任	研究馆员
75	张　敏	女	1963.10		馆员
76	张　强	男	1957.03		馆员
77	张　蓉	女	1963.04		馆员
78	张友勇	男	1956.10		馆员
79	张玉兰	女	1937.04	阅览部副主任	副研究馆员
80	张　源	男	1956.09		副研究馆员
81	张　云	女	1956.08	综合借阅部主任	研究馆员
82	张中兰	女	1952.01		馆员
83	赵炳武	男	1950.03	馆长	研究馆员
84	赵连生	男	1929.06	外文部主任	研究馆员
85	周乃芬	女	1933.10		副研究馆员
86	周　迎	男	1955.02	少儿部主任	副研究馆员
87	庄柏林	男	1955.07		高级工

附录四

在职职工信息表

统计时间截至 2019.12.31

序号	姓名	性别	出生年月	籍贯	入馆时间	部门	职称	行政职务
1	白兴勇	男	1978.02	山东高唐	1999.08	研究院	副研究馆员	副主任
2	毕晓乐	女	1979.06	山东济南	2005.10	历史文献部	馆员	
3	蔡廷建	男	1985.02	山东青州	2007.12	采编部	馆员	
4	蔡小晶	女	1978.05	山东济南	1999.07	数字资源部	馆员	
5	蔡　郁	女	1981.02	山东济南	2003.10	少儿部	助理馆员	
6	曹志红	女	1969.06	山东博兴	1990.12	信息网络中心	副研究馆员	
7	柴　赟	男	1988.10	山东潍坊	2013.09	外文文献部	助理馆员	
8	常安军	男	1972.07	山东临邑	1994.07	阅读推广部	馆员	主任
9	陈　浩	男	1965.05	河南长垣	1986.11	中文报刊部	副研究馆员	
10	陈可生	男	1991.11	山东泰安	2016.10	业务辅导部	助理馆员	
11	陈　霞	女	1981.06	山东济南	2004.09	少儿部	馆员	
12	陈　瑛	女	1963.12	山东郓城	1986.07	中文图书典阅部	副研究馆员	
13	陈玉强	男	1978.09	山东昌邑	1999.08	信息网络中心	副研究馆员	
14	成继军	男	1978.05	山东济南	2001.11	中文报刊部	馆员	
15	仇冬强	男	1971.12	山东乳山	1995.09	中文图书典阅部	助理馆员	
16	崔济民	男	1961.10	山东济南	1993.09	少儿部		管理七级
17	崔维梅	女	1972.01	吉林德惠	1995.07	中文图书典阅部	副研究馆员	副主任
18	丁晶莹	女	1991.06	山东济南	2013.09	中文图书外借部	助理馆员	
19	董智慧	女	1987.12	山东泰安	2016.10	少儿部	助理馆员	
20	杜庆俊	女	1975.09	山东临沂	2013.01	参考咨询部	馆员	
21	杜云虹	女	1972.07	安徽阜阳	1998.07	历史文献部	研究馆员	主任
22	樊　伟	男	1970.06	山西夏县	1990.07	文献缩微部	馆员	
23	方钦玲	女	1965.05	山东寿光	1985.07	参考咨询部	研究馆员	副主任
24	冯大庆	男	1969.04	山东新泰	1990.12	尼山书院	副研究馆员	
25	付景收	男	1963.04	山东章丘	1980.12	中文报刊部	馆员	

序号	姓名	性别	出生年月	籍贯	入馆时间	部门	职称	行政职务
26	高　峰	男	1965.11	天津	1993.02	保卫部		主任
27	高天磊	女	1970.03	山东济南	1990.07	外文文献部	副研究馆员	
28	高　文	女	1962.11	山东济南	1988.12	中文报刊部	副研究馆员	
29	高永生	男	1968.10	河南周口	1984.12	中文报刊部	馆员	
30	公　瑾	女	1980.08	山东济南	2003.07	文献缩微部	馆员	副主任
31	谷　傲	女	1995.11	山东聊城	2019.09		试用期	
32	郭丽娜	女	1982.08	河南汝州	2005.10	组织人事部	馆员	副主任
33	韩　杰	男	1979.04	山东济南	2002.12	中文图书典阅部	助理馆员	
34	韩　雷	男	1984.10	山东日照	2010.09	办公室	助理馆员	
35	韩淑举	女	1962.08	河北南宫	1983.12	研究院	研究馆员	主任
36	韩　真	女	1967.11	河北故城	1988.12	财务部	经济师	主任
37	何林江	男	1962.08	山东桓台	1980.12	运行保障中心	馆员	
38	侯妍妍	女	1973.06	山东烟台	1993.09	历史文献部	副研究馆员	
39	胡　兵	男	1975.07	湖北浠水	1997.07	研究院	副研究馆员	
40	胡培培	女	1988.11	山东滕州	2016.10	历史文献部	助理馆员	
41	胡文萍	女	1990.02	山东临沂	2013.09	中文图书典阅部	助理馆员	
42	黄小峰	男	1982.05	山东济南	2004.09	采编部	馆员	
43	黄　莹	女	1982.09	山东济南	2005.10	中文图书典阅部	馆员	
44	纪　超	男	1983.10	山东济南	2015.11	中文图书外借部	助理馆员	
45	季　玲	女	1984.03	山东临沂	2012.10	中文图书典阅部	馆员	
46	贾　闯	男	1985.04	山东兖州	2008.08	中文图书外借部	馆员	
47	江　寰	女	1979.09	山东济南	2004.09	采编部	馆员	
48	姜　璐	女	1981.10	山东章丘	2002.03	中文报刊部	馆员	
49	焦雅慧	女	1974.06	山东济南	1995.09	历史文献部	馆员	
50	金晓东	男	1978.04	山东济南	2012.11	中文图书典阅部	副研究馆员	主任
51	靳　明	女	1965.06	山东泰安	2013.10	少儿部		管理七级
52	赖大邃	男	1980.10	山东济南	2004.09	历史文献部	馆员	
53	郎秀丽	女	1973.08	山东寿光	1997.08	尼山书院	馆员	
54	郎秀丽	女	1975.09	山东东阿	1995.09	少儿部	馆员	
55	雷　辉	女	1973.07	山东肥城	1996.07	参考咨询部	副研究馆员	
56	李　超	男	1977.08	山东莱西	1999.07	教育培训中心	副研究馆员	主任
57	李翠翠	女	1988.10	山东东营	2012.10	文献缩微部	助理馆员	
58	李　栋	男	1995.10	山东平度	2018.09	中文图书外借部	助理馆员	
59	李凤兰	女	1968.08	山东胶州	2003.01	尼山书院	副研究馆员	

序号	姓名	性别	出生年月	籍贯	入馆时间	部门	职称	行政职务
60	李关勇	男	1970.10	山东商河	2003.08	历史文献部	副研究馆员	
61	李洪梅	女	1975.04	山东单县	1998.07	中文报刊部	副研究馆员	副主任
62	李继海	男	1975.05	山东泰安	2013.10	阅读推广部	馆员	
63	李　江	女	1987.04	山东章丘	2016.10	尼山书院	助理馆员	
64	李　金	女	1985.04	河北邯郸	2008.08	尼山书院	助理馆员	
65	李　磊	男	1982.03	山东济南	2003.10	少儿部	馆员	副主任
66	李西宁	男	1966.01	安徽砀山	1988.09	馆长室	研究馆员	副馆长
67	李晓婷	女	1979.03	山东临朐	2002.07	数字资源部	馆员	副主任
68	李　鑫	男	1988.01	山东济南	2011.09	中文图书外借部	助理馆员	
69	李勇慧	女	1964.12	山东青岛	1985.07	馆长室	研究馆员	副馆长
70	林卫东	男	1967.08	山东蓬莱	1988.12	中文报刊部	研究馆员	主任
71	刘菲菲	女	1980.10	山东济南	2004.09	少儿部	馆员	
72	刘　斐	男	1981.01	山东汶上	2017.10	教育培训中心	助理馆员	
73	刘国梁	男	1976.02	山东济南	2004.12	中文报刊部	助理馆员	
74	刘　军	男	1964.05	山东济南	1980.09	外文文献部	副研究馆员	
75	刘　磊	男	1970.12	山东济南	1990.07	参考咨询部	馆员	
76	刘婷婷	女	1988.01	山东济南	2017.10	参考咨询部	助理馆员	
77	刘显世	男	1967.02	山东即墨	2018.03	馆长室		馆长
78	刘晓倩	女	1981.11	山东泰安	2002.08	少儿部	馆员	
79	刘昕凤	女	1988.12	山东济南	2016.10	组织人事部	助理馆员	
80	刘新勇	男	1970.05	山东青州	1988.12	中文图书典阅部	副研究馆员	
81	刘　雁	女	1969.11	山东济南	1988.12	外文文献部	副研究馆员	
82	刘　阳	男	1985.01	山东临沂	2011.09	参考咨询部	馆员	
83	刘曜檀	男	1979.10	山东平邑	2003.07	组织人事部	副研究馆员	主任
84	刘云容	女	1991.11	山东海阳	2015.11	中文图书外借部	助理馆员	
85	刘　芸	女	1967.10	山东济南	1988.12	中文报刊部	馆员	
86	鲁巍伟	男	1989.09	山东安丘	2018.09	中文图书外借部	助理馆员	
87	陆　健	女	1982.01	山东肥城	2005.12	历史文献部	馆员	
88	鹿　贺	男	1982.05	山东济南	2005.10	办公室	馆员	副主任
89	罗　晨	女	1983.06	山东济宁	2010.09	少儿部	馆员	
90	吕承睿	男	1964.10	山东章丘	1985.07	馆长室	研究馆员	副馆长
91	吕俊平	女	1976.06	山东临朐	1999.08	采编部	馆员	副主任
92	吕晓吾	男	1976.11	山东淄博	2007.12	信息网络中心	馆员	
93	马安宁	女	1993.12	山东济南	2016.10	参考咨询部	助理馆员	

序号	姓名	性别	出生年月	籍贯	入馆时间	部门	职称	行政职务
94	马　杰	女	1980.04	山东济南	2008.12	教育培训中心	馆员	
95	马兰芳	女	1973.04	山东潍坊	1997.08	采编部	副研究馆员	
96	马清源	男	1986.07	山东昌邑	2017.05	历史文献部	馆员	
97	孟姗姗	女	1989.09	山东枣庄	2014.10	办公室	馆员	
98	孟宪刚	男	1969.01	山东博兴	1988.12	中文图书典阅部	馆员	
99	弭希苒	女	1994.03	山东乐陵	2017.10	中文图书外借部	助理馆员	
100	牟南水	男	1966.09	山东栖霞	1987.07	参考咨询部	馆员	
101	聂洁梅	女	1972.11	山东临清	1994.08	办公室	馆员	
102	庞　燕	女	1964.01	山东曹县	1982.09	尼山书院	副研究馆员	
103	戚露露	女	1986.10	山东兰山	2008.08	中文图书典阅部	助理馆员	
104	亓观成	男	1960.12	山东历城	1994.04	保卫部		管理七级
105	秦鑫鑫	女	1990.10	山东泰安	2013.09	办公室	助理馆员	
106	邱芙蓉	女	1981.10	山东济南	2004.09	中文图书典阅部	馆员	
107	任　静	女	1981.02	河北承德	2010.09	中文报刊部	馆员	
108	任　蒙	男	1981.08	山东济南	2005.10	尼山书院	馆员	主任
109	任维旭	男	1981.07	山东莱芜	2005.10	采编部	助理馆员	
110	任志伟	男	1994.09	山东聊城	2019.09		试用期	
111	尚红梅	女	1991.11	山东利津	2014.10	组织人事部	助理馆员	
112	申志文	女	1983.07	山东滕州	2005.10	中文图书典阅部	馆员	
113	石　晖	女	1972.03	山东章丘	1992.07	财务部	经济师	副主任
114	司玉芹	女	1982.09	山东阳谷	2016.10	中文报刊部	助理馆员	
115	宋　林	男	1970.04	山东泰安	1988.12	中文图书外借部	馆员	
116	宋小安	男	1960.04	山东肥城	1981.12	运行保障中心	馆员	
117	宋彦蓉	女	1970.05	山东临清	1993.05	办公室	馆员	
118	宋仪品	男	1977.08	山东莒南	2000.07	信息网络中心	馆员	
119	宋卓然	女	1995.02	山东滨州	2019.09		试用期	
120	隋　冬	女	1966.08	山东青岛	1988.12	外文文献部	副研究馆员	
121	孙爱秀	女	1963.07	山东青州	1981.12	教育培训中心	研究馆员	
122	孙慧云	女	1988.06	山东聊城	2013.09	信息网络中心	助理馆员	
123	孙　进	男	1978.12	山东威海	2002.07	财务部	高级会计师	
124	孙美霞	女	1990.03	山东威海	2016.10	尼山书院	助理馆员	
125	孙　鹏	男	1980.11	山东济南	2004.09	参考咨询部	馆员	
126	孙　茜	女	1980.10	山东枣庄	2010.09	数字资源部	馆员	
127	孙　卿	女	1980.01	山东济南	2003.07	采编部	馆员	

序号	姓名	性别	出生年月	籍贯	入馆时间	部门	职称	行政职务
128	孙绍俊	男	1975.09	山东即墨	1996.07	数字资源部	副研究馆员	主任
129	孙晓明	女	1982.10	青岛即墨	2014.02	尼山书院	馆员	
130	孙延清	女	1964.02	山东临朐	1982.12	工会	研究馆员	工会副主席
131	孙　跃	男	1964.02	山东桓台	2002.06	保卫部		管理八级
132	孙振东	男	1976.10	山东蓬莱	1998.07	信息网络中心	副研究馆员	主任
133	台庭柳	女	1971.08	山东诸城	1992.07	数字资源部	馆员	
134	谭　怡	女	1979.07	山东济南	2000.07	中文图书典阅部	馆员	
135	唐桂艳	女	1970.03	山东龙口	1992.07	历史文献部	研究馆员	副主任
136	陶嘉今	男	1963.10	江苏徐州	1981.04	业务辅导部	研究馆员	主任
137	田东方	男	1988.05	山东诸城	2017.10	中文报刊部	助理馆员	
138	田昕承	男	1991.06	山东淄博	2018.09	中文图书外借部	助理馆员	
139	万　广	男	1983.08	山东泰安	2019.09		试用期	
140	王　彬	男	1979.12	山东郯城	2001.07	业务辅导部	副研究馆员	副主任
141	王　斌	男	1976.10	山东青州	2000.02	尼山书院	馆员	副主任
142	王辰玮	女	1980.01	山东莱芜	2000.09	少儿部	馆员	
143	王国庆	男	1994.06	河南周口	2019.09		试用期	
144	王　慧	女	1965.10	山东鱼台	1991.07	尼山书院	研究馆员	
145	王建军	女	1966.08	山东平阴	1990.07	少儿部	副研究馆员	
146	王建萍	女	1967.01	山东利津	2012.06	研究院	研究馆员	
147	王　珂	男	1981.07	山东枣庄	2007.12	历史文献部	馆员	
148	王力文	女	1964.06	山东乳山	1999.03	少儿部	副研究馆员	
149	王立国	男	1984.11	山东沂水	2008.08	中文图书外借部	馆员	
150	王玲环	女	1976.09	山东即墨	1999.08	采编部	馆员	
151	王　璐	女	1992.01	山东商河	2017.10	中文图书外借部	助理馆员	
152	王　萌	女	1979.10	山东烟台	2002.08	采编部	馆员	
153	王孟媛	女	1982.12	山东济南	2005.12	少儿部	馆员	
154	王　妮	女	1982.06	山东莱州	2009.12	研究院	馆员	
155	王仕岚	女	1986.12	山东沂源	2017.10	中文图书典阅部	助理馆员	
156	王　玮	男	1979.05	山东济南	2003.07	业务辅导部	馆员	
157	王文刚	男	1977.05	湖北仙桃	1999.09	采编部	副研究馆员	主任
158	王喜玲	女	1983.09	山东菏泽	2009.12	办公室	助理馆员	
159	王小溪	女	1991.11	山东聊城	2014.10	中文图书外借部	助理馆员	
160	王新明	男	1971.08	山东单县	2009.12	运行保障中心		主任
161	王　轩	女	1980.02	山东济南	2005.10	参考咨询部	馆员	

序号	姓名	性别	出生年月	籍贯	入馆时间	部门	职称	行政职务
162	王学昊	男	1986.12	山东宁阳	2009.12	中文图书外借部	助理馆员	
163	王雪峰	男	1981.08	山西太原	2014.07	组织人事部	馆员	
164	王阳阳	男	1988.04	山东济宁	2013.09	财务部	会计师	
165	王一涵	女	1994.07	山东临沂	2019.09		试用期	
166	王玉梅	女	1963.09	山东莱阳	1987.07	馆长室	研究馆员	副馆长
167	王增增	男	1986.07	山东枣庄	2009.12	外文文献部	馆员	主任
168	王　振	男	1988.04	山东泰安	2013.09	中文报刊部	助理馆员	
169	吴建彬	男	1974.11	山东泰安	2008.11	数字资源部	馆员	
170	吴金敦	男	1975.06	山东高唐	1999.08	办公室	副研究馆员	主任
171	夏福莉	女	1971.12	山东聊城	1992.07	中文报刊部	馆员	
172	肖芙蓉	女	1968.10	福建福州	1990.12	尼山书院	研究馆员	
173	谢　雨	男	1986.07	安徽宿州	2013.09	中文图书典阅部	馆员	
174	辛镜之	男	1976.03	山东东平	1998.07	历史文献部	馆员	
175	徐红卫	女	1966.09	山东济南	1988.12	参考咨询部	副研究馆员	
176	徐　伟	女	1971.10	山东龙口	1997.07	中文图书典阅部	馆员	
177	徐　泳	男	1967.09	山东临沂	1987.07	数字资源部	研究馆员	
178	许天骄	女	1992.01	山东滨州	2014.10	数字资源部	助理馆员	
179	杨　红	女	1969.01	山东济阳	1988.12	尼山书院	副研究馆员	
180	杨　洁	女	1980.06	山东济南	2004.09	历史文献部	馆员	
181	杨林玫	女	1978.11	安徽六安	2000.07	历史文献部	馆员	
182	杨　娜	女	1989.07	山东菏泽	2012.10	中文报刊部	助理馆员	
183	叶　蕊	女	1975.11	山东济宁	1995.04	教育培训中心	馆员	副主任
184	尹　群	男	1960.06	山东荣成	1989.04	文献缩微部	副研究馆员	
185	勇睿牵	男	1987.11	山东济南	2014.10	尼山书院	助理馆员	
186	于　博	男	1982.02	山东聊城	2011.09	运行保障中心	工程师	
187	于莉丽	女	1974.10	山东文登	1995.11	中文图书外借部	助理馆员	
188	于　青	女	1963.10	山东文登	1981.10	参考咨询部	研究馆员	主任
189	于晓峰	男	1980.05	山东昌邑	2001.07	离退休干部服务中心	副研究馆员	主任
190	于晓燕	女	1977.01	山东昌邑	1999.08	尼山书院	馆员	
191	于竹军	男	1961.07	山东荣成	1988.01	阅读推广部	副研究馆员	副主任
192	翟晓乐	女	1981.06	山东济南	2005.10	信息网络中心	馆员	
193	张冠武	男	1979.07	山东莱西	2002.07	中文图书外借部	馆员	
194	张海梅	女	1978.10	山东诸城	2008.12	办公室	馆员	副主任
195	张　珺	女	1986.07	山东济南	2013.09	中文报刊部	助理馆员	

序号	姓名	性别	出生年月	籍贯	入馆时间	部门	职称	行政职务
196	张丽鸥	女	1980.10	山东济南	2003.12	中文报刊部	助理馆员	
197	张丽叶	女	1995.04	山东潍坊	2018.09	办公室	助理馆员	
198	张灵慧	女	1990.10	山东临沂	2013.09	中文图书外借部	助理馆员	
199	张　茜	女	1982.02	山东昌邑	2002.07	中文图书外借部	馆员	副主任
200	张秋菊	女	1978.09	内蒙古赤峰	2004.09	参考咨询部	副研究馆员	
201	张莎莎	女	1985.08	山东德州	2005.10	中文图书典阅部	助理馆员	
202	张铁柱	男	1978.06	山东安丘	2002.07	少儿部	馆员	主任
203	张　伟	女	1966.02	山东长清	1981.08	中文图书典阅部	副研究馆员	
204	张文国	男	1975.12	山东济南	2002.12	保卫部	助理馆员	
205	张晓辉	男	1981.03	山东高青	2003.07	历史文献部	馆员	
206	张晓梅	女	1984.03	山东平度	2010.09	中文图书典阅部	馆员	
207	张昳琛	女	1990.08	山东济南	2019.09		试用期	
208	张逸洁	女	1979.09	山东日照	2009.12	历史文献部	馆员	
209	张永恒	男	1980.05	山东成武	2002.07	数字资源部	馆员	
210	张志国	男	1978.02	山东济南	2002.07	离退休干部服务中心	馆员	副主任
211	赵巧云	女	1978.11	山东昌邑	2002.07	采编部	馆员	
212	赵书亮	男	1960.06	山东平阴	1989.07	运行保障中心		管理七级
213	赵　葳	女	1970.01	四川犍为	1988.12	参考咨询部	馆员	
214	仲海燕	女	1962.01	江苏赣榆	1986.07	办公室	副研究馆员	
215	周　兵	男	1960.06	山东烟台	1981.12	文献缩微部	研究馆员	主任
216	周　浩	男	1982.10	山东济南	2005.10	信息网络中心	馆员	副主任
217	周　宁	男	1977.01	山东莱芜	2000.07	信息网络中心	馆员	
218	周　韬	男	1962.01	山东鄄城	2003.12	中文图书外借部	馆员	
219	周玉山	男	1965.03	山东胶州	1987.07	馆长室	研究馆员	副馆长
220	周争艳	女	1987.10	河南新乡	2018.09	外文文献部	助理馆员	
221	朱冬梅	女	1980.09	山东齐河	2003.08	外文文献部	馆员	副主任
222	朱　军	男	1973.05	山东莱芜	1998.10	数字资源部	馆员	
223	朱　莉	女	1978.12	山东青州	1999.09	中文图书外借部	副研究馆员	主任
224	朱　男	男	1981.04	山东济南	2003.07	参考咨询部	馆员	
225	左凤艳	女	1982.04	山东济南	2005.10	尼山书院	馆员	

山東創建圖書館記

[illegible][illegible]例限之元年夏山東提學使羅正鈞欽遵
明詔[illegible][illegible]延士乃創建圖書館於省城舊貢院之隙
地附設山東金石保存所其地西山背湖方廣二十
有六又為樓十二楹前列廣廠以為藏書及閱書之
室於詳請巡撫使者奏咨立案其略曰山東乃聖人
[illegible]梓之邦為中國數千年文明所自出經師傳注承
[illegible]方來金石留遺甲於寰宇而濟南省會之區圖書
[illegible]焉未備見擬設立圖書館一所首備四庫善本無
之列國實書將以通新舊之機緘非徒侈觀聽於耳
日並擬別籌經費按年採辦積以歲月蔚為巨觀似
於學術不無裨益奏
旨報可秋九月工成學使以命蓀田為之記蓀田竊
推古今藏書之富莫盛於
本朝康熙時
聖祖仁皇帝勅編圖書集成仿前明永樂大典舉
四府所藏各書勒成一編用示薄海內外當是時

后记

Houji

山东省图书馆历经风雨沧桑，曲折艰难，已经走过 110 年历史，正在不断走向光荣与辉煌。

百年烟云，初心永驻。肩负着启民智、保国粹、图富强的历史使命，山东省图书馆从诞生的那一天起，他的成长和发展就与国家民族的命运密切相关，息息相连——在民族危亡之际湖畔遐园，艰难初创；历经烽烟战火洗礼，载书播迁，延续文脉；迎来共和国诞生，再造文化重镇；在社会主义建设中服务群众，服务中心任务；顺应新时代和新技术潮流，焕发活力，日新月异，蓬勃发展。山东省图书馆在保存文化图籍、满足群众文化需求、传递文明之光、构建公共文化体系中发挥着越来越重要的作用。

翻检一张张老照片，回望跌宕起伏的历史，无数的高潮与低谷，痛苦与自豪，血泪与荣耀，艰难跋涉与硕果丰盈，在历史只是一瞬，而于我们则是永恒，这是我们的骄傲和财富。一个个生动的画面，诠释着成长、生命、价值、责任、服务、希望、家国的意义。肩负使命，传承文化，服务社会，鞭策我们不断奋斗，砥砺前行。惟其如此，我们的梦想才能在一代代馆员的不断奋斗中，得以实现；我们的精神才能在一代代馆员的薪火传承下，得以发展。

为了传承图书馆精神、整理馆史文化、培养新时代馆员，同时也是为了纪念山东省图书馆建馆 110 周年，2019 年年初，馆里决定编辑出版《山东省图书馆馆史图录》。这部书与以前出版的《山东省图书馆志》《山东省图书馆馆史资料选编》，以及即将出版的《图书馆的故事——一个百年图书馆的文化记忆》一起，形成了山东省图书馆历史的多节点、多角度记录，也是全国图书馆首次系统馆史多方位展示的新尝试。记录历史，借鉴以往，传承文化，服务时代和社会。从讲好我们的故事开始，讲好山东故事，讲好中国故事，这就是图书馆人的历史使命和责任。

为了做好这项工作，馆里成立了由我牵头、研究院组织协调的编纂小组。我们集中各相关部门的业务学术骨干，分头开展工作。编纂小组按照分工，编制体例，细化提纲，筛选图片，撰写文字说明。和编纂小组的同志们一起，从2018年11月至2020年5月，历时一年多，召开8次全体会议，对编制体例、原则、提纲进行反复认真讨论，逐章节遴选照片，修订文字，于2019年年底完成初稿。又对初稿进行3次修改。期间征求了部分老领导、老同志的意见，馆领导和同志们的建议，再次进行了归纳修改，卒成定稿。本书的体例是以时代为纲，内容为目，以事隶图，分类接续。有工作延续多年，皆系于一目之下，以保持完整始终；有工作发展变化，则分时代而列，以显示特色创新。全书共分五章，并附录大事记和同仁名录。具体工作如下：

第一章由辛镜之、王妮收集撰写。这是馆史图录中华人民共和国成立前的部分，在此之前，可供使用的新材料不多，因此着重加大了对新史料的搜集。通过网上资源的检索，以及旧平装书籍、当代书刊的查阅，搜集到不少有价值的图片及文字材料，加上以前的图片共有300余张。我们以研究问题的态度，力求尽善，不留遗憾。初稿使用图片227张，二稿使用204张，三稿使用122张，最终定稿使用124张。

第二章由白兴勇、张茜、郭丽娜收集撰写。1949—1976年这一时期由于历史客观原因，材料也相对较少。为了收集更全面的材料，采访人员冒着酷暑，一家家走访离退休干部，耐心听取老前辈们细数当年本馆发生的点点滴滴，不希望遗漏一丝丝材料。有的老干部年事已高，不能一次回忆完整，采访人员就多次登门，耐心沟通，细心聆听，希望让那一段时期本馆的历史画卷能再现。王佩玲、张春田、赵炳武、赵连生等老同志提供了珍藏多年的照片。

第三章由胡兵、王建萍、邱芙蓉收集撰写。通过查找《山东省图书馆馆史资料选编》《山东省图书馆志》，以及翻阅山东省图书馆档案资料室的相关图片文件，遴选新馆建设、读者服务、职称聘任等11部分共107张图片，二稿在初稿的基础上去山东省图书馆档案室又查找补充了7张新馆建设规划论证的图片。为了突出主题，每个部分删减了一些与以前省图出版物上重复的照片，留下75张照片。终稿保留了最具代表性的26张照片。

第四章由张晓梅、公瑾收集撰写。世纪新馆

开放以后，图书馆各项工作蒸蒸日上，本着全而多的原则去搜集照片，然后再分主题选择代表性的瞬间。这部分照片多而杂，故分类整理工作相对繁琐，最终搜集到图片426张，初选图片258张，最终选用99张。公瑾查阅缩微文献《山东省公报》《大众日报》，提供20世纪80年代拍摄照片100余张。

第五章由张海梅、李晓婷、鹿贺收集撰写。党群内容从千余张照片中挑选756张，选入86张。“自动化、现代化”部分的照片，翻阅了2018年以来，上百张照片见证了省图书馆从win98时代走向了大数据、云存储、智能化的时代。甄选了10张左右图片，可能无法全面地体现我馆现代化的程度，但这是一个时代的印记，是我馆发展的见证，是我馆再创辉煌的起点。

大事记由鹿贺初稿，韩淑举修订。同仁名录由郭丽娜提供。

另外，我馆于2020年7月6日拍摄了“全家福”合影，除了外出的同志，图书馆在职在编人员、政府购买服务人员、志愿人员等工作人员都积极参与，体现了图书馆团结一致、奋发向上的精神风貌。

大家收集资料的过程是非常辛苦的，但都孜孜以求，精益求精，尽可能还原历史，反映当时图书馆发展的状况。早期图片较少，重在广泛收集，整理考订，有时为一个小问题，比如人物的生卒年，耗费大量精力查找资料，反复对照，辨别讹误。中期的资料不完整，有许多在离退休老同志手中，重在征集访谈，寻绎原委。反复登门，耐心沟通，得到了老领导老同志的大力支持，许多珍贵图片填补了空白，令人兴奋。近期的资料庞杂繁复，量大琐碎，重在选择，突出主题，彰显发展脉络。从几千张照片中选出需要的内容，也是一项巨大的工程。定稿初成，我们非常忐忑，虽然大家已经付出了很多心血和汗水，但书成于众人之手，囿于个人才识水平不同，难免有讹误之处，也希望大家不吝赐教。

本书编辑过程中得到了馆领导的高度重视，刘显世馆长多次会议部署，并撰写序言，审阅了全稿。各分管领导大力支持，各部门主任提供必要条件，保证了工作顺利进行。研究院韩淑举、白兴勇积极协调联系筹划，各个编纂小组同志勤奋工作，使这部书得以顺利完成，在此向大家表示感谢！

李西宁于汇文楼

2020年8月5日